Helmer Linderholm

Weißer Biber

Auf Kriegspfad

C. Bertelsmann

Die Einzelbände mit den Titeln »Weißer Biber« und
»Weißer Biber auf dem Kriegspfad« erschienen 1979/1980
im Blanvalet Verlag GmbH

Originaltitel: Fredsstigens Röda / På Krigets Röda Stig
Originalverlag: Tidens Förlag, Stockholm
Aus dem Schwedischen von Lieselott Baustian

1. Auflage 1987

Umschlagzeichnung von Michaela Schneider
Vignetten von Heinz Bogner
Gesamtherstellung: May & Co., Darmstadt
Printed in Germany · ISBN 3-570-01760-5

Weißer Biber

1. Kapitel

An jenem Tag des Grasmonats, als ich am Ufer des Minnesink saß und in sein klares, goldenes Wasser schaute, das an meinen Füßen vorbeiströmte, hat sich mein Leben verwandelt.

Ich blickte auf mein Spiegelbild hinunter, fast so, als wäre es ein fremdes, und dabei war es doch das gleiche, das ich immer gesehen hatte, sobald ich mich über einen Wasserspiegel beugte. Mein Körper glänzte braun wie Kiefernrinde. Ich war fast nackt, trug nur eine gestickte Messertasche vor der Brust und einen Lendenschurz aus weicher Pferdehaut, der mir wie eine bestickte Schürze vorn und hinten über den Gürtel hing.

Ich wußte, daß ich ein *unami* war und zu den rothäutigen Leni-Lenape-Stämmen gehörte, die von den *voapsits,* den Bleichgesichtern, Delawaren genannt werden. Wir bewohnen die Wälder Ostamerikas, die sich von der Meeresküste bis zu den Blauen Bergen hinaufziehen. Früher hat uns einmal das ganze Küstenland gehört, auch das, wo heute die Bleichgesichter leben, die Haare im Gesicht haben und sogar im heißesten Sommer Kleider tragen.

Unten am Minnesink schrien und tauchten meine Spielkameraden wie Fischotter, während ich traurig in mein Spiegelbild starrte.

Zwar war mir schon manchmal aufgefallen, daß meine Haut nicht so rot glänzte wie die der Mitglieder meiner Sippe und meiner Freunde, doch bisher hatte ich darüber nicht weiter nachgedacht. Auch nicht darüber, daß die Haut in meinen Achselhöhlen fast weiß war, wenn ich die Arme hob.

Das habe ich erst getan, nachdem mein Großer Bruder Tanganoan es mir vorgeworfen hat.

Ich war kein richtiger Lenape – ich stammte von den häßlichen Bleichgesichtern an der Küste, die mein Volk vom Meer in die Blauen Berge vertrieben hatten. Und von denen man so gräßliche Dinge erzählte. Die ihre eigenen Landsleute gemein, heimtückisch und grausam behandelten. Und unbarmherzig zu Fremden waren. Die nur lebten, um Besitz zusammenzuraffen!

Zu denen sollte ich gehören!

Während mir das im Kopf herumging, schlug ich auf mein Spiegelbild im Wasser, so daß sich mein Gesicht verzerrte. Dabei sah ich nun selbst, daß meine Augen hell waren, nicht braun oder schwarz wie die meiner ganzen Sippe.

Ich bemühte mich, Haltung zu bewahren. Schließlich war ich ja kein kleiner Junge mehr, der wegen jeder Kleinigkeit heult. Elf Winter war ich alt; ich besaß einen eigenen Bogen und hatte schon Murmeltiere und Hasen getötet. Alt genug also um in Kürze ein richtiger Jäger zu werden, der Truthähne und Hasen erlegt.

Aber ich war kein richtiger Mensch.

Ich war ein *voapsit,* ein Bleigesicht, das der Große Bruder verächtlich von der Seite angesehen hatte.

Ich begann zu laufen, fort vom Fluß und den herumschreienden Kameraden. Durch das Maisfeld, das Unterholz, in den Wald hinein. Ich hörte jemanden hinter mir herrufen und vernahm schnelle Füße. Doch ich rannte, bis mir das Herz im Hals klopfte, während das leichte, leise Laufen, das ich so gut kannte, immer näher kam. Da gab ich keuchend auf und warf mich bäuchlings ins Gras. Kenevec, meine Kleine Tante, stand vor mir. Sie war natürlich nicht meine richtige Tante, sondern ihre und meine Mutter waren Freundinnen, und darum nannte ich sie so.

Kenevec, die leichtfüßige Kleine Kupferschlange, legte ihre Arme um meine Schultern und stützte mich. Sie atmete kaum schneller als gewöhnlich. »Was hast du, Amisko, Weißer Biber?«

Ich kroch in mich zusammen und wandte mein Gesicht ab. Darüber sprechen konnte ich nicht, schweigen wollte ich aber auch nicht. Obwohl ich die Augen geschlossen hielt, sah ich ihr zartes, ernstes Gesicht vor mir mit dem schwarzen Haar, das im Nacken von einer Kupferspange zusammengehalten wurde und ihren ganzen schmalen, glänzenden Rücken bedeckte. Klein und geschmeidig wie eine Klapperschlange, von der sie auch ihren Namen hatte, rollte sie sich neben mir zusammen. Ich wollte sie von mir fortstoßen, schaffte es aber nicht und blieb nun still und bockig liegen.

Dann hörte ich, wie sie sich aufrichtete. Sie holte ihre kleine, aus einem Knochen geschnitzte Pfeife heraus, schlug mit Feuersteinen Feuer, zündete die Pfeife an, und nachdem sie ein paar Züge geraucht hatte, kam ihre schmale, rotbraune Hand und hielt mir die brennende Pfeife vor den Mund. Ich schluckte die Tränen hinunter, nahm die Pfeife und rauchte auch ein paar Züge. Danach setzte ich mich auf und zeigte ihr meine weißen Armhöhlen. »Siehst du – ich bin weiß. Also bin ich kein richtiger Lenape. Sondern ein *voapsit,* ein Bleichgesicht. Ich gehöre nicht hierher!«

Ihre Hand nahm die Pfeife zurück, sie rauchte wieder ein paar Züge und fuhr mich dann an: »Ist das alles? Shuntaka hat dich als ihr Kind angenommen, und somit gehörst du hierher! Ich und die anderen wissen das schon seit vielen Wintern. Du bist deshalb doch kein bißchen anders. Du bist mein Kleiner Bruder, weil ich ja keinen habe, und ich bin deine Kleine Tante, und dabei bleibt es. Glaub bloß nicht, daß du anders bist, nur weil du da, wo die Sonne dich nicht verbrannt hat, ein bißchen weiß aussiehst und dein Haar und deine Augen ein wenig heller sind als unsere. Du bist der gleiche Amisko wie immer. An dir ist überhaupt nichts Merkwürdiges.«

Ihre Worte trösteten mich so sehr, daß ich mich nun aufrichten und ausatmen konnte. Zwar war die Welt verwandelt, doch da Kenevec alles so selbstverständlich nahm, war das Ganze längst nicht mehr so scheußlich. Und wenn alle es schon wußten, hatte sich für mich ja eigentlich gar nicht viel geändert.

»Aber als Tanganoan es mir sagte, klang es, als ob . . . als ob ich überhaupt nichts wert sei. Als ob ich so eine dreckige, behaarte Weißhaut sei.«

»Tanganoan ist doch nur neidisch, weil ich dich zu meinem Kleinen Bruder genommen habe. Er möchte doch so gern erwachsen sein und spielt sich vor mir auf, wo er nur kann. Ausgerechnet er, der weder Bärenkrallen noch auch nur eine einzige rote Adlerfeder eines Kriegers besitzt. Das sollte er sich lieber überlegen. Ich werde ihn jedenfalls nie wieder ansehen. Das heißt, das sollte ich wohl lieber nicht tun, schließlich ist er doch immer noch ein kleiner Junge.«

Das tröstete. Mit ihrem dünnen Arm drückte sie mich dabei an sich wie eine Mutter. Ich werde das nie vergessen.

»Shuntaka ist also gar nicht meine richtige Mutter«, flüsterte ich traurig, worauf sie mich schüttelte.

»Red doch kein dummes Zeug! Natürlich ist sie deine Mutter! Wie kannst du ihr nur so weh tun und so etwas behaupten? Ist sie vielleicht nicht die ganze Zeit deine Mutter gewesen?«

Ziemlich verwirrt und wie gelähmt von einem plötzlichen Gedanken starrte ich sie an.

»Dann ist also irgendeine weiße Frau meine Mutter! Aber welche, und wo ist sie? Ich muß bei den Bleichgesichtern eine Familie haben . . . Uff . . .!«

Nachdenklich runzelte Kenevec die Stirn. Dieser Gedanke war ihr offensichtlich noch nicht gekommen. Sie biß in ihre mehrreihige Wampummuschelkette und überlegte.

»Ja, da müssen wir wohl Nachforschungen anstellen . . . Aber Shuntaka sollten wir nicht fragen. Wenn sie nämlich erfährt, daß du nach einer anderen Familie suchst, würde sie sehr traurig sein.«

Nachdem Kenevec lange darüber nachgedacht hatte, sah es so aus, als ob ihr etwas eingefallen wäre, sie aber noch zweifelte, ob wir es wagen könnten. »Onkel Kitomacken, der Bruder meiner Mutter, müßte es eigentlich wissen. Er war damals unser Kriegshäuptling. Er hat den Feldzug geführt und den Feinden die Skalpe genommen. Fast um die ganze Erde ist er gekommen, und überall hat er gejagt. Dem Lauf des Monds ist er in allen Richtungen gefolgt. Und er sitzt sogar neben Tamenund in der Ratsversammlung, und er . . .«

Sie unterbrach sich, wohl weil sie meinte, schon viel zu viel geredet zu haben, und nahm meine Hand. Ihre eigene fühlte sich heiß und naß an, als sie mich voll Eifer hinter sich her in das Dorf Minnesink zog, wo ich mich bisher zu Hause gefühlt hatte – jedenfalls bis heute.

2. *Kapitel*

Wir sahen ihn schon von weitem auf einem großen Bisonfell sitzen, im Schatten seines Sonnendaches, das vor dem Eingang aus großen, über Pfähle gespannten Rindenstücken errichtet war. Seit seine Frau und seine Kinder vor vielen Jahren an einem bösartigem Fieber gestorben waren, lebte er bei seiner Schwester.

Hinter ihm an der Giebelwand, die mit Tannenwurzelfasern so fest zusammengenäht war, daß die groben Rindenfladen nahtlos aneinanderstießen, war mit kräftigen Farben ein aufrechtstehender Bär – sein Sippenzeichen – gemalt. Und um ihn herum hingen im weiten Bogen weiße Hautfetzen, die lange, schwarze Haare hatten und auf der Innenseite sorgfältig rot gefärbt waren. Zeugnis dafür, daß der hier wohnende Mann die Kräfte seiner besiegten Feinde besaß, deren Seelen er auf vergangenen Kriegszügen gefesselt hatte.

Kitomacken hatte einen kräftigen starken Körper, und sein Gesicht war ernst, fast düster. Außer einem Halsband aus großen Bärenkrallen trug er keinerlei Schmuck. Ein gewisses Selbstbewußtsein in seiner Haltung zeigte aber, daß er ein einflußreicher Mann war.

Ich drückte schüchtern Kenevecs Hand, die tief Atem holte und mir ihren fein bestickten Tabaksbeutel in die Hand schob.

»Du bietest ihm jetzt Tabak an. Ich habe ein rosa Wampumarmband hineingelegt, damit er nicht böse wird, wenn ihn zwei Kinder zu stören wagen. Ich bin aber ganz sicher, daß er nicht böse wird. Er ist nämlich sehr freundlich, obwohl man es ihm nicht ansieht.«

Kitomacken war gerade mit Wampummuscheln beschäftigt. Behutsam hatte er die großen, hellroten Schalen auseinandergebrochen und mit feinem Sand die glänzenden, rosa Scherben zu gerundeten Stäben geschliffen. Mit einem dünnen Bohrer bearbeitete er die länglichen Enden der so entstandenen Wampumperlen. Er drehte den Bohrer so in seinen Händen, daß dieser sich langsam in die in einem gegabelten Stock steckende Perle hineingrub.

Kenevec wartete, bis er seinen Bohrer fortlegte, um zu prüfen, ob das Loch auch richtig durchgegangen war. »Onkel Kitomacken!« flüsterte sie leise, aber so, daß es kein bißchen ängstlich klang. Worauf der berühmte Mann seinen Blick zu uns hob und verwundert blinzelte. Sicher fielen ihm meine verheulten Augen und mein verzweifeltes Gesicht auf, doch er ließ sich nichts anmerken, sondern lächelte Kenevec an und blinzelte wieder.

»Na, was möchten denn die großen Jäger? Vielleicht wissen, ob ich ein paar mißlungene Stücke übrig habe? Na ja, kann ja sein.«

Worauf Kenevec sich sorgenvoll umdrehte, um sich dann, einen Fuß unter den Körper geschoben, wie Mädchen es gern tun, hinzusetzen.

»Nein, ich möchte nur . . . Weißer Biber, der dir seinen Tabak anbietet, will fragen . . .«

Kitomacken verzog keine Miene, deutete aber ernst an, daß wir uns am Fußende seines Felles niederlassen dürften. Daraufhin reichte ich ihm mit zitternden Fingern den Tabaksbeutel. Ernst nickend, löste er mit der Hand den Riemen um dessen Öffnung, roch, nickte wieder, grub seine Finger hinein und stopfte sich eine ordentliche Handvoll in seine langstielige, heiligrote Steinpfeife, die einen zurückweichenden Bären mit aufgerissenem Maul darstellte, das er nun füllte.

Danach gab er den Beutel zurück, wobei er Kenevec anschnaubte: »Dafür, daß ich dir einen Rat geben soll, brauchst du mir nichts anzubieten. Du bist aus meiner Sippe, und der Junge da ist dein Freund. Und wer wäre ich, wenn ich nicht versuchen würde, sowenig ich es auch vermag, dir einen Rat zu geben, wenn du ihn benötigst. Ich gehöre doch schließlich nicht zu den gierigen, behaarten Bleichgesichtern.«

Als er die Pfeife angezündet und ein bißchen geraucht hatte, überließ er sie mir, aber ich wagte nicht mehr als ein paar Züge. Ich wußte nämlich, daß viele Indianer aus den umliegenden Hütten beobachten würden, wie ich mit der Pfeife des großen Kriegshäuptlings fertig wurde. Doch während ich mich eifrig bemühte, tiefe Züge zu nehmen und dem Gebieter der vier Winde und Herrscher über Himmel und Erde ein geziemendes Rauchopfer zu bringen, verging meine Angst.

Kitomacken strich vorsichtig über die schöne Stickerei aus Perlen und geglätteten und gefärbten Stachelschweinborsten des Tabaksbeutels, der aus grauem Eichhörnchenleder und somit sehr haltbar war. Nur durch ein Loch an der Kehle hatte Kenevec das Fleisch und die Knochen des Tieres entfernt und dann die Haut leicht gegerbt. Selbst der Kopf saß noch im Fell, so daß man den Hals nur einmal durch seinen Gürtel zu schlingen brauchte, damit der Beutel fest und sicher hing.

»Du bist recht geschickt, Mädchen«, murmelte Kitomacken. »Viele alte und erfahrene Frauen bringen keinen besseren Tabaksbeutel zustande – falls es einem

Mann überhaupt ansteht, Frauenarbeit zu beurteilen. Und das Armband, das darin liegt, ist auch ein feines Stück.«

Worauf Kenevec rot wurde und mit den Fingern über den Boden strich. »Der Tabaksbeutel gehört dir, wenn du ihn haben möchtest, Onkel. Ach nein, ich sollte lieber einen noch viel schöneren machen.«

Leise lachend schüttelte er seinen Kopf. »Was hab ich doch für ein reiches, kleines Mädchen in meiner Sippe! Verteilt an einen unnützen Mann Geschenke, die mehrere Bärenfelle wert sind. Man sollte sich gut mit diesem reichen, jungen Frauenzimmer stellen, und darum will ich auch versuchen, mich mit ein paar armseligen Wampummuscheln und Bärenfellen zu revanchieren. Ach, ich habe ja ganz vergessen, daß diese Jungfer schon seit langem viel besser jagt als ich!«

Still vor sich hin lachend rauchte er, um mich dann fragend anzublicken. »Nun, laß hören, junger Jäger, oder soll Kenevec die Rede für dich führen? Sie scheint ja dein Schutzgeist zu sein. Was hast du für Sorgen?«

Wie ein Kloß saß es mir plötzlich im Hals und würgte, als ob ich mich übergeben müßte.

»Die anderen sagen . . . das heißt, Tanganoan behauptet, ich sei kein Lenape. Ich soll solch ein häßliches Haargesicht, ein *voapsit* sein.«

Und sosehr ich auch versuchte, sie zurückzuhalten, die Tränen kamen doch. Während ich mich Kenevecs tröstenden Händen überließ, hörte ich Kitomacken sich räuspern und mürrisch undeutliche Worte vor sich hin murmeln, doch dann sprach er laut und bestimmt: »Und was ist dabei? Du bist nach den Gesetzen bei uns aufgenommen. Ich war selber dabei, als es geschah. Du hast das Herz eines *unami*. Und nur darauf kommt es an. Außerdem stammst du nicht von den gewöhnlichen *voapsits,* den Engländern. Du gehörst zu einem der Svanakervölker, unseren alten Brüdern vom großen Salzmeer. Und von ihnen abzustammen ist etwas völlig anderes. Du hast sicher schon von den Svanakern oder Schweden, wie sie sich selber nennen, gehört. Vor mehr als sechzig Wintern, so um 1638, sind sie zur Mündung des Delawareflusses gekommen und haben unseren Vorvätern das Recht, dort unten wohnen zu dürfen, abgekauft. Und nie haben sie den Vertrag gebrochen oder versucht, uns zu verdrängen.

Wahrscheinlich hast du unsere alten Krieger auch schon von ihrem Häuptling Johan Prints erzählen hören, der größer als drei gewöhnliche Männer war und einen ganzen Krug Maisbier leeren konnte, ohne daß es ihm den Atem verschlug. Darum wurde er auch ›Meschat‹ oder ›Großer Bauch‹ genannt.

Dieses Volk lehrte uns, mit Eisengeräten und Feuerbüchsen umzugehen, und die Männer zeigten uns, wie man aus übereinandergelegten und an den Ecken zusammengebundenen Baumstämmen feste Häuser baut. Sie brachten uns bei, Schweine und Rinder zu züchten, und das Pferd mit dem *chingtagve,* dem Hufeisen, zu beschlagen, das dann einen Mann so schnell, wie der Wind weht, auf seinem Rücken trägt.

Deine Schweden haben lange in vielen Dörfern unten an unserem alten Fluß gelebt. Doch gegenüber den Engländern, die zwanzig Winter später unter ihrem großen Quäkerhäuptling William Penn hierher kamen, waren es nur ziemlich wenige.«

Schweigend rauchte er ein paar Züge und blickte mich an, wobei mir auffiel, wie groß und freundlich seine Augen waren. Daraufhin wagte ich, mich aufzurichten und zu blinzeln, bis meine Augen ganz klar waren. Dann lauschte ich, während er weitererzählte.

»Also fast zwanzig Winter später sind Penns Leute in ihren geflügelten Riesenkanus unseren Fluß herabgesegelt. Sie lernten unsere Sprache und wir ihre. Wir haben viele der Männer bei uns aufgenommen, weil wir selber viele im Krieg gegen die Irokesen verloren hatten. Daher gibt es noch heute Nachkommen von ihnen bei uns. Auch in meinen Adern fließt *voapsit*-Blut. Und nun sage selber, bin ich nicht ein ebenso guter *unami* wie jeder andere?«

Als ich in sein stolzes Lächeln schaute, stieß mich Kenevec an und flüsterte: »Ob ich wohl auch . . .?«

Aber Kitomacken schüttelte gereizt seinen Kopf und blies ihr Rauch ins Gesicht. »Was meint die Kleine Kupferschlange denn selbst dazu?«

Nachdem sie auch ihren Kopf geschüttelt hatte, hob sie ihren Arm, so daß man sehen konnte, wie rotbraun ihre Haut in der Achselhöhle war.

Er nickte. »Siehst du. Und mir sieht man es kaum an, obwohl der Vater meiner Mutter ein Weißer war. Aber er ist schon lange vor meiner Geburt im Kampf gegen die Irokesen gefallen. Viele Jahre hat er unserem Volk die Treue gehalten, doch unsere Sprache hat er nie richtig gelernt, und er hat auch nicht begriffen, wer Manitou ist, der seit aller Ewigkeit überall auf der Welt lebt!«

Und um zu zeigen, daß er den Unendlichen nicht mit unehrerbietigen Worten genannt hatte, stieß er den Tabakrauch als Wolke aus und ließ seine Hand auf die Erde sinken, was bedeuten sollte, daß er mir nun alles erklärt hätte.

»Aber alle sagen doch, daß die Bleichgesichter dreckig und unzuverlässig sind!«

Kitomacken nickte ernst, und als Zeichen, daß er mehr sagen konnte, als ich wissen sollte, hob er dann wieder seine Hand. »Aber nicht alle Bleichgesichter sind so, wenn es auch sehr viele üble unter ihnen gibt. Die Svanaker nahmen Dampfbäder in kleinen Holzhäusern, meist alle sieben Tage, um sich zu reinigen. Sie waren recht gute Jäger und Waldläufer, aber natürlich nicht so gute wie wir. Sie sind auch gute Krieger gewesen und haben es hier lange ausgehalten, obwohl ihr Heimatland sie mehrere Winter im Stich gelassen hat. Und auch Penns ›Schwarzhüte‹ waren unsere Freunde. Zwar brannten sie Wälder ab, ohne die Baumgeister um Vergebung zu bitten, das stimmt schon. Und sie haben auch gefährlich viel von dem Feuerwasser getrunken, das wir ›Trank des Bösen Geistes‹ nennen und das kein weißer Mann in unsere Dörfer bringen darf, das ist auch wahr. Aber zu jener Zeit lebten wir wie Freunde unten am Meer zusammen. Doch als dann immer mehr kamen, haben uns die Engländer aus unserem alten Land verdrängt.«

Mich fest und entschieden anblickend, fuhr Kitomakken dann fort: »Ich habe viele gute Menschen unter ihnen gekannt, wenn es uns auch schwerfällt, ihre Wege immer zu verstehen, und sie unsere nicht begreifen . . . Aber freue dich, daß du nicht von schlechten Leuten abstammst. Denn könntest du dich jemals rühmen, ein kupferhäutiger Irokesennachkomme zu sein, die es ja auch bei uns gibt? Möchtest du bei dem Volk geboren sein, das uns hundert Jahre verfolgt hat und mit seinen Feuerpfählen Hunderte von unseren Männern verbrannt hat und auf dessen Geheiß unser Volk seine Waffen niederlegen und bekennen mußte, daß es ein kriegsuntüchtiges Volk von Fuhrknechten sei?«

Bitter blickte er auf den Boden, und wir schwiegen. Doch dann begann er wieder: »Die Svanaker und die Quäker sind unsere Freunde gewesen. Und oft haben sie Frieden zwischen uns und den Irokesen vermittelt. Doch manchmal möchte ich lieber tot sein, als hier zu sitzen und die Abgesandten der Irokesen zu empfangen, wenn sie im Herbst in unser Dorf kommen, um als Friedenspreis von unserem Volk dreißig reichbestickte Wampumgürtel zu fordern. Natürlich ist niemand so töricht, daß er den Untergang des Stammes und den Tod seiner Kinder, Geschwister und Mütter einfach mit ansehen will. Doch es ist schwer, jedesmal wieder daran erinnert zu werden, daß wir ein verachtetes Volk sind.«

»Aber dich, Onkel, können die Irokesen doch nicht verachten. Du hast sie oft besiegt und viele von ihnen getötet.«

Vor Eifer fing Kenevec an zu stottern. Ihre Augen glänzten, als sie auf die flatternden Andenken von Kitomackens großen Kriegstaten zeigte.

Der schaute sie so bestürzt an, daß sie langsam errötete, die Hände vor die Augen legte und davonlaufen wollte. Doch da schüttelte er abwehrend seinen Kopf und blickte zur Seite.

»Mädchen, du ahnst ja nicht, was es bedeutet, Menschen zu erschlagen und auf den blutigen Kriegspfad zu ziehen. Einen ganzen Mondumlauf, Jahr um Jahr, immer auf der Hut sein, ständig in Todesgefahr, und das nicht nur für sich selbst, sondern auch für alle, die man in diese Todesgefahr mit hineingelockt hat, und für alle, die in Todesgefahr zu Hause sitzen, die man nicht mehr beschützen kann. Nein, ich schlage mich wahrhaftig lieber mit Bären und Bisons, Klapperschlangen und Berglöwen herum. Geh deinen Weg, Kind, und laß mir meine Ruhe. Du hast keine Ahnung, was Krieg ist, aber ich weiß es.«

»Aber ich ... wer bin ich denn nun eigentlich?«

Als er meine ängstlich herausgestotterte Frage hörte, beruhigte sich Kitomacken sofort. Seine große Hand legte sich so schwer auf meine Schulter, daß ich mich wieder aufs Fell setzte. »Ja, natürlich, das sollst du erfahren.«

Kopfschmuck

3. Kapitel

Ich atmete auf, mein Herz schlug wie gewöhnlich, doch meine Augenlider brannten. Aber ich war stolz, daß Kitomacken mir alles so ernst wie einem Erwachsenen erzählte.

Jetzt sog ich wieder den Dampf der herrlichen *sukotasch,* einer Bohnensuppe mit Murmeltierfleisch, in mich hinein, die Kitomackens Schwester gerade gekocht hatte und von der sie uns nun eine Schale voll anbot. Nachdem wir uns gestärkt und höflich gerülpst hatten, damit sie auch merken sollte, wie sehr uns ihre Einladung gefreut hatte, fuhr Kitomacken mit seiner Erzählung fort.

»Deine Familie lebte oben in Tennakong, eine Tagesreise von unserem alten Fluß entfernt. Eure Ahnen haben schon lange dort gesessen. Zur Zeit des großen ›Meschat‹ waren sie aus dem kalten Land am Salzmeer dorthin gezogen. Gute Leute, die niemandem etwas zuleide taten. Und wenn wir müde und frierend zu ihrem Hof kamen, haben sie uns Gastfreundschaft gewährt. Nie waren ihre Türen verschlossen wie bei den Engländern, die im Umkreis von einem Tagesmarsch keinen Menschen mit anderer Hautfarbe sehen wollen. Sie konnten auch ein wenig unsere Sprache sprechen, und wenn sie auf ihren Jagdzügen zu uns heraufkamen, haben wir sie ebenfalls freundlich aufgenommen.

Aber vor zehn Wintern ist dann das böse Fieber gekommen, das zwischen uns schlimm gewütet hat, obwohl wir alles getan haben, um den bösen Geist, der es hierher geführt hat, zu verscheuchen. Damals bin ich ein einsamer Mann geworden.«

Als er mit der Hand über seine Augen strich, stieß Kenevec einen tiefen Mitleidsseufzer aus, worauf er schnell weitererzählte.

»Die Jagd ist mir in jenem Winter schwergefallen. Pauguks böse Krankheit, die, wie es heißt, in unserem Lande unbekannt gewesen sein soll, bevor die Bleichgesichter an unserer Küste landeten, hatte viele Jäger hinweggerafft. Ja, auch mein Haus stand leer, und ich mochte es nicht mehr sehen. Schließlich habe ich es niedergebrannt, um den bösen Geist darin, der mir die Meinen genommen hatte, zu töten.

Doch eines Tages, als ich ins Tennakongtal hinuntergestiegen war, entdeckte ich, daß das Fieber, das die Bleichgesichter Pocken nennen, auch bei ihnen gewütet hatte. Mehrere Höfe waren verlassen, und von anderen wurde ich mit Flintenschüssen davongejagt, weil die Bewohner Angst hatten, ein Fremder könnte ihnen die Krankheit ins Haus schleppen. Aber als ich an dem Hof der Bures vorbeiging, deine Eltern hießen nämlich Bure, ist mir aufgefallen, daß der Pfad zu ihnen lange nicht begangen worden war und daß das Vieh im Haus vor Hunger schrie.

Ich überlegte mir, daß sie unsere Freunde gewesen waren, und um Stärke zu erlangen, kaute ich ein Stück von der Heiligen Wurzel. Dann ging ich bis zur Tür, klopfte und fragte, was los sei. Doch keiner antwortete, und es stieg auch kein Rauch aus dem Schornstein. Nur einen Säugling hörte ich drinnen schreien. Weil mir aber niemand geöffnet hatte und ich sah, daß der durchsichtige Stein vor dem Fenster mit Rauhreif bedeckt war, wagte ich es, mit meiner Messerklinge den Riegel zu heben, der die Tür von innen versperrte, und dann trat ich ein. Drinnen war es kalt, und in der Asche schwelte auch keine Glut mehr. Meine Freunde lagen kalt in ihren Betten, und alles deutete darauf hin, daß sie an den Pokken gestorben waren und daß das schon vor mehreren Tagen geschehen war.«

Er blickte zu mir auf und sah mir fest in die Augen. »Aber in einer Holzwiege hast du gelegen. Du warst sehr schwach, so daß ich schon Angst hatte, du würdest auch sterben. Aber nachdem ich dann keine Spur des Fiebers in deinem Gesicht entdecken konnte, nahm ich dich in meine Arme, wärmte dich und eilte mir dir fort. Nach Minnesink war es näher als zu den Höfen der Engländer, wo die Leute auf mich schossen, bevor ich überhaupt mit ihnen gesprochen hatte. Shuntaka hatte damals gerade ein Kind geboren, das an der bösen Krankheit gestorben war, ohne daß sie sich selber angesteckt hatte. Deshalb brachte ich dich zu ihr. Sie war glücklich, für das verlorene wieder einen Sohn zu bekommen, und bei unserem nächsten großen Herbstfest hat sie vor dem Rat darum gebeten, ob du nicht als ihr Sohn bei ihr bleiben könntest. Und damit warst du nach den Gesetzen bei uns aufgenommen. Du bist also ein genauso echter Lenape wie jeder andere von uns, auch wenn deine Haut heller ist. Und weil wir gehört hatten, daß Bure, dein früherer Familienname, Biber bedeutet, gaben wir dir diesen Namen.«

Zum Zeichen, daß er seine Rede abgeschlossen und nichts mehr hinzuzufügen hatte, drehte Kitomacken den Pfeifenkopf nach unten und ließ die Asche auf den Boden fallen.

Wir standen daraufhin langsam auf und gingen fort. Viel besser getröstet, als ich es für möglich gehalten hätte, wandte ich mich nach Shuntakas Hütte. Dabei bemerkte ich, daß die Blicke der Gleichaltrigen und auch die vieler Erwachsener auf mich gerichtet waren. Es kam nicht oft vor, daß ein Junge zu Kitomackens Füßen saß und von ihm Rat und Trost empfing.

Meine Mutter saß und pusselte wie gewöhnlich an irgend etwas herum. Im Augenblick webte sie gerade neue Binsenmatten für unsere Betten auf dem hohen langen Brett an der Längswand. Solange ich mich erinnern kann, habe ich dort immer geschlafen. Jetzt mußte ich erst ein paarmal blinzeln, ehe ich mir vorstellen konnte, daß ich einmal in der Wiege einer weißen Frau gelegen hatte und nicht, festgebunden auf solch einem Kinderbrett aus Lindenholz, wie ich es bei Dikop und Klein Sijimi gesehen hatte, umhergetragen worden war.

Wenn diese Krankheit nicht gekommen wäre und wenn Kitomacken mich nicht hierher, sondern zu den Gehöften der Engländer gebracht hätte, dann wäre ich heute so wie die Leute an der Küste und hätte Minnesink, Shuntaka und Kenevec oder Dikop und alle anderen nie gesehen.

Aber so wie früher, so selbstverständlich gehörte ich nicht mehr hierher.

Darum streckte ich mich nun unter meinem warmen Fell aus, lag und beobachtete, wie der Feuerschein an der Decke mit der blanken Rinde spielte und mit allen bemalten und bestickten Körben und Taschen, die an den Wänden hingen, mit allen Dingen, die auf dem breiten Brett standen, das unter dem Dach entlanglief.

Ich blickte auf meinen Bogen und den Köcher, die über meinem Kopf an der Wand hingen, und dabei fiel mir ein, daß Tanganoan sich über dieses Kinderspielzeug, das höchstens dazu taugte, Kleinwild zu erlegen, lustig gemacht hatte. Und dann hatte er versprochen, mir einen viel stärkeren Bogen und lange, todbringende Pfeile mit Knochenspitzen anzufertigen. Er meinte, daß meine Arme jetzt stark genug wären, einen Bogen zu spannen, mit dem man Rehe und Waschbären schießen kann. Vielleicht würde er mir den Bogen ja bald machen, wenn alles wieder gut war, und ich brauchte dann nicht mehr zu denken, daß ich hier nicht mehr so zu Hause war wie früher.

Doch ich würde diesen Gedanken ertragen lernen und mich vor Kenevec und Kitomacken nicht mehr wie ein Kind aufführen.

4. Kapitel

Wie aus einem tiefen See hörten wir den Gesang der Maisfrauen zu uns heraufsteigen. Aber sie waren nicht mehr zu sehen, als wir über den wogenden Maissee blickten. Ihr Gefolge mit der Eulenfrau Mokana an der Spitze war schon vorbeigezogen, nachdem es geprüft hatte, ob die Kolben reif genug zum Verspeisen waren. Die Frauen hatten uns verheißungsvoll zugenickt und waren verschwunden. Der Tag des Maisfestes konnte also festgesetzt werden.

Die schwankenden Spitzen der Maispflanzen und die Wachposten, die aufstanden und grüßten, ließen erkennen, wo der Zug marschierte. Wir selbst nahmen vergnügt lachend wieder Platz. Unsere eigene Wachhütte war eigentlich nur ein auf Pfählen ruhender Bretterboden, von dem aus wir aber über die höchsten Maisstauden hinwegschauen konnten. Als Dach benutzten wir eine aus Maisblättern geflochtene Matte, die wir zum Schutz gegen Regen und Sonne über eine Stange legten. Aus unseren Fellen hatten wir uns Betten gebaut, und dann hatten wir unsere Waffen und einen Krug Honigwasser von zu Hause mitgebracht – aber sonst ernährten wir uns weitgehend selbst.

Während sich die anderen in den Schatten des Daches zurückgezogen hatten, saß ich nackt in der Sonne, um meine Haut dunkler brennen zu lassen. Doch jene rötliche Tönung wie die meines Kleinen Bruders oder die von Kenevec, die gerade von ihrem eigenen Wachturm zu uns herüberrief, wollte meine Haut nicht annehmen.

Mit ihrem langen Bogen hatte Kenevec ein paar große Eichhörnchen erlegt, hatte sie mit Lehm bestrichen und in der Glut gebacken und bot sie jetzt uns an.

Kenevecs Wachhütte stand auf einem kleinen Hügel. Von ihr aus überblickten wir unser eigenes Maisfeld und sahen, wie sich die hohen Eichen und Nußbäume von den dunklen Laubwäldern im Hintergrund abhoben. Wie eine Flotte schaukelten die sich überall erhebenden Plattformen mit ihren Matten über den Maiswellen. Auf ihnen wachten andere Kinder, die wir aber alle kannten. Mit ihren Bogen und Steinschleudern zielten sie auf die herumschleichenden Maisfresser und auf die Scharen der Vögel, die aus den Baumkronen angeschwärmt kamen.

»Nun ist bald Maisfest«, sagte leise eine wohlbekannte Stimme, und ein Fuß begann, vorsichtig zu Kenevecs hoher Festung hinaufzuklettern. Seit vielen Nächten blickte ich zum erstenmal wieder in Tanganoans Gesicht.

Ohne uns anzusehen, hielt er sich mit beiden Händen an der Plattform fest, fast so, als hätte er Angst, einer von uns könnte ihn hinunterstoßen oder mit ihm über den schaukelnden Maissee davonsegeln. Tanganoan war ein paar Winter älter als Kenevec und schon beinahe so groß wie ein Erwachsener. Er sah nicht so aus, als ob er jemanden etwas zuleide tun konnte. Und daß er so etwas Häßliches zu mir gesagt hatte, paßte eigentlich überhaupt nicht zu ihm. Eher hätte ein Fremder die verächtlichen Worte, die mich so betrübt hatten, sprechen können.

Kenevec machte ein böses Gesicht und zog ihre Füße hoch. »Ja, aber das soll ein Freudenfest sein«, gab sie gereizt zur Antwort. »Und darum glaube nicht, daß ich mich neben jemanden setze, der schlecht über meinen Kleinen Bruder gesprochen hat.«

Tanganoan blieb, wo er war, legte jedoch die Hand vor die Augen, als Zeichen, wie leid es ihm tat, was er gesagt hatte.

»Er ist einer von uns, mein eigener Bruder. Nur aus Neid habe ich so gesprochen, weil er als großer Junge immer noch in den Arm genommen und wie ein Baby verwöhnt wird . . .«

Als Kenevec verächtlich kicherte, brach er errötend ab.

»Weißer Biber sitzt neben mir, denn er ist mein Freund. Denkst du, ich würde so einen hergelaufenen Jungen wie dich an meine Seite bitten? Da sei nur nicht so sicher! Ihr halbgaren Jungen, wie seid ihr lächerlich mit eurem Flötenspiel abends, rund um die Hütte meiner Mutter herum. Haare stopfe ich mir in die Ohren, damit ich euch nicht hören muß. Oder ich fliehe tief in den Wald, wo mich keiner sieht und hört. Ihr könnt nur mit dem prahlen, was ihr einmal tun wollt, aber ihr habt noch nichts Vernünftiges vollbracht.«

Tanganoan hielt sich die Ohren zu und krümmte sich zusammen, um ihr Geschimpfe nicht länger mitanhören zu müssen, aber er ging nicht weg.

»Laß uns das Ganze vergessen, Weißer Biber«, sagte er. »Sieh her, hier hast du mein neues Stahlmesser mit Scheide und Halsriemen. Es ist ein Messer für einen erwachsenen Mann, zwei Fingerbreit länger als deins. Und ich führe dich und Kenevec auch zu einem Honigbaum, den sonst niemand findet. Wir drei könnten ihn ganz allein ausräumen. Die Bienen habe ich schon weggeräuchert.«

»Schon gut«, antwortete ich mit mürrischem Kopfschütteln, »aber was du in meinen Kopf hineingesetzt hast, kannst du nicht wieder herausnehmen. Ebensowenig, wie du die weiße Farbe aus meiner Haut und meinen Augen entfernen kannst, damit ich so schön werde wie ihr.«

Tanganoan sah jetzt so traurig aus, daß auch Kenevec still wurde. Doch dann streckte er mir noch ein Geschenk entgegen. Es war ein Gefäß voll duftendem, goldenem Honig. Und während wir nun unsere Eichhörnchensteaks in den goldgelben Brei stippten, waren alle Streitereien und Sorgen vergessen. Ich rückte ein wenig zur Seite, so daß Tanganoan wie früher so oft neben mir Platz nehmen konnte und ich zwischen ihm und Kenevec saß.

Wir aßen, was wir konnten, und pfiffen Dikop von seinem Ausguck zu uns herüber. Und dann bliesen wir unten in der Hütte Leben ins Feuer, wässerten Maisblätter, um mit ihnen die Moskitos zu verscheuchen, die in der Dämmerung ausschwärmen. Danach nahmen wir unsere Wache wieder auf. Genau im richtigen Augenblick fuhr Kenevecs langer, gespannter Bogen hoch, der sein Ziel, selbst wenn es nur ein paar Sekunden sichtbar war, selten verfehlte. Und kopfüber wie ein Taucher stürzte sie sich in den weißgoldenen Blätterdschungel hinein.

Wir hörten sie erst, als sie zurückkam. Ohne zu keuchen und zu schwitzen, schwang sie sich mit einer großen, glänzenden Wildtaube aus der Tagesbeute lächelnd über die Kante. Strahlend vor Stolz, setzte sie sich dann bequem hin. Die Sonne war gesunken, der Himmel verdüsterte sich, und in den buschigen Kronen der Walnußbäume schimmerten die ersten Sterne.

»So möchte ich es immer haben«, murmelte sie und

verkreuzte die Arme im Nacken. »Ich will nicht zu Maismörsern und Nähnadeln nach Hause zurück. Wie ein Lederfetzen im Mondschein möchte ich herumtanzen. Herbeischwirren wie ein Pfeil, von dem niemand weiß, woher er kommt und wohin er fliegt. Ich werde den Allmächtigen Manitou bitten, mir eine Offenbarung zu schicken, wenn ich erwachsen bin, die mir einen solchen Weg durchs Leben weist.«

Tanganoan schaute sie ein bißchen beunruhigt an.

»Willst du denn nicht so wie die anderen Frauen werden? Andere junge Mädchen träumen nur davon, daß die jungen Männer ihnen etwas vorspielen und mit ihnen spazierengehen.«

Darauf sah Kenevec ihn höhnisch an und meinte kopfschüttelnd: »Warum soll ich mich um die Jungen kümmern? Ich schieße meinen Pfeil genauso sicher wie jeder einzige von ihnen und kann schneller als alle anderen einer Spur folgen, ja ebenso sicher wie die alten erfahrenen Jäger . . . Unhörbar wie ein Wiesel gleite ich durch das unzugänglichste Dickicht. Weshalb soll ich da die Jünglinge bewundern? Die können sich anmalen, verkleiden und sich wie Fasanenhähne brüsten, auf mich wirken sie nur lächerlich.«

Tanganoan rang nach Atem, als hätte er einen Schlag in die Magengrube bekommen, doch ich begriff nicht, warum.

Und dann flüsterte er mit zum Schwur erhobener Hand: »Ich bin ein tüchtiger Jäger und erlege jeden Herbst viele Rehe und Hirsche. Schnell töte ich den gelben Berglöwen und den braunen, reißenden Bären. Ich bin als Jäger genauso tüchtig wie jeder andere.«

Kenevec sah ihn mit einem Lächeln an, das mich tatsächlich an eine kleine Schlange denken ließ. Dann steckte sie die Hand in ihre Gürteltasche aus verziertem Otterfell und zog ein klimperndes Halsband aus braungoldenen, langen, nadelscharfen Krallen heraus.

»Im letzten Mondumlauf habe ich die Spur eines ausgewachsenen Berglöwen entdeckt, und mein Pfeil drang aus einer Entfernung von dreißig Männerlängen in sein Herz. Nun ruht seine Haut im Staub und soll zu einem Bettfell für mich gerben. Und wer jemals mein Bett mit mir teilen will, muß mit etwas anderem als Prahlerei seine Tüchtigkeit beweisen. Denn nur einem richtigen Krieger kann ich Achtung erweisen, einem, der gezeigt hat, daß er seine Feinde besiegen kann und sich durch abgeschnittene Skalpe ihre Lebenskraft angeeignet hat.«

Schweigend, als wollte sie fliegen oder über die Spitzen der Maisstauden laufen, schaute sie zum Wald hinüber, während Tanganoan hoffnungslos vor sich hin sah.

»Der Allmächtige wird dir seine Hilfe gewähren«, sagte er dann leise. »Doch wer von uns kann auf dich hoffen, wenn du erwachsen bist? Nur Kitomacken und noch ein paar Greise haben Skalpe erbeutet . . . Denn vor mehr als zwanzig Wintern sind wir zuletzt in den Krieg gezogen. Damals, als uns die Irokesen noch jedes Jahr überfallen haben.«

Kenevec blickte zur Seite, als ob sie ihn nicht gehört hätte.

»In zwei Tagen«, sagte sie dann aber flüsternd, »ist das Fest der Maismutter. Und so, wie sich der Mais auf den Feldern wiegt, werden wir tanzen und singen, was uns der Fluß vormurmelt.«

»Und die ersten frisch zu bereiteten Kolben essen«, fiel ich, ihren Streit ganz vergessend, ein.

Doch Tanganoan war nicht abzulenken. Starr blickte er auf Kenevecs Nacken hinunter, wo ihr Haar von einer Silberspange zusammengehalten wurde. »Eines Tages«, flüsterte er, »werde ich auf dem Markt die große, rotgefleckte Trommel schlagen, die wir ›Kriegsruf‹ nennen und auf die seit zwanzig Jahren keiner mehr geschlagen hat. Und danach werde ich vor aller Augen meine Axt in den roten Kriegspfahl graben, auf den roten Pfad ziehen und mit dem Skalp eines Feindes heimkehren. Dann bin ich der berühmteste Mann im Dorf und alle Mädchen schauen mir nach.«

»Sicher«, bestätigte Kenevec, ohne ihren Kopf zu wenden. »Doch unser Volk hat seine Kriegstrommel für alle Zeiten begraben und richtet auch keinen roten Pfahl zum Zeichen des Krieges mehr auf. Unser Volk hat gelobt, der Friedenslehre der Quäker zu folgen, auch wenn es von den Irokesen darum Weibervolk geschimpft wird. Höre auf, von blutigen Taten zu träumen, Tanganoan, mich gewinnst du damit nicht. Du bist ein guter Junge, auch wenn du Amisko übel mitgespielt hast. Krieg sei scheußlich und gemein, sagt Kitomacken, der es ja wissen muß; denn er ist viele Sommer dem roten Kriegspfad gefolgt. Und selbst wenn du einen Skalp erringst, wird sich deswegen kein Mädchen nach dir umdrehen.«

»Eben glaubte ich, es noch anders gehört zu haben«, murmelte Tanganoan, endlich so aufgebracht, daß er Antwort gab. »Bei uns besitzen nur bejahrte Männer, die schon Altersschimmel angesetzt und ihre Kräfte verloren haben, noch Skalpe. Aber du bist doch kein Mädchen aus dem Märchen, das einen morschen Baumstumpf heiratet, den dann eine zauberkundige *meda* in einen Mann verwandelt. Der einzige Krieger bei uns, der kein Greis ist, heißt Kitomacken und stammt aus der gleichen Sippe wie du, und somit kannst du dich nicht mit ihm verbinden.«

Kenevec wandte weder ihren Kopf, noch schien sie ihn überhaupt gehört zu haben.

Aber wir zuckten zusammen. Denn plötzlich ertönte von der Grenze des Maisfeldes im Norden der gellende Angstschrei: »Irokesen . . . Die Krieger der Irokesen kommen!«

Platt auf dem Bauch liegend, hielten wir Ausschau.

Aus dem dämmerigen Wald lösten sich scheinbar schwebend große Gestalten, mit schreienden Farben bemalt und hohen Federbüscheln auf dem Scheitel, die Riesen aus ihnen machten. Das waren die fünf Häuptlinge der Irokesenstämme, die gekommen waren, den Wampummuschel-Tribut zu holen, an dem die Frauen unseres Volks den ganzen Winter gearbeitet hatten.

»Und schon ist es mit der Freude am Maisfest aus«, murmelte Kenevec. »Wie ich ihre Übermacht hasse! Ach, warum leben wir nicht mehr in der Zeit, wo wir uns gegen sie verteidigen konnten! In der Zeit, als Kitomakken jung war.«

5. Kapitel

Still lagen wir in unserem Ausguck und beobachteten, wie die Eulenfrau Mokana das reichverzierte Faß mit frischen Maiskolben hochhob und der Maismutter für die unserem Volk gewährten Gaben dankte. Und als sie dann zu der Alten Weisen betete, die vor undenklichen Zeiten die Welt aus der Tiefe des Meeres geholt und auf den Rücken der großen Schildkröte gesetzt hatte, die seitdem die Erde trägt, selbst aber im Salzmeer schwimmt, da war ihre Stimme im ganzen Dorf zu hören.

Die Maismutter hat den Frauen alle jene herrlichen und nützlichen Pflanzen geschenkt, die wir entweder jedes Jahr anpflanzen oder die sie in Hainen und Sümpfen zu Speise und Heilung frei wachsen läßt.

Mokana dankte für guten Regen und warmen Sonnenschein und für den herrschenden Frieden.

Der Kessel in der Hütte stand bereit, mit Wasser, großen kochfertigen Maiskolben und Bärenfett. Die Hütte war sauber gefegt, die Asche vom Herd geputzt und hinausgetragen. Und alle Matten und Felle waren geschüttelt, gewendet und gelüftet. Zwölf verschiedene Holzscheite warteten darauf, an dem neuen Feuer entzündet zu werden, das die Eulenfrau gerade draußen auf dem Versammlungsplatz entfacht hatte.

Dikop, Tanganoan, Kenevec, Klein Sijimi, Mutter und ich saßen zusammen.

Und die Welt war wieder heil. Auch meine Haut war nach dem Trost, den ich von allen Seiten bekommen hatte, längst nicht mehr so häßlich und sonderbar. Alles lief, wie es immer gelaufen war, und ich wollte jeden Tag schwimmen gehen oder ein Dampfbad nehmen, damit niemand mehr zu mir dreckiges Bleichgesicht sagen konnte.

Jetzt warteten wir vergnügt auf die erste frische Maismahlzeit des Jahres. Und danach würden in der Tempelhütte auf dem weißen Pfad, der am Himmel dem weißen Sternenweg entspricht, der in die Heimat der Toten führt, die heiligen Tänze beginnen. So hatte es mir meine Mutter erklärt.

Aber so richtig froh waren wir nicht und die Erwachsenen noch weniger. Denn mitten auf dem Versammlungsplatz thronten in voller Kriegsbemalung auf ausgebreiteten Fellen die fünf Häuptlinge der fünf Irokesenstämme.

Und zwischen zwei Pfählen hingen an einem dicken Riemen vor aller Augen die dreißig breiten Wampumgürtel, der Jahreszins der Lenape an das Volk der Irokesen. Wir vermieden, dorthin zu blicken, und versuchten so zu tun, als hätten wir die Gäste gar nicht bemerkt. Denn es gab in allen Hütten noch Erinnerungen an die Zeit vor zwanzig Wintern, als die Irokesen überall in unseren Wäldern lauerten. Und wo unsere Frauen und Kinder auf den Ackerfeldern und in den Wäldern Skalpierte fanden, wo Männer in Scharen auszogen, um Rache zu nehmen, und oftmals nie wiederkamen.

Mitten zwischen den Irokesen hatten sich um Tamenund herum die Dorfältesten niedergelassen. Tamenund trug zum Zeichen seiner Würde als Friedenshäuptling aller Lenape und als Talisman die Krone mit den großen Bisonhörnern auf dem Kopf. Und über seinem Arm lag der heilige, weiße Wampumgürtel mit dem weißen Stern und verkündete, daß das Beratungsfeuer entzündet sei, daß Frieden herrsche und die Verhandlungen beginnen könnten.

»Kitomacken trägt seine roten Adlerfedern«, flüsterte Kenevec. »Sie zeugen für alle Feinde, die er besiegt, und für alle Wunden, die er im Kampf empfangen hat. Damit will er den vornehmen Irokesen zeigen, wieviele von ihnen er getötet hat.«

»Alle Häuptlinge aus dem Norden tragen die Skalpe der von ihnen erschlagenen Feinde. Kopfhäute von Katavbern, Franzosen, ja vielleicht auch von Lenape«, flüsterte Tanganoan. »Und manch einer träumt von solchen Kämpfen, um ... um sich Ruhm zu erwerben.«

Kenevec schnaubte gereizt und legte dann verteidigungsbereit ihre Hand auf den langen Bogen.

Von den anderen Eulenfrauen umgeben, die grüne Maisstengel in ihren Händen hielten, opferte die Priesterin große, schöne Kolben im Feuer. Und auf ein bestimmtes Zeichen stürzten dann alle Kinder in vollem Galopp mit Harzfackeln herbei und nahmen Feuer, das sie zu den Herden in ihren Hütten brachten. Während es im Topf zu kochen begann und die Maiskolben dampften, waren wir alle beieinander und erwarteten tanzend den Geschmack der im Bärenfett gegarten, frischen Kolben.

Draußen auf dem Versammlungsplatz wurden die mächtigen, dunklen Männer unruhig und begannen, sich zu beschweren.

»Wir haben nicht viel Zeit«, tönte eine barsche Stimme aus ihrer Mitte. »Schickt eure Frauen und Kinder zu ihren Spielen und nehmt Kenntnis von der höchsten Freude eines Mannes.«

Und dann erhob sich langsam einer der Häuptlinge.

Er stieß einen spitzen Stab in den hartgetrampelten Grasboden und legte etwas dorthin, das wie ein schwarzes Käppchen aussah.

Mit erstaunten und erschrockenen Schreien wichen die Frauen und Kinder zurück, während sich die jungen Männer und Knaben näher herandrängelten, um den frischen Skalp besser sehen zu können. Und dann legte sich der Irokesenhäuptling einen dunkelroten Wampumgürtel über den Arm.

Seine tiefe, rollende Stimme erzählte von den Kriegen und Heldentaten seines Volks, von Vernichtungszügen in das Land der Illiniser hinter den Blauen Bergen, jenseits der endlosen Weite des Blauen Schilfs . . .

Er berichtete, wie sie die Bleichgesichter bekämpft hatten, die Franzosen im Norden, weit hinter dem großen Süßwassermeer, und wie sie viele Hunderte von ihren Kriegern getötet hatten, obwohl sich diese in großen Steinhütten, die von mächtigen Donnerbüchsen verteidigt wurden, verschanzt hatten. Und wie sie gen Süden durch die Wälder der Todesschatten und über den Südbergpaß in das Land ohne Winter gezogen waren, wo sie Dutzende aus dem Volk der niederträchtigen Plattköpfe erschlagen und viele Skalpe genommen hatten, wie wir ja selber sehen könnten . . .

Während er dies alles spannend erzählte, rückte der Kreis der neugierigen und ehrgeizigen jungen Männer immer näher. Seit mehr als zwanzig Wintern hatte unser Volk keinen Krieg mehr erlebt. Aber im geheimen träumten viele junge Männer wie Tanganoan davon, sich einmal, als höchste Auszeichnung eines Kriegers, den Skalp eines Feindes zu erringen. Das verheißt bei uns mehr Glück als alles andere, beinahe soviel wie der Erwerb eines Schutzgeistes.

Mit einer befehlenden Geste zeigte der Irokesenhäuptling nach Süden. Aber als wir alle dorthin schauten, wurden unsere Blicke von einem gellenden Kriegsruf, durchdringend wie ein Stahlmesser, zurückgeholt.

Ein einzelner, nackter Krieger war aus den Reihen der Irokesen aufgesprungen und begann, hart auf den Boden stampfend, die gemessenen Bewegungen des Kriegstanzes auszuführen. Sein Körper war so kohlschwarz wie der des bösen Totengeistes Pauguk, und sein Antlitz trug die greuliche Maske eines weißen Totenkopfes. Mich packte solch eine Angst, daß ich mein Gesicht in den Händen verbarg. Aber ich hörte Tanganoan aufspringen, als wollte er nach vorn stürzen.

»Der Kriegshäuptling! Er ruft zum Streit!«

Dröhnend stampften die Füße des Tänzers auf den Boden, wie ein Panther krümmte sich sein Körper zum Sprung zusammen, und seine Stimme schrie abgerissene Sätze, während er mit dem blutigen Skalp den Pfahl umkreiste. Er sang von seinen Kriegszügen in das Land der Katavber, von den vielen Skalpen, die er erbeutet hatte, und von all den Kämpfen, bei denen er und seine Krieger sich ausgezeichnet hatten. Und er forderte uns auf, ihm nachzueifern!

Viele unserer jungen Männer saßen niedergekauert und bewegten sich tastend im Takt des Kriegshäuptlings. Der machte zuerst zwei lange Rutschschritte und ließ dann beim dritten seine Sohle klatschend auf den Boden knallen.

Nachdem er dann mitten auf dem Versammlungsplatz ermunternd seine Axt geschwungen hatte, trat der Kriegshäuptling wieder ab. Einige junge Männer wollten vorstürmen und ihn festhalten, wurden aber von den älteren, bedächtigeren zurückgehalten. Und nun stand

Tamenund auf. Seinen zitternden Körper reckend, hob er seine Hand an den heiligen Kopfputz, wandte sein Haupt nach links und rechts und schüttelte dabei den weißen Wampumgürtel, das Zeichen des Friedens und der Ratsversammlung, in seinen Händen.

Es wurde still. Tamenunds Stimme, die sonst wegen seines Alters dünn und plärrig klang, schien tiefer und kräftiger geworden zu sein, als wäre der starke Geist seiner Jugend wieder in seinen Körper zurückgekehrt.

»Ist das hier der richtige Ort und Zeitpunkt, um Kriegsgesänge anzustimmen und Männer auf den blutigen Kriegspfad zu rufen? Seht her, ich halte den weißen Friedensgürtel in meiner Hand. Wagt ihr, die Mutter allen Lebens auf ihrem eigenen Fest zu beleidigen? Und schaut, dort hängt der Tribut, den wir, wie jedes Jahr, euch Irokesen nach einem alten Vertrag zusammengebracht haben. Das Recht, selbst zu entscheiden, was wir tun oder nicht tun wollen, berührt der Vertrag jedoch nicht. Zurück, ihr jungen Dummköpfe! Wollt ihr ausziehen, um den Irokesen in ihrem Krieg, der uns nichts angeht, Blut zu ersparen?«

Als viele Männer und Frauen ihre Zustimmung laut zum Ausdruck gebracht hatten, erhob sich Kitomacken und stieß mit dem Fuß die Kriegsaxt zurück.

»Ich bin der *iila*, der Kriegshäuptling, den die Lenape einmal gewählt haben. Darum ist es auch meine Sache, unsere Männer in den Krieg zu rufen, wenn wir ihn beschlossen haben. Aber ich hole die Kriegstrommel nicht hervor. Als unsere Frauen das letztemal über ihre gefallenen Männer weinten, da hattet ihr Irokesen sie ihnen getötet. Niemand von uns wird eine Blutaxt anrühren, die ihr überbringt.«

Als er sah, wie sich alle von seinem Blick zurückhalten ließen, lächelte Kitomacken und wandte sich überlegen an den Irokesenhäuptling, der nun wütend schrie: »Hört, ihr jungen Wölfe! Nehmt eure Axt und pfeift auf das Geplapper der alten Fuhrknechte! Schlagt ihnen die Zähne blutig! Oder habt ihr etwa Angst vor alten Feiglingen, die in der Erde herumhacken oder den Frauen Holz tragen? Zieht mit uns und werdet Krieger!«

Als viele aus unserem Volk empört über diesen Hohn aufschrien, sprang Kenevec außer sich vor Wut auf.

Kitomacken, der zwar vor Zorn rot geworden war, antwortete jedoch kühl: »Unser Volk hat den Frieden nicht gebrochen, und ich selbst bin auch nicht mehr auf den Kriegspfad gezogen. Doch sobald dies Beratungsfeuer erloschen ist, bin ich bereit, jedem Prahlhans mit dem Messer in der Hand zu begegnen.«

Darauf brach der Irokese in ein schallendes Gelächter aus. »Leeres Geschwätz, das wir nicht einmal unseren Frauen erzählen würden . . .«

Plötzlich verstummte er jedoch, stöhnte und beugte sich mit einem erstickten Schrei nach vorn. In seiner linken Seite steckte ein dünner Pfeil.

Als der Irokesentrupp aufgesprungen war, glänzten blanke Waffen und Feuerrohre in den Händen der Krieger. Aber eine Mauer aus Männern, die von den Beleidigungen genug hatten, erhob sich gegen sie.

Und die Eulenfrauen sprangen schreiend und ihre grünen Maisstengel als Friedenszeichen schwenkend dazwischen. Als Tamenund befehlend seine Arme hob, reihte sich sogar Kitomacken bei unseren Männern ein. Er richtete den verwundeten Irokesen auf und zog ihm den Pfeil aus der Brust, aber wir merkten, daß er dabei lächelte. Dann nahm er seinen großen Halskragen aus zwölf doppelten Wampumketten ab und hängte ihn an den Riemen, an dem alle die Wampumgürtel, die der Stamm als Abgabe bot, zur Besichtigung hingen.

»Hört Irokesen, Verwegene gibt es auch in unserem Volk«, sagte er so laut, daß er den Lärm übertönte. »Bedrängt uns also nicht zu sehr. Dir, Irokese, überlasse ich dies als Schmerzensgeld und als Unterpfand dafür, daß wir Frieden halten wollen.«

Körbe aus Birkenrinde

6. Kapitel

Es gab keine Schreie und auch keine drohenden Gebärden mehr. Die Irokesen wagten nicht, einen Angriff zu riskieren, und unsere Männer hielten sich auf die Warnungen der Häuptlinge und Eulenfrauen hin zurück.

»Wir haben beschlossen, uns an den weißen Pfad zu halten«, erklärte Tamenund. »Nehmt die Buße, die wir euch überlassen, und zieht in Frieden! Denn wir beschließen selbst über Krieg und Frieden, wie Penns christliches Volk es uns gelehrt hat, dessen Männer unsere und eure Freunde sind.«

Während die Irokesen noch überlegten, hob der Verwundete seinen Arm in die Richtung, aus der, wie er meinte, der Pfeil gekommen war. Seine Hand zeigte direkt auf das Haus meiner Mutter.

»Die Buße, die von unserer eigenen Ratsversammlung gebilligt wird, nehmen wir an. Aber zuerst und vor allem muß der, der den Pfeil abgeschossen hat, bestraft werden. Und er hat dort, aus diesem Haus, geschossen. Er soll als Gefangener mit uns kommen und vor den Rat unseres Stammes gestellt werden.«

Wie eine gefangene Ratte saß mir das Herz im Hals. Und nirgends war Kenevec. Flink wie ein Reh war sie verschwunden. Niemand konnte sie auffinden . . . Nein, nie und nimmer . . . Aber wer sollte dann . . . Ich sah, wie Tanganoan ängstlich überlegte, wen man wohl verdächtigen würde.

Ihn selbstverständlich.

Während Fackeln unsere Gesichter ableuchteten,

prüften die Blicke der Irokesen eins nach dem anderen. Als ich dabei meine Mutter Sijimi ängstlich jammernd an sich drücken sah, kam mir ein Gedanke, und ich sprang vor.

»Ich habe geschossen. Aber mir könnt ihr nichts tun, denn ich bin ein *voapsit* . . . Und das Volk der Bleichgesichter wird mich verteidigen.«

Wie schwarze Schatten standen sie hinter ihren Fakkeln um uns herum. Ich fühlte, wie meine Knie vor Furcht anfingen zu zittern, doch es rührte mich keiner an. Da hob ich meine Arme, damit sie die helle Farbe bemerkten und sahen, daß ich die Wahrheit gesprochen hatte.

Der verwundete Irokese leuchtete mir mit seiner Fakkel direkt ins Gesicht, leuchtete dann über meinen Schlafplatz und grunzte dabei, was aber wie ein halbes Lachen klang.

»So, du willst ein *voapsit* sein, du kleine Wolfsbrut! Aber wo hast du denn einen Pfeil, der so gemacht ist wie dieser? Deiner ist eine ganze Handbreit kürzer und hat eine Knochenspitze, statt einer aus Stahl wie diese. Vielleicht hast du früher . . .«

Mit einer raschen Bewegung stand er kopfschüttelnd vor Tanganaons Bett und fingerte prüfend an einigen seiner Pfeile herum.

»Nein, deine Pfeile sind anders geschnitten und auch anders gefedert . . .«

Als er sich dann achselzuckend nach draußen wandte, zischte er noch schnell: »*Voapsit* oder nicht, du hast mein Blut vergossen, und Irokesenblut muß zehnfach bezahlt werden. Wir brechen zwar nicht den Ratsfrieden, doch unser Recht fordern wir.«

»Vergib lieber die Schuld, die dir zugefügt worden ist,

damit auch dir in deiner letzten Stunde vergeben wird«, rief eine Stimme aus der Dämmerung, wo ein rabenschwarzer Mann furchterregend groß auf einem hohen Pferd saß. Nur sein Gesicht leuchtete weiß wie Birkenrinde im Feuerschein. So schauerlich wie Pauguk selber stand er mit seinem Pferd dort, doch wir begriffen sofort, daß er zu den ›Schwarzhüten‹ gehörte, die von der Küste heraufgekommen waren, um Geschenke an unser Volk zu verteilen und uns die Botschaft des weißen Volkes zu überbringen.

Als er abgestiegen war und uns begrüßt hatte, scharten wir uns alle um ihn; denn wir wollten sein Wort und seine Botschaft hören und erfahren, welch denkwürdiges Ereignis den weißen Häuptling hierher geführt hatte.

Ich war einen Augenblick in Vergessenheit geraten und überlegte, ob ich in die Wälder fliehen sollte, als Kitomacken durch den Türvorhang trat. Schwer, wie von tiefer Dankbarkeit bewegt, legte sich seine Hand auf meine Schulter.

»Das hast du gut gemacht, Weißer Biber. Und es soll dir nie vergessen werden, daß du die Tochter meiner Schwester aus Lebensgefahr gerettet hast. Ich kenne ihre Pfeile wieder. Sie hat sich nur durch schnelle Flucht in Sicherheit bringen können. Sonst hätte ich einen von ihnen dazu bestimmten Mann im Zweikampf besiegen müssen. Was eine ewige Kriegsgefahr für uns bedeutet hätte. Jetzt hingegen wird sich wohl alles friedlich regeln.«

»Hat sie sich eigentlich in den Wald gerettet?« erkundigte er sich dann nach raschem Umsehen flüsternd.

Meine Mutter senkte den Kopf, wobei ihr die Tränen

über die Nase rannen. »Wer soll die schlüpfrige Schlange denn fangen?« antwortete sie, auf den Wald zeigend. »Als alle noch mit dem verwundeten Mann beschäftigt waren, hat sie ihre Tasche und ihren Umhang an sich gerissen und ist wie der Wind davongesaust. Sie ist schon lange fort. Wenn sie nicht will, hinterläßt sie keine Spuren. Und in den Wäldern findet sie sich ebenso gut wie ein Mann zurecht. Ihre Tat hätte unser aller Unglück sein können. Aber ich bin keine blinde Frau, ich weiß, daß Amisko jetzt vom Tod bedroht ist.«

»So schlimm wird es wohl nicht werden«, beruhigte der Kriegshäuptling sie. »Aber, Shuntaka, ich muß ihn jetzt zu dem Abgesandten bringen. Da hilft nichts. Weißer Biber muß zu seiner Sippe zurück, in der er geboren ist. Wenn er hierbleibt, gerät er bestimmt in ein paar Jahren in Lebensgefahr. Denn wenn die Irokesen ihm im Augenblick auch noch nichts zu tun wagen, so werden sie doch immerzu um unser Dorf herumschleichen und ihn belauern.«

Weinend nahm mich meine Mutter in die Arme. Ich wollte nicht weinen, doch mir kamen die Tränen. Daß meine Tat solche Folgen haben würde, damit hatte ich nicht gerechnet.

Und während ich meine Sachen zusammenpackte, versuchte ich mir einzureden, daß ja im Grunde alles nicht viel anders sei, als wenn wir im Sommer zum Honigsammeln in die Berge zogen oder auf die Sumpfwiesen, wo wir uns von wilden Beeren und Wurzeln ernährten.

Für Klagen blieb keine Zeit. Kitomacken nahm mich in die große Ratshütte mit, wo ich das Bleichgesicht wiedertraf, das mit seinem großen, schwarzen Hut und dem schwarzen Mantel wie ein Gespenst an der Wand stand. Ein Wesen, das mir so fremd war, als käme es aus der Welt der Geister . . . Der wasserhelle, graue Blick aus den großen, runden Augen des weißen Mannes erschreckte mich wie ein Riesenfisch. Mit einem seltsamen Knarrton bewegte er sich auf seinen Füßen und roch so nach Schweiß, als ob er nie ein Dampfbad nahm. Seine Haut war nicht so richtig weiß wie Birkenrinde, sondern mehr rotgelb wie die Innenseite der Borke. Und das Haar hing ihm verblichen wie welkes Gras ums Gesicht. Und es war weder geflochten und geölt noch gekämmt oder geschmückt wie bei uns.

Und obwohl es ein warmer Spätsommertag war, hatte er sich von Kopf bis Fuß mit schwarzem Tuch bekleidet.

Während er mich betrachtete, fing er an, mich zu betasten.

Strich mir über den Kopf, kniff neugierig in meine Haut, wie um sich zu überzeugen, daß sie wirklich genauso beschaffen war wie die seiner eigenen Sippe. Dann versuchte er, sich mit mir in seiner Sprache zu unterhalten, von der ich nur ein einziges Wort kannte. Und obwohl ich diese Sprache früher schon ein paarmal gehört hatte, war es wie ein wirrer Traum. Kopfschüttelnd wechselte er in sein stotterndes Lenape.

»Amisko . . . Biber . . . Ja, das klingt so ähnlich wie Bure . . . Und die Familie lebte unten im Tennakongtal. Brave Leute schwedischer Abstammung. Aber hast du denn keinen Taufnamen, Junge? Warst du noch ein Säugling, als du hierher kamst? Und verstehst du deine eigene Sprache überhaupt nicht?«

Obwohl ich zu allem, was er fragte, nur den Kopf schütteln konnte, klopfte er mir freundlich auf die Schultern.

Aus Angst vor seinen Berührungen, seiner häßlichen, bleichen Farbe, seinem Geruch und seiner Stimme wäre ich am liebsten in den Wald gerannt, doch ich fühlte, daß Kitomacken mich beobachtete. Und ich hatte nun einmal die Schuld für Kenevec auf mich genommen und mußte dafür einstehen. Niemand sollte glauben, daß ich sie abwälzen wollte, schon gar nicht auf ein Mädchen.

Als ich zufällig zum Eingang blickte, bemerkte ich, daß der lange Irokesenhäuptling, der jetzt einen Verband aus geflochtenem Lindenbast um seine Wunde trug, den Vorhang aufhielt. Er zeigte mich den anderen Irokesen, damit sie mich nicht verfehlen konnten, wenn sie um unser Dorf herum auf mich lauerten. Sollte ich ihnen jemals in die Hände fallen, so mußte ich dankbar sein, mit einem schnellen Totschlag davonzukommen.

Aber ich wußte auch, daß nicht einmal die mächtigen Irokesen einen *voapsit* zu überfallen wagten, der unter dem Schutz dieses von den Beherrschern des Salzwassers ausgeschickten Boten stand. Und ich versuchte, mich damit zu trösten, daß mein Leben nun in Sicherheit war.

Meine Spielkameraden und Verwandten kamen, um sich von mir zu verabschieden, und überreichten mir ihre Geschenke für die Reise – Schmuck, Waffen und Felle. Zum Schluß kam meine Mutter mit einem großen Hirschlederbeutel voll bester *rokahominy,* trockener Grütze aus Maismehl, zerkleinertem Trockenfleisch, Fett und Ahornzucker, sowie einem ganzen Dutzend von ihren frisch gebackenen Maisbroten mit eingemachten Melonenstücken darin und drei Paar neuen *sipaka*, Ledersocken, für meine Reise. Sie sprach ganz ruhig mit mir, doch ich sah ihren Augen an, wie sehr sie sich beherrschte. Ich konnte aber Haltung bewahren, als mich der lange, weiße Mann in den Sattel hob und durch das Maisfeld mit mir davonritt.

Tanganoan lief eine Zeitlang an meiner Seite und sah zu mir hinauf. Sein Gesicht war vor Sorge ganz faltig geworden.

»Kleiner Bruder . . . an allem bin nur ich schuld. Wenn ich damals geschwiegen hätte, würdest du nicht wissen, daß du bei den *voapsits* geboren bist. Und hätte ich Mut gehabt, vor dir zu sprechen, dann wärst du jetzt in Sicherheit. Die hätten mir schon geglaubt . . . Aber eines Tages mache ich meine Schuld wieder gut. Darauf kannst du dich verlassen.«

Beutel

Pfeifentasche

7. *Kapitel*

Schon beim Aufwachen wußte ich, daß ich nicht zu Hause in Minnesink war, wie ich geträumt hatte, wobei mir der Dampf von Melonengrütze und Sonnenblumenöl deutlich in die Nase gestiegen war. Die Luft, die ich hier atmete, war anders. Ein scharfer, fettiger Geruch nach Schmutz und Eisen, Buttermilch und altem Käse hing in ihr.

Während ich mit geschlossenen Augen döste und mich an mein Zuhause zu erinnern versuchte, das ich nun schon vor langer Zeit verlassen hatte, überkam mich die Einsamkeit. Darum atmete ich tief aus und blinzelte mich wach. Ein neuer Tag bei meiner richtigen Familie begann. Draußen brüllte das Vieh, eisenbeschuhte Pferdehufe klirrten, laute Beilschläge hallten, und überall Stimmen in der fremden, harten Sprache . . .

Am liebsten hätte ich mich in einer Ecke meines Bettes zusammengerollt und vergessen, daß ich mit meinen dreizehn Jahren schon fast erwachsen war. Und dabei lebte ich hier geborgen bei dem Bruder meines Vaters und seiner Familie, wo sich alle auf ihre stille Art gefreut hatten, daß ich gefunden worden war. Obwohl alle, von Großmutter bis zu der kleinen Katrin, auch mißtrauisch waren, weil sie die Leute, bei denen ich aufgewachsen war und die mich erzogen hatten, für ›nackte Maisfresser ohne Benimm und Bildung‹ hielten.

Ich kam schnell dahinter, daß die *voapsits* genausowenig von meinem Volk wußten, wie ich von ihrem gewußt hatte. Aber das schlimmste für mich war, daß ich mich in keiner Weise verständlich machen konnte.

Ich mußte mich dazu zwingen, mich in der leichten Luft hier oben in meinem Strohbett aufzusetzen, das ich mit dem alten Henrik teilte, der auch ein Bruder meines Vaters war. Er war schon so alt, daß er noch in dem Land der kalten Tannenwälder jenseits des Salzmeers seine Kindheit verbracht hatte, in dem Land, das die anderen nur noch vom Hörensagen kannten.

Jetzt war er auch aufgewacht, saß aufrecht, fuhr sich durchs Haar und grinste freundlich mit seinem zahnlosen Kiefer.

Sein dünnes, eingestanztes Lächeln war mir ein ständiger Trost, wenn ich mich nach meiner Mutter, Dikop und Kenevec sehnte und mir vor Heimweh die Tränen in die Augen steigen wollten.

Vielleicht besaß er auch am meisten Verstand; jedenfalls stellte er keine so verrückten Fragen nach meinem Volk. Und er erriet auch recht oft, wenn mir alles zu schwer und sonderbar vorkam. Und dann holte er die Erlaubnis ein, mit mir zur Jagd und zum Fischen an den Fluß zu gehen oder sich sonstwie außerhalb des Hofs mit mir beschäftigen zu dürfen, damit das neue Leben für mich ein bißchen leichter wurde.

Rund um die Uhr mußte man hier etwas lernen oder sich an etwas gewöhnen. Schon das Anziehen war für mich, der nur Leggins gewohnt war, die am Gurt befestigt wurden, ein Elend.

Hier kam zuerst ein enges Hemd mit merkwürdigen Öffnungen, wo man Kopf und Hände einfädeln sollte und das dann an mehreren Stellen zugeknöpft werden mußte; danach ein Beinfutteral mit ebenfalls vielen Knöpfen vorn und an den Seiten, eine Jacke und

Strümpfe, die das Knie straff umspannen sollten, und schließlich Schuhe, so schwer und drückend wie Holzklumpen.

Und unten in der Küche dampfte die bittersalzige Suppe. Daß man Fleisch und Speck salzt, damit es nicht verdirbt, ist einzusehen. Aber daß man auch an alle frischen Gerichte und ans Brot Salz tut, so daß die Menschen in der Nacht ständig Durst haben und es in meinem daran nicht gewöhnten Magen richtig brennt, konnte ich nicht verstehen.

Warum soll man sich eigentlich an Dinge gewöhnen, die scheußlich, beschwerlich und außerdem auch unnötig sind?

Ich stand schon an der Treppe, als mir auffiel, daß Mutter Gertrud heute ihr grünes Mieder anhatte. Da merkte ich, daß Sonntag war, der siebte Tag, der ihrem Manitou, dem ›Großen Mann in den Wolken‹, wie sie sagen, geweiht ist. Und ich beeilte mich, die Tuchjacke mit den vielen Knochenknöpfen und die weißen Strümpfe anzuziehen, die man am Tag des Herrn an Stelle der grauen tragen soll.

Im Bettkasten in der Ecke hustete Großmutter, bellte wie ein Wolf und stöhnte, zum Zeichen, daß wir ihr auf die Beine helfen sollten. Katrin, ein Mädchen in meinem Alter, kam herbei und stützte sie. Um nicht gesehen zu werden, zog ich mich ein bißchen zurück. Sie konnte nämlich manchmal zetern, in die Luft springen und um sich schlagen, wenn ich unversehens in ihrer Nähe auftauchte.

Als Lenape hatte ich mir das Haar, außer einem Kamm von der Stirn bis in den Nacken, abscheren lassen. Wenn ich als *voapsit* auch keinen Schmuck anlegte, so waren meine Ohrläppchen doch von einer Reihe von

Löchern durchbohrt, um Perlgehänge darin zu tragen. Und schon allein dieser Anblick, wie alles, was an meine indianische Vergangenheit erinnerte, versetzte den Verstand dieser alten Frau meist in großen Schrecken.

Auf Bettkante und Stock gestützt, kam sie vorsichtig hoch und hatte auch schon ihre weiße Tageshaube auf, die unter dem Kinn festgebunden wurde. Als ich ihr hilfreich meine Arme entgegenstreckte, drohte sie mir mit der Faust. Schwarze Angst leuchtete dabei aus ihren Augen.

Wir setzten uns an den Tisch, und ich faltete meine Hände. So gut ich konnte, versuchte ich, der Anrufung zu folgen. Ich nahm mir vor, dankbar zu sein, und malte mir aus, welcher Lebensgefahr ich doch entronnen war, weil ich hier sein durfte und nicht mehr im Dorf der Lenape leben mußte.

Wenn ich mit den anderen in dem großen Bretterboot saß und wir den Fluß hinabruderten, überlegte ich mir manchmal, wie leicht es doch sein müßte . . . Nur ein Sprung ins Gebüsch, und keiner von diesen hartbeschuhten, schwerfüßigen Weißhäuten würde mich jemals aufspüren. Nur ein paar Tage, und ich wäre wieder zu Hause.

Wenn nur die Angst vor den Irokesen nicht gewesen wäre.

Nein, ein Gefangener war ich nicht. Ich lebte hier aus freien Stücken. Aber was wäre mir auch anderes übriggelieben? In einem nahen Versteck hatte ich alles zusammengetragen, was ich brauchte, falls ich eines Tages fortgehen wollte. Und auch das, was ich von meiner indianischen Vergangenheit aufbewahren wollte, von der mir hier nichts erhalten blieb. Nicht einmal mehr eine Tabakspfeife besaß ich und konnte nun Manitou nicht so oft, wie ich es gern getan hätte und man es tun soll, ein Rauchopfer bringen. Und von meinen indianischen Kleidern und meinem alten Bettfell, das mir meine Mutter geschenkt hatte, behauptete Mutter Gertrud, daß Läuse drin seien.

Als ob es Läuse bei uns Lenape gäbe! Sobald Ungeziefer in unsere Klamotten geraten ist, legen wir sie in einen Ameisenhaufen, und weg ist es.

Hier mußte ich mich dauernd an Neues gewöhnen. Aber ich rief mir Kitomackens Abschiedsworte ins Gedächtnis und schwieg über das, was ich dachte und fühlte. »Denk immer daran, Amisko, daß du viel lernen mußt. Von dem Leben des Volkes, in das du jetzt kommst, weißt du so wenig wie ein Säugling in der Hängematte. Und im Leben der Bleichgesichter gibt es so viel, das uns falsch, dumm und grausam vorkommt. Von manchem weiß ich, daß es das auch wirklich ist, aber alles ist vielleicht nicht verkehrt. Sie wissen vieles, was wir nicht wissen. Und etwas, was uns falsch erscheint, kommt uns vielleicht nur deshalb so vor, weil es so ganz anders ist, als wir es gewohnt sind. Versuch zu lernen und zu verstehen, aber vergiß dabei nie, daß Manitou die ganze Welt erfüllt und es nicht angeht, ihn sechs Tage hinter Schloß und Riegel zu sperren, um ihn dann am siebten in seinem Heiligen Haus zu besuchen, wie es die *voapsits* zu tun pflegen.«

Wir begaben uns gerade wieder auf die ›Reise des siebten Tages‹, zur Steinhütte ihres Großen Geistes. Dort wurde aber nie zu Manitous Ehren nach der Musik der heiligen Trommeln getanzt, sondern man mußte schweigend dasitzen und dem ewig langen Gerede ihres Gottesdieners lauschen. Nur ab und zu erhoben wir uns, um eine Huldigung zu singen. Dabei begleitete uns ein merkwürdiges Spielwerk von über hundert Stimmen, das in einen Kasten eingeschlossen war.

Ich guckte am liebsten auf den Fußboden, weil ich den gequälten und gefesselten Gott, den die Christen immer vor Augen haben, nicht sehen mochte. Noch heute spricht man in unserem Volk mit Furcht von den alten Zeiten, wo die Feinde am Marterpfahl getötet wurden, und man meint, diese Erinnerung nie vergessen zu können. Die *voapsits* müssen sich jedoch schon als kleine Kinder an den Anblick eines so gräßlich gequälten Menschen gewöhnen. Kein Wunder, daß sie grausamer sind als wir, ja sogar Menschen aus ihrem eigenen Stamm töten, wenn sie meinen, diese hätten sich gegen sie vergangen.

Eifrig versuchte ich mitzubekommen, was die fremde Stimme dort von dem hohen Stehplatz, wo der Schwarzgekleidete stand, zu verkünden hatte. Doch lange Zeit verstand ich keines seiner Worte. Mir schwirrte der Kopf. Und ein paarmal war ich sogar eingenickt und von einem Gottesdiener, der mit einer langen Rute im Mittelgang auf und ab schritt und aufpassen sollte, daß niemand einschlief, mit einem Schlag auf dem Kopf geweckt worden. Ob die Christen fürchteten, daß der gefährliche Gott, den sie an der Wand festgenagelt hatten, sich losreißen und ihnen Böses tun könnte, wenn nicht alle wach waren und auf ihn achtgaben?

Ich war aber nicht der einzige. Manchmal mußte ich den alten Henrik anstoßen, der, die Stirn auf die Hand gestützt, damit es nach andächtigem Lauschen aussah, ein Nickerchen versuchte. Ich bewahrte ihn also vor dem Rutenmann. Dafür wollte er mich wieder in den Wald mitnehmen. Dort wollten wir Truthähne locken, etwas, das nach seiner Meinung keiner so gut verstand wie ich. Und unsere Grauhündin Duva würde vielleicht einen Waschbären oder ein Reh aufspüren.

Nach Onkel Jonas' Erklärung war Henrik geradezu verrückt darauf, sich in den Wäldern herumzutreiben. Und er besaß eine gute Büchse, die auch auf weite Entfernung sicher traf. Ich hatte sie ein parmal ausprobiert und mein erstes Reh mit ihr erlegt.

Kehrten wir ohne Beute nach Hause zurück, so war der Ausflug in Onkel Jonas' Augen reine Zeitverschwendung gewesen. Wenn aber im Spätherbst alle Arbeit getan war und Fährtenschnee lag, dann ging er selber auch auf die Jagd. Spürte dem Hirsch auf oder suchte eine Bärenhöhle. Sonst war er hauptsächlich darauf bedacht, sein Land zu vergrößern, Wald zu roden und verschiedene Tiere zu züchten. Obwohl ihm schon viel mehr gehörte, als man braucht, um auch eine doppelt so große Familie satt zu bekommen.

Wir Lenape freuten uns, wenn wir uns bis zur nächsten Ernte durchschlagen konnten. Und selten blieb viel übrig, um es mit Freunden oder Stammesgenossen, die in Not geraten waren, zu teilen. Doch wir wußten, daß die Sippe und die Freunde aus dem Stamm helfen würden, bis es wieder besserging, falls wir in Bedrängnis kommen sollten. Hier hingegen wurde alles so verriegelt und verrammelt, als hielte man alle Nachbarn und Vorüberziehende für Diebe.

Ich fuhr so plötzlich hoch, daß Onkel Jonas mir einen strengen Blick zuwarf. Wahrscheinlich dachte er, ich sei eingenickt und nahe daran gewesen, auf den Fußboden zu fallen. Aber weil ich dazu erzogen war, mit bequem gekreuzten Beinen auf der weichen Erde zu hocken und nicht nach Art des weißen Mannes mit herunterhängenden Füßen auf einem harten Brett zu sitzen, war mir nur die Luft knapp geworden.

Vielleicht war ich auch wirklich eingenickt, irgend etwas stimmte jedenfalls nicht. Ich konnte doch nicht hier, vier Tagesreisen von meinem Heimatdorf entfernt, einen Vogelpfiff gehört haben, der so klang wie der, den man ausstößt, wenn man das Wild nicht erschrecken, aber seine Freunde herbeirufen will.

Ja . . .

Mit meiner ganzen Kraft mußte ich mich darum bemühen, still sitzen zu bleiben. Henriks Hand hatte fest meinen Arm gepackt, während er mir ins Ohr flüsterte: »Junge, du bist ja übergeschnappt! Gott sei dir gnädig, wenn du dich ohne Erlaubnis aus dem Gottesdienst davonmachst! Dann kommen alle Knüppel aus dem Sack, und Onkel Jonas muß Bußgeld bezahlen, bevor du wieder in die Kirche darfst.«

Also nahm ich mich zusammen und machte zur Entspannung und um besser hören zu können den Mund ein bißchen auf. Denn sollte wirklich einer von uns mich mit diesem Vogelpfiff gerufen haben, dann mußte ich versuchen, mich mit ihm heimlich zu treffen.

Onkel Jonas sagte oft, daß ich mir meine heidnischen Sitten abgewöhnen müsse, obwohl ich Schwierigkeiten hatte, mich den anderen Kindern im Hause anzupassen. Ihre Gewohnheiten waren so ganz anders. Sie nahmen im Winter nie Dampfbäder, rochen schlecht und boxten mit den Fäusten, was mir ganz fremd war. Und mit den Mädchen, die in meinem Alter oder älter waren, konnte man nicht spielen, ohne daß die Erwachsenen sich einmischten.

Aber wenn jetzt da draußen einer von meinen Freunden war, durfte ich ja wohl antworten oder zu ihm gehen, um zu sehen, wer es überhaupt war? Doch ich wagte es nicht.

Den Kopf in die Hände vergraben, bemerkte ich, wie sich alle anderen Köpfe langsam hin und her bewegten, um den Vogel, der in der Kirche getrillert hatte, zu Gesicht zu bekommen. Darauf hob ich schnell mein Gesicht aus den Händen und spähte auch umher.

Aber niemand entdeckte den Vogel. Jonas blickte mich streng an, doch ich sah nur ernst vor mich hin und lauschte. Kenevec konnte es nicht sein; denn sie beendete ihren Lockruf immer mit einem ganz bestimmten Triller, damit man wußte, daß sie es war.

Trommel

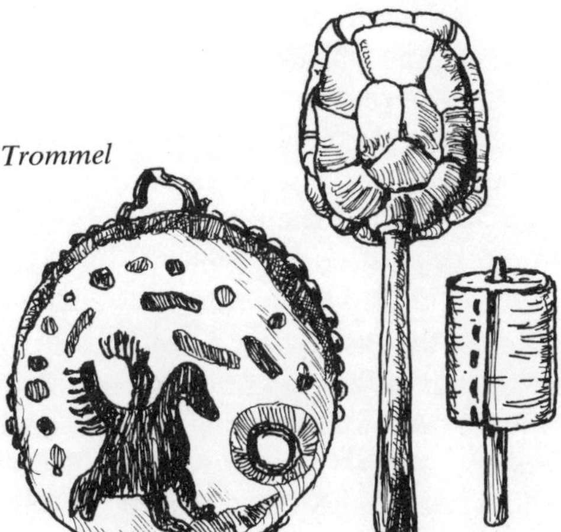

Rasseln

8. *Kapitel*

Als wir endlich heimkehrten, fand ich keine Gelegenheit, draußen zu bleiben und zu lauschen. Es mußte schon ein Freund oder Verwandter sein. Kein Feind würde auf diese Weise zu erkennen geben, daß er in der Nähe war.

Ich mußte mit hineingehen und am salzigen Mittagessen teilnehmen, das mit großen, gelben Wurzeln und Fleisch sowie Maisbier und Brot in jeder Menge sehr reichlich ausfiel.

Mit einem Stoßzeufzer sackte ich in mich zusammen, als ich mitten im Gebet auf der Kuhkoppel einen Vogel trillern hörte. Und ich legte meine Hände fest ineinander. Die Vogelstimme war ein sicheres Zeichen, daß da wirklich jemand sein mußte. Meine Augen suchten Onkel Henriks Blick, und er nickte beruhigend zurück. Ich durfte ihn zur Sonntagsjagd begleiten.

»Um solch eines weltlichen Vergnügens willen solltest du den Jungen nicht aus seiner Sonntagsandacht reißen«, erklärte Onkel Jonas. »Lars hat noch viel heidnische Trägheit und eine Menge Unsitten am Leib. Ja, ja, hauptsächlich Unsitten, da muß er Ruhe haben und seinen Körper für den Werktag schonen.«

»Was ich kann, schafft er auch«, versicherte Henrik. »Und Spuren lesen und locken kann der Junge viel besser als jeder andere, den ich kenne. Außerdem wird Mutter ein bißchen frisches Fleisch gebrauchen können.«

Als keine weiteren Einwände kamen, atmete ich erleichtert auf und streichelte die große, graue Duva, eine Hündin, die sich aus irgendeinem Grund mir angeschlossen hatte. Sie war viel größer als die Hunde, die wir Lenape halten, hatte auch ein längeres und graueres Fell. Und sie war auch ganz anders für die Jagd abgerichtet worden, als es bei uns geschieht. Als sie sah, daß die Büchse von der Wand genommen wurde, kannte ihr Eifer keine Grenzen mehr. Aber sobald wir Hof und Zaun hinter uns gelassen hatten, wurde sie still und aufmerksam. Schnüffelte im Wald herum, daß es mich schon beunruhigte.

»Onkel Henrik«, stotterte ich, »Ihr seid immer so nett . . .«

»Red keinen Unsinn, Junge«, murmelte er freundlich. »Es ist so, wie ich sage. Du kannst viel besser Spuren lesen als ich. Ja, und ich verspreche dir den zweiten Schuß, wenn wir mit einem Treffer nicht auskommen sollten.«

»Onkel Henrik«, flüsterte ich verlegen, »wenn Ihr mir einen großen Gefallen tun wollt, dann laßt mich jetzt einen Augenblick allein umherstreifen, nur ein paar Minuten . . .«

Er guckte mich verdutzt an und gab mir dann grinsend einen Knuff in die Magengrube.

»Verflixter Bengel, bist du schon hinter den Mädchen her? Wenn das Kirchenregister recht hat, bist du erst dreizehn Jahre alt. Na ja, aber sieh dich vor. Mit Christenmädchen darf man nicht so im grünen Hain tollen wie mit euren rothäutigen, kleinen Geschöpfen. Also, paß auf dich auf!«

Überrascht schaute er sich nach mir um. Ich war schnell unter einen Sumachbusch geschlüpft, wodurch er mich so plötzlich aus den Augen verloren hatte, als wäre ich unter Wasser getaucht. Schon als kleiner Junge hatte ich gelernt, die Zweige so vorsichtig zu berühren, daß sich weder ein Ästchen bewegte noch ein Blatt raschelte. Ich schlich auf dem Weg, den wir gekommen waren, zurück und steckte zwei Finger in den Mund, um den, der in meiner Nähe sein mußte, mit einem Vogeltriller anzulocken. Wen würde ich sehen?

Tanganoan!

Er stand auf einmal im Gebüsch, so nah, daß ich seine Brust hätte berühren können, doch ich wich zurück. Es war Tanganoan, aber gespenstisch verwandelt. Sein Körper, kohlschwarz mit Ruß und Fett beschmiert, glänzte wie das Gefieder eines Raben. Blutrote Flecken bedeckten sein Gesicht und veränderten ihn so, daß ich ihn nur an seinen Gebärden erkannte.

»Was ist los? Wie siehst du aus?«

Schweißüberströmt und müde von dem Laufschritt, mit dem er neben uns hergesprungen war, legte er die Hand auf die Brust. Dabei bewegte er sich aber mit einer Würde, die ihn viel älter erscheinen ließ.

»Ich muß auf den Kriegspfad ziehen, kleiner Bruder, und da wollte ich dich vorher noch einmal sehen. Bei uns geht es allen gut, und sie lassen dich grüßen. Aber wo können wir ungestört miteinander reden? Hier sind überall Bleichgesichter.«

Ich hatte oft davon geträumt, daß mich einer von zu Hause besuchen würde, und überlegt, was ich dann wohl tun sollte. Ihn in meine *voapsit*-Familie mitzunehmen, wagte ich nicht. Und so führte ich Tanganoan zu dem Flußlauf hinunter, dessen steinigem Grund wir ein paar Pfeillängen stromaufwärts folgten, um den Hunden keine Spuren zu hinterlassen. Ich zeigte ihm den Weg zu der Höhle, die ich mir unter den Wurzeln einer alten, hohlen Eiche gegraben hatte. Die ausgeschaufelte Erde hatte ich vom Wasser einfach fortspülen lassen. Ein großer, überhängender Moosvorhang verbarg den Eingang. Die Wände der Höhle, an der ich während fast aller freien Stunden, die mir im verflossenen Jahr geblieben waren, gearbeitet hatte, waren mit Birkenrinde bedeckt, und auf dem Boden lagen Binsenmatten. In einer Ecke stand ein kleiner Herd aus Steinplatten, dessen Rauch in die hohle Eiche abzog, wo er sich – unsichtbar für jedes Bleichgesicht – in der Krone verlor.

Ich hatte mir ein Bett aus Heu, Fellen, zusammengenähten Murmeltierhäuten und meinem alten Zudeckpelz gemacht. Und außerdem verwahrte ich dort meine Waffen und Indianerkleider. Ein paar Basttaschen hatte ich mit Tavhowurzeln, wilden Erbsen und getrocknetem Fisch gefüllt. Und dann gab es noch einen Krug voll Honig, den ich aus einem Bienenbaum geraubt hatte, und einen mit Schmalz. Falls ich von meiner weißen Familie fliehen mußte, sollte dies mein eiserner Bestand sein. So konnte ich also schnell Feuer machen und meinem Großen, ziemlich ausgehungerten Bruder eine Mahlzeit bereiten, bevor wir in Ruhe miteinander sprachen.

»Du bist schon ein ganzer *voapsit,* Amisko«, sagte er und blickte mich lächelnd an. »Du riechst auch beinahe wie einer. Aber bewegen tust du dich noch wie ein Indianer, und du sprichst unsere Sprache noch so wie früher. Nur gut, daß dein Geist sich nicht verwandelt hat und du mich wie einen Bruder aufgenommen hast.«

Ich überfiel ihn mit Fragen nach unseren Leuten, und er antwortete und erklärte. Schließlich, als ich sah, wie geistesabwesend er war, schwieg ich. Erstaunt über seine

Kriegsbemalung berührte ich seinen Arm, worauf er feierlich nickte.

»Ja, ich habe die Kriegsfarben aufgelegt. Ich soll nämlich auf den roten Pfad ziehen.«

Ich hob abwehrend die Hände, begriff dann aber, daß es Ernst war. Niemand darf Kriegsbemalung tragen, wenn er sich nicht der tödlichen Kriegsgefahr aussetzt.

»Aber warum denn? Die Ratsversammlung hatte doch beschlossen, daß unser Volk nicht in den Krieg ziehen sollte, daß wir den ›Schwarzhüten‹ folgen wollten, die uns nur dann beschützen, wenn wir auf dem weißen Pfad bleiben.«

Verächtlich zuckte er mit den Schultern. Man sah ihm an, daß ihn schon viele ergebnislos ermahnt hatten.

»Das ist alt und überholt. So sprechen nur die, die mit vollem Bauch gemütlich leben wollen. Die vergessen haben, was Kriegerehre ist.«

»Doch wer in unser Dorf«, fuhr er fort, »wo es nur ein paar alte Skalpe mit jahrzehntealtem Schnee drauf gibt, einen frischen Skalp bringt, dem springt auch das stolzeste Mädchen händeklatschend zum Tanz entgegen.«

Sobald er schwieg, fragte ich ihn nach Mutter Shuntaka, nach Dikop und Sijimi und all den anderen Freunden und Verwandten. Er berichtete, daß es ihnen gutgehe und sie groß würden. Sijimi konnte schon in der Maissuppe rühren, und Dikop hatte Murmeltiere und Hasen geschossen.

»Und was macht meine Kleine Tante, Kenevec?«

Er zuckte zusammen, als ich ihren Namen aussprach, und flüsterte dann mit abgewandtem Gesicht: »Ja, der scheint es auch gutzugehen, obwohl man sie nur selten zu sehen bekommt. Sie ist inzwischen erwachsen, geht aber nicht mit den anderen Mädchen tanzen, sondern zur Jagd. Der Schutzgeist, den sie sich erworben hat, soll gesagt haben, daß sie ihr Leben jagend in den Wäldern verbringen müßte. Und die anderen Mädchen haben zuerst nur zum Spaß ›Die im Wald‹ – Simudaikain – zu ihr gesagt, aber nun nennt sie sich selber so. Einen Freund hat sie auch nicht, jedenfalls soweit man weiß. Einige flüstern zwar, sie sei von einem bösen Geist besessen, aber ich weiß, daß sie nur von einem Mann anderer Art als unsere Jünglinge träumt, von einem, der ein richtiger Krieger ist.«

Ich überlegte, ob Onkel Kitomacken ihr nicht befehlen müßte, das Leben eines normalen Mädchens zu führen, und dabei kam mir ein Gedanke. Vielleicht ging sie ja nur allein in den Wald, um sich dort heimlich mit jemandem zu treffen, mit dem sie nach den Gesetzen unseres roten Volks nicht zusammenleben konnte. Unser Volk betrachtete nämlich jede Verbindung innerhalb der gleichen Sippe, wie entfernt die Verwandtschaft über die mütterliche Linie auch sein mochte, als verboten. Man durfte untereinander nicht heiraten.

»Ich will gegen das Volk im Süden ausziehen«, flüsterte Tanganoan, »und den Irokesen damit beweisen, daß wir Lenape keine Feiglinge, sondern ein Volk von richtigen Männern sind, wie es unser Name schon sagt.«

Leicht eingeschüchtert starrte ich ihn an. Ein starker Geist mußte über ihn gekommen sein. Er wagte es, sich den Irokesen als Kampfgenosse anzuschließen, wagte es, auf den gefürchteten Todespfad in das Land der Plattköpfe zu ziehen. Und dort wollte er Menschen töten – wenn sie ihn nicht schon vorher erschlagen hatten.

»Geh nicht, Großer Bruder«, murmelte ich erschrokken. »Auf den roten Pfad ziehen, das ist ein böses Unternehmen. Weiß du nicht mehr, wie Kitomacken uns gewarnt hat?«

Als er mir in die Augen blickte, kam es mir so vor, als ob er einen Augenblick lang erkannte, welch böse Vorahnungen ich hatte. Er schauderte, holte dann aber tief Luft und erklärte, sich aufrichtend: »Ich habe für das ganze Dorf den roten Pfahl aufgerichtet. Ich habe die blutige Axt ergriffen. Alle würden, solange ich lebe, mit Fingern auf mich zeigen, wenn ich jetzt, wo ich kein böses Zeichen sehe, zurückweiche. Mit einer rotgefärbten Feder in meiner Skalplocke und einem frischen Skalp in der Hand will ich eines Tages auf Minnesinks Versammlungsplatz treten und triumphieren. Ich werde der erste sein, der nach dem Irokesenkrieg einen Skalp erbeutet hat, dessen Kräfte neu und stark sind, so daß kein Mädchen ihm widerstehen kann. Und damit mir das gelingt, mußt du mir jetzt helfen.«

Wie gelähmt schaute ich ihn an. »Aber wie soll ich, ein hilfloser Junge, ein *voapsit,* dir auf dem Kriegspfad helfen können?«

»Orithago will auch mitkommen«, erklärte er, bekräftigend nickend, »und wir haben geschworen, wie Brüder zusammenzuhalten. Er besitzt eine Flinte. Hat aber kein Schießpulver, und da habe ich versprochen, es zu besorgen, wenn ich dafür jeden zweiten Schuß abfeuern darf. Eigentlich sollen wir ja keine Feuerrohre auf der Jagd oder bei einem Überfall benutzen, weil das Geknall so weit zu hören ist. Aber wenn wir überfallen werden, dann könnten wir die Plattköpfe mit dem Flintendonner in die Flucht jagen. Kannst du als *voapsit* mir nicht zu Pulver verhelfen?«

Ich überlegte. Zu den Handelsniederlassungen an der Küste, wo es Schießpulver gab, war es mehr als eine Tagesreise, und ich konnte weder mit Pelzen noch mit Wampum bezahlen. Onkel Jonas besaß natürlich ein ganzes Holzfaß voll Pulver, aber niemals würde er davon etwas fortschenken.

Ich spürte Tanganoans bittenden Blick und verstand, daß er und die anderen aus unserem Volk glaubten, wie alle *voapsits* sei auch ich reich geworden. Wenn sie sehen, wie die Häuser der Bleichgesichter mit Besitztümern vollgestopft sind, dann fällt es den Leuten aus unserem Volk schwer zu begreifen, daß immer einer im Haus der Bleichgesichter alles als sein Eigentum betrachtet und nicht alles der Familie gehört, so daß jeder nehmen kann, was er braucht.

Wie sollte ich erklären, daß ich mir als Weißer viel ärmer vorkam als jemals mit meiner kupferfarbenen Haut, wo ich von meiner Sippe immer alles verlangen konnte, was ich brauchte.

Ich zog eine hilflose Grimasse und dachte weiter nach. Würde ich Onkel Jonas bitten, bekäme ich nur ein kaltes »Nein« zu hören. Bei den Weißen vertraut man Jungen so kostbare Dinge wie Schießpulver und Blei nicht an, selbst nicht als Leihgabe.

Onkel Henriks Pulverhorn war nicht einmal halb voll, und da würde er einem unbekannten Heiden nichts geben. Aber was für Möglichkeiten hatte ich denn sonst? Sollte ich wagen, was ich in meinem alten Zuhause getan hätte, und mir nehmen, was ich brauchte? Zumal es Onkel Jonas nicht arm machte. Wahrscheinlich würde niemand überhaupt bemerken, daß ich etwas genommen hatte.

Aber damit hätte ich das heiligste Gesetz der Bleichgesichter – daß niemand etwas nehmen darf, was ein anderer als sein Eigentum betrachtet – gebrochen.

Daß ich Tanganoan helfen mußte, war jedoch ebenso selbstverständlich. Schließlich konnte sein Leben davon abhängen, ob er Schießpulver bei seinen Waffen hatte oder nicht.

»Wenn du heute nacht draußen vor der Mauer wartest, will ich versuchen, dir Pulver zu bringen. Ein ganzes Horn sogar«, versprach ich.

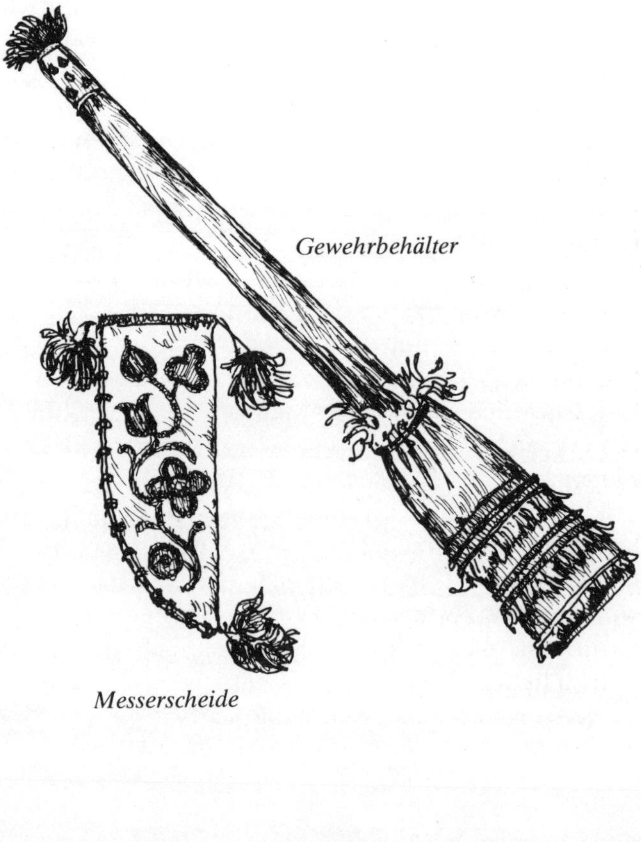

Gewehrbehälter

Messerscheide

9. Kapitel

Während ich durch den kühlen Abend zu meinem neuen Heim in Ekelunda lief, überlegte ich mir, was ich sagen oder erklären sollte, damit sie meinem Großen Bruder Tanganaon gaben, was er für seinen gefährlichen Kriegszug brauchte. Doch die ganze Zeit wußte ich schon, daß es sich nicht lohnen würde, die Sache überhaupt zur Sprache zu bringen. Keinen Deut scherten die sich darum, ob mein Großer Bruder lebte oder starb. Für die war er doch bloß ein kupferhäutiger Heide, von denen es ohnehin zu viele gab, wie ich sie oft sagen hörte. Eine Art zweibeiniges Tier, das ihnen das Wild aus ihren Wäldern, die Fische aus ihrem Wasser, die wilden Früchte aus ihren Hainen, ja sogar die Luft unter dem Himmel stahl.

Bleichgesichter führen sich auf, als ob ihnen alles gehört, was doch allein Manitou, dem Allmächtigen, gehört. Für alles in der Luft, im Wasser und auf der Erde, was andere zu benutzen wagen, verlangen sie Ersatz. Offensichtlich sind sie der Meinung, daß, wer die Welt besitzt, die Luft im Rucksack mit sich tragen und die Flüsse in seiner Truhe verwahren dürfe.

Und nun mußte ich Onkel Jonas ein paar Handvoll Schießpulver aus seinem großen Faß stehlen, um Tanganoan für die Lebensgefahr, der er sich aussetzen wollte, stark zu machen. Wie meine Verwandten auch darüber denken mochten, es war einfach meine Pflicht, ihm zu helfen. Besser wäre es natürlich, wenn sie nichts zu denken und zu wissen bekämen.

Als ich den grauen Hof mit seinen vielen Häusern aus übereinandergelegten Baumstämmen vor mir sah, verlangsamte ich mein Tempo und atmete leichter. Ich stellte mir vor, wie sie um den Herd saßen, den sie so in die Ecke gestellt hatten, daß er nur eine Seite wärmte. Sie unterhielten sich und hörten sich an, was ihnen einer von dem denkwürdigen Krieg ihres Volkes und ihren großen Kriegshäuptlingen berichtete oder was er über das bemerkenswerte, steinige, kalte und dunkle Land zu sagen hatte, aus dem sie gekommen waren. Wo man im Winter auch am Tage Leuchtstäbe brennen mußte, während es im Sommer dafür auch nachts hell war. Dort waren die Menschen so mächtig, daß ihnen andere Menschen wie Hunde gehörten. Und sie konnten sie zwingen, ihr ganzes Leben lang für sie zu schuften. Das war in diesem Land ganz selbstverständlich erlaubt.

Das Essen war schon abgeräumt, als ich ins Haus trat, und ich wußte, daß ich auch kein Abendbrot mehr bekommen würde, nachdem ich nicht rechtzeitig zur Abendandacht erschienen war. Sobald man die Mahlzeit beendet hatte, räumte man hier ab und ließ nicht, wie bei uns, einen Topf Essen auf dem Herd stehen für den Fall, daß jemand hungrig würde oder einer zu Besuch käme.

Das traf mich jedoch nicht sehr; denn einmal war ich es inzwischen gewohnt, und außerdem hatte ich ja schon mit Tanganaon gegessen. Schlimmer war Großmutters Geschrei, als sie meinen Scheitel mit dem von der Stirn bis zum Nacken reichenden Haarkamm plötzlich im Feuerschein auftauchen sah. Der Gewohnheit meines Volks entsprechend, bewegte ich mich nämlich immer sehr leise.

Während mich alle anstarrten, bemerkte ich, daß

Onkel Jonas sein großes Buch auf den Knien liegen hatte, aus dem er im Feuerschein vorlas. Da begriff ich, daß ich ihren Manitou gestört hatte. Die Lesung konnte wohl nun das Böse nicht besiegen, nahm ich an.

Wild und erschrocken folgte mir Großmutters Blick, als ich mich zu meiner Bank schlich. Und in stummer Furcht deutete sie auf mich, obwohl Mutter Gertrud beruhigend die Hand auf ihren Arm legte.

»Nicht doch, Mutter, das ist doch nur Lars. Dein eigener Enkelsohn.«

Der irre Blick der alten Frau wurde nun klarer, und sie nickte vor sich hin, schaute mich aber in der Erwartung, ich könnte mich doch noch als gefährlich erweisen, die ganze Zeit starr an.

Während ich zuhörte, dachte ich darüber nach, wie ich das, was ich Tanganoan versprochen hatte, bewerkstelligen sollte. Dabei kraulte ich die große Duva hinter den Ohren, worauf sie freundlich knurrte. In ihre großen, braunen Augen blickend, versuchte ich, ihr in meiner Sprache flüsternd zu erklären, daß sie in der Nacht schön ruhig und lieb sein müsse. Denn das Leben meines Bruders hinge davon ab, daß sie niemanden aufweckte. Sie blinzelte verständnisvoll, stand auf und leckte mir schwanzwedelnd das Gesicht, worauf Mutter Gertrud uns zuzischte, daß wir die Lesung von Gottes Wort nicht stören dürften.

Draußen war es bereits stockdunkel geworden. Ich überlegte, ob Tanganaon wohl schon an der Umzäunung wartete. Gähnend zogen sich die anderen in ihre mit Klappen verschlossenen Betten zurück. Ich gab auch vor, müde zu sein, und schlich mich als einer der ersten nach oben, wo ich mich so weit entfernt von Henrik wie möglich hinlegte. Dann lauschte ich in alle Richtungen und wartete, bis alles ruhig war. Henriks Schnarchen teilte mir schon sehr bald mit, daß er eingeschlafen war.

Doch hier oben konnte ich nicht feststellen, ob unten noch jemand wach war. Also mußte ich es auch so wagen. Mit der ruhigen Behutsamkeit eines Jägers, der bei allen seinen Bewegungen jeden Laut zu vermeiden weiß, fing ich an, mich vom Bett zu schleichen. Ich trug weder hinderliche Kleider noch Bollerschuhe. Und ich streifte auch nichts Raschelndes und trat auf keine knarrenden Bretter. Langsam und tief atmend, wartete ich an der Treppe darauf, daß die Hunde aufwachen, meinen Geruch aufnehmen und wiedererkennen sollten, damit sie nicht überrascht anschlugen. Erst als ich sie unten wittern und schniefen hörte und ihre blaugrünen Augen mich anglänzten, wagte ich mich wieder zu bewegen, wobei sie still auf ihren warmen Plätzen liegen blieben. Nur Duva kam natürlich, sprang mir mit ihrem schweren Körper gegen die Brust und leckte laut japsend mein Gesicht. Ganz vorsichtig mußte ich sie auf den Boden setzen und beruhigen, damit sie nicht vor Eifer zu winseln und zu toben anfing. Aber sie spürte wohl, daß sie leise sein sollte, jedenfalls rollte sie sich zufrieden seufzend zu meinen Füßen zusammen.

Jetzt war ich unten. Der letzte, entscheidende Schritt mußte getan werden. Daß ich in der Nacht hinuntergestiegen war, ließ sich leicht mit Durst entschuldigen. Aber als ich nun in dieses schwarze Loch von Zimmer ging, befand ich mich auf verbotenem Gelände.

Langsam betrat ich den dunklen Schlund und blieb horchend stehen! Onkel Jonas und Mutter Gertrud hörte ich in der schwarzen Dunkelheit ihrer Klappenbetten schwer atmen. Allmählich, nachdem ich eine

Weile gewartet und meine Augen sich gewöhnt hatten, konnte ich den langen Bettvorhang und die große Truhe erkennen, in der Jonas sein Silber und seine kostbaren Papiere sowie sein Schießpulver und sein Blei vor Dieben verwahrte.

Als unten vor der Mauer ein Vogelruf ertönte, wußte ich, daß Tanganoan allmählich ungeduldig wurde. Duva knurrte leise, worauf ich sie in die Schnauze zwickte und beruhigend streichelte. Dann hörte ich Jonas pusten und sich umdrehen; das Geschnarche brach ab. Ich stand jetzt so dicht vor dem Bett, daß ich ihn hätte berühren können. Als das Schnarchen endlich wieder ertönte, machte ich ein paar Schritte auf die Truhe zu. In der Wohnstube hustete Großmutter und bewegte sich stöhnend. Sollte sie noch wach liegen?

Jetzt berührte ich die Truhe, bewegte den Schlüssel und drehte ihn vorsichtig herum, bis der Riegel mit einem Flintenknall, wie ich fand, zurücksprang und im Haus alles wieder totenstill war. Eine endlose Zeit lag ich auf den Knien, und mein Körper schmerzte, weil ich keinen Muskel zu bewegen traute. Schließlich wagte ich, den Deckel kräftig anzuheben. Er bewegte sich mit einem lauten Knarren. Meine Hand griff nach einem leeren Pulverhorn, stieß gegen das Faß, fummelte dessen Deckel ab, tauchte das Horn ein, und schon war es gefüllt.

Die ganze Zeit hatte ich gespürt, daß jemand in der Dunkelheit den Atem anhielt und auf die Geräusche lauschte, die ich nicht vermeiden konnte, also herausbekommen wollte, was im Schlafzimmer vor sich ging.

Ich ließ den Truhendeckel wieder herunter, klemmte den Boden in das Pulverhorn, der es auch verschloß, und als dann der ganze Raum und die Dunkelheit in einem Schrei zu explodieren schienen, eilte ich in die von einem schwachen Glutschein erhellte große Stube, um die Tür nach außen zu erreichen.

»Jesus hilf! Jonas . . . Henrik . . . Die Heiden sind über uns gekommen! Sie reißen mir den Scheitel ab! Er ermordet uns alle!«

Im Schein der Glut sah ich Großmutter aufrecht sitzen und in wilder Panik um sich schlagen. Ihre Haube war ihr in den Nacken gerutscht, so daß ich ihren bloßen Kopf erkennen konnte.

Kein einziges Haar war mehr auf diesem Kopf und auch keine Haut! Da war bis zum Nacken herunter nur eine braune, rauhglänzende Narbe mit Ohren, an denen weiße Strähnen leuchteten.

Sie sah so scheußlich aus, daß ich wie angewurzelt stehenblieb! Ich begriff, daß sie in den lang vergangenen, bösen Zeiten niedergeschlagen und skalpiert worden war. Mit verborgenem Scheitel und einem unauslöschlichen Entsetzen vor allen Kupferhäutigen hatte sie weitergelebt.

Als ich schließlich Mutter Gertrud schreien und Onkel Jonas hochfahren hörte, kehrte die Kraft in meine Glieder zurück. Kopfüber zur Tür stürzend, stieß ich den Riegel zurück, war draußen in der dunkeln Nacht und schrie: »Tanganoan . . . *Punk! Knits!*«

Wie aus dem Boden gewachsen stand er vor mir und umarmte mich dankbar. Das Pulverhorn lag in seiner Hand, aber er war plötzlich wieder verschwunden, wie davongeweht. Kurz danach vernahm ich seinen Freundes- und Dankesruf: »*Nitappe kire,* Amisko!«

Während ich bewegungslos verharrte, surrte das ganze Haus hinter mir wie ein Bienenstock, in den man hineingetreten hat. Die kleinen Kinder heulten, Großmutter zeterte, und die Männer leisteten einen Schwur, während sie, auf einen Mordüberfall gefaßt, die Flinten und Hiebwaffen herunterrissen.

Als ich langsam kehrtmachte, dachte ich vergeblich über eine für sie verständliche Erklärung nach.

Abstreiten ließ sich nichts. Die Truhe war nicht verschlossen, Pulver über den Boden verstreut, ich selber stand mitten in der Nacht fast nackt in der geöffneten Tür, während die Hunde laut bellend Tanganoans Spur im Wald verfolgten. Doch die Köter würde er schnell abschütteln. Er brauchte nur über sumpfigen Boden zu laufen, und schon hatten sie sein Fährte verloren.

Langsam ging ich Schritt für Schritt zurück, um den Folgen meiner Tat ins Auge zu sehen. Ich hatte mich gegen das vornehmste Gesetz der Bleichgesichter vergangen, nach dem zwar alle gemeinsam die Arbeit tun, aber alles nur dem Hausherrn allein gehört.

Mokkasins

10. Kapitel

Ein bißchen besorgt blickte ich auf das Walnuß- und Eichenwäldchen, das ich fällen sollte. Das war für mich Halbwüchsigen eine harte und ungewohnte Arbeit. Vor allem aber eine mir widerstrebende, das Töten aller dieser stattlichen Bäume.

Aber hatte ich eine andere Wahl? Ich mußte froh sein, daß mir Onkel Jonas mit seinem Stock keine Striemen geprügelt hatte, wie das die Bleichgesichter sogar bei ihren eigenen Kindern tun.

Ja, er hatte den Stock in der Hand gehabt, worauf ich mich wie ein Tier spannte, das zum Beißen, Hauen und Kratzen bereit ist, ehe es sich selber schlagen läßt. Schlimmstenfalls wäre ich in den Wald gelaufen und nie wiedergekommen.

Als ich ihm dann aber erklärte, wie alles zugegangen war, beruhigte er sich ein bißchen. Vor allem, nachdem er festgestellt hatte, daß von seinem Silber nichts gestohlen worden war, daß überhaupt nur ein Pulverhorn fehlte. Als ich die ganze Wahrheit berichtet und mich erboten hatte, Pelztiere im Wert von dem, was ich genommen hatte, zu fangen, schüttelte er streng seinen Kopf.

»Ein Dieb im Haus bleibt ein Dieb im Haus. Komme mir nur nicht noch einmal mit deinen heidnischen Künsten. Grün und blau würde ich dich prügeln, damit du begreifst, daß ein Bure niemals stiehlt. Und mit deinen Heidenfreunden hast du nichts mehr zu schaffen. Du bist jetzt ein ehrlicher Christenmensch, und so muß auch dein Gemüt werden, sonst wirst du dein blaues Wunder erleben.«

Darauf befahl er, daß ich mich an der Waldarbeit beteiligen sollte, um meine Schulden abzuzahlen. Obwohl Tante Gertrud meinte, daß ich noch nicht erwachsen genug dafür sei.

Schaudernd betrachtete ich den hohen Wald, der gefällt und abgeholzt werden sollte, um dann im nächsten Sommer verbrannt zu werden, damit die Bures mehr Ackerboden bekamen. Wie konnten die Bleichgesichter Hunderte von Bäumen töten und dann den Boden umpflügen, so daß dort kein Baum mehr wachsen würde, und trotzdem noch hoffen, bei dem Allmächtigen gut angeschrieben zu sein?

Vorsichtig vergrub ich eine Nuß an der Wurzel des großen Baumes und opferte seinem Geist eine Handvoll Tabak und ein Gebet. Dann setzte ich die Axt an.

Fast hatte ich ein bißchen Angst vor diesen hellen, scharfen Äxten, die so fürchterlich zubissen, so schwer waren und doch so gut in der Hand lagen. Die Äxte, die wir von den Weißen gekauft hatten, waren nie so schneidend scharf gewesen.

Und nie hätten wir es gewagt, einen Wald auf diese Weise zu roden. Wir begnügten uns meist damit, den einen oder anderen Baum, der die kleinen so beschattete, daß sie eingingen, herauszunehmen. Oder wir lichteten Gebüsch und Reisig, so daß wir für unseren Mais, unsere Sonnenblumen, Melonen und Bohnen offenes Land gewannen.

Aber männlich kühn kam ich mir schon vor, wenn ich die Axt so tief in das Holz beißen ließ, daß die Splitter umherspritzten und ich es im Baum knacken hörte und spürte, wie er zu zittern anfing. Und wenn dann die

Krone schwankte, mußte ich aufpassen. Ein paar Sprünge zur Seite, und ich beobachtete, wie der himmelhohe Baum heruntertrudelte und krachend auf den Boden schlug. Und wenn dann seine Zweige und Blätter durch die Luft wirbelten, fühlte ich mich so stolz, als hätte ich einen Feind besiegt.

Aber weil ich solche Knochenarbeit nicht gewohnt war, wurde ich schon lange vorm Abend todmüde. Tief im Wald hörte ich jedoch immerzu die andern Äxte. Und hätte ich mich zu lange mit Atemholen aufgehalten, wäre bald Onkel Jonas mit harten Worten auf der Zunge zwischen den Stämmen aufgetaucht.

Wir hatten kaum Zeit genug zu erkunden, wo die Eichhörnchen ihre Nüsse versteckten, warum der Blauhäher so unruhig war oder wo sich die Bisamratte verborgen hielt.

Doch so war nun einmal die Arbeitswelt der Bleichgesichter. Warum? Ihre braunen Äcker waren schon so groß, daß fünfmal soviel Menschen, wie überhaupt auf dem Hof lebten, hätten satt werden können. Gar nicht mitgerechnet, was das Vieh, das Fischen in den Flüssen und die Jagd in den Wäldern erbrachte. Alles gehöre allein ihnen, erklärten sie und paßten höllisch auf, daß ihnen keiner zu nahe trat.

Als einzige Erklärung kriegte ich zu hören, man müsse stets danach streben, mehr zu besitzen als die andern. Nicht nach dem Ruhm, ein tüchtiger Krieger oder Jäger zu sein, nicht nach dem Ruf, mit allem, was man anfaßt, gut fertig zu werden und schöne Dinge herstellen zu können, und auch nicht nach der Ehre, in der Volksversammlung guten Rat zu geben.

Nein, nur dafür, mehr zu besitzen als andere Bleichgesichter, sollte man sich fast zu Tode schuften.

Und auch ich wurde dazu gezwungen, Onkel Jonas beim Reichwerden zu helfen. Alle auf dem Hof wurden das. So war nun einmal die Lebensart der Bleichgesichter.

Und weil ich als *voapsit* geboren war, mußte ich nach ihrer Weise leben. Ich fand jedoch, daß sie trotz all ihrer Kenntnisse ziemlich verdreht lebten.

Aber solange mein Rücken nicht weh tat, war es wiederum auch ganz spannend, solch einen Baumriesen anzugreifen und zu erleben, wie sich die scharfe Schneide in ihn hineingrub. Fast wie ein Spaten in die Erde. Ich überlegte, ob ich Shuntaka einmal einen Schleifstein schenken sollte, so einen, an dem wir hier die Stahlschneiden glänzend scharf schliffen. Nicht solch einen einfachen, braunen Stein, den die Lenape am Strand suchen und womit sie dann schleifen. Die *voapsits* waren überhaupt auf unheimlich viele schlaue Dinge gekommen. Die Feuerbüchse, den Pflug, den Fuhrwagen, das eisenbeschuhte Pferd und Kühe, die Butter und Käse geben – Speisen, an die ich mich langsam gewöhnte, wenn sie nur nicht so salzig wären –, alles haben sie entdeckt.

Ab und zu hörte ich herunterprasseln, was die anderen Männer gefällt hatten, und dann haute ich besonders eifrig, um zu beweisen, daß ich nicht schlechter war als die Erwachsenen.

»Warum machst du das immer, bevor du anfängst zu schlagen?«

Als ich meine Kusine Katrin sah, zuckte ich zusammen; denn sie war so leise über das Moos gekommen, daß ich sie nicht bemerkt hatte. Scheu und neugierig blinzelte sie mich an. Wie die anderen musterte sie mich oft so prüfend, als sei sie nicht sicher, ob ich wie die anderen Menschen oder im Innern noch ein gefährlicher Heide war.

Sie trug einen Korb mit Brot, Wurst, Butter, Käse und einer Holzflasche Bier. Das war das Mittagessen.

Als ich mich hingesetzt hatte und darauf wartete, daß die anderen von ihrem Abholzplatz kommen sollten, schaute ich mir Katrin gründlich an. Und dabei dachte ich, wie merkwürdig krank ihr bleiches Gesicht und das weißleuchtende Haar doch eigentlich aussahen. Aber andererseits waren Arme und Körper rund, und sie hatte auch ziemlich viel Kraft, schien aber viel fauler als meine kupferbraunen Freundinnen zu sein. Mit der Schnellen Schlange Kenevec durfte ich sie jedenfalls nicht vergleichen.

Ich versuchte, ihr jetzt zu erklären, ich hätte Angst, Unglück auf mich zu ziehen, wenn ich auf diese Weise Bäume fällte. Darum bäte ich jeden Baum, den ich tötete, um Vergebung und sagte ihm, daß es nicht meine Schuld sei. Und daß ich eine Nuß oder einen kleinen Zweig bei seiner Wurzel eingepflanzt hätte, damit diese weiterleben könnte.

Sie starrte mich an und sah dann so nachdenklich zu dem großen Baum hinauf, als hätte ich sie auf ganz neue Gedanken gebracht. Schließlich meinte sie kopfschüttelnd: »Aber weißt du denn nicht, daß hier nie mehr ein Wald wachsen wird? Vater brennt doch alles ab, rodet die Stubben und pflügt die Erde um. Keine Pflanze, die du einsetzt, kann da noch groß werden.«

Ich nickte, denn ich wußte ja, daß das so war. Hier würde kein Wald mehr wachsen. Die Lenape fällten nur einen Baum, wenn sie ihn für irgend etwas brauchten, zum Beispiel für einen Einbaum, einen Maismörser oder ein Haus. Und dann legten sie immer einen Samen in die Erde, damit sich der Geist des Baumes nicht an ihnen rächte, sondern in den neuen Schößling zog.

»Aber ich habe wenigstens alles getan, was ich kann«, murmelte ich. »Und meine Schuld ist es nicht. Ich habe nicht befohlen, daß der Wald weg muß, sondern nur getan, wozu man mich gezwungen hat.«

Fragend blickte sie von mir zu den anderen, die inzwischen gekommen waren und sich auf den Stämmen niedergelassen hatten. Sie griffen tüchtig zu und wollten sich nach dem Essen einen Augenblick ausstrecken. Ehe ich noch ein Wort hatte sagen können, hatte Katrin ihnen schon alles berichtet, was ich ihr erklärt hatte, worauf sie mich nun verdutzt und streng anstarrten.

»Das ist heidnischer Aberglaube«, sagte Onkel Jonas mit Nachdruck. »Du kannst Schaden an deiner unsterblichen Seele nehmen, wenn du dir so etwas einbildest. Bäume und Tiere haben keine Seele. Sie sind vom Herrn nur dazu erschaffen worden, daß wir sie beherrschen und nach unserem Gutdünken nützen. Nur Heiden, die den Teufel anbeten, haben vor Bäumen und Steinen Angst.«

»Aber alle sieben Tage sitzt ihr doch selber in der Kirche und betet ein Stück Holz an«, wandte ich ein. »Und seht euch doch Duva an, hat die nicht eine Seele in ihren Augen?«

Onkel Jonas blickte auf den Hund herunter, der mit seinen klaren, braunen Augen zu uns heraufsah, während er mit dem Schwanz auf den Boden klopfte. Vorsichtig legte er dem Tier seine Hand auf den Kopf. Aber zornig wurde er nicht.

»Das Kreuz in der Kirche ist ein Abbild des Heiligen für uns«, erklärte er. »Und die oft gestellte Frage, ob nicht auch das Tier eine Seele habe, lasse ich schon gelten. Doch du und die Heiden, ihr jagt ja auch und eßt die Tiere, genauso wie wir.«

»Das tun wir nur, weil wir leben müssen«, antwortete ich mit der Erklärung meiner Mutter. »Aber hinterher bitten wir Jäger das Tier um Verzeihung, und wir zerbrechen auch niemals seine Knochen, sondern wir graben sie vorsichtig ein, zumindest einen Teil von ihnen. Die Seele des Tieres soll sehen, daß wir sie weiterleben lassen wollen. Sonst hätten wir in der Zukunft nur noch Pech und Unglück beim Jagen.«

»Ach so«, murmelte Henrik begeistert, »das ist also der Kniff. Daher haben alle Rothäute so viel Jagdglück. Ahnte ich doch, das da Zauberei mit im Spiel ist.«

Aber Onkel Jonas blickte mich streng an.

»Was bist du doch für ein verstockter Heide! Und dabei hast du die christliche Taufe empfangen, und wir haben ein ganzes Jahr hindurch versucht, dir christliche Sitten beizubringen. Du solltest zum Herrn beten, daß er dich vor solch einem Teufelzeug bewahren möge. Denn sonst landest du nach deinem Tod im ewigen Höllenfeuer.«

»Unser Volk kennt kein ewiges Höllenfeuer«, flüsterte ich. »Das ist viel zu grausam. So etwas können wir uns nicht ausdenken. Wer in seinem Leben Schlechtes getan hat, heißt es bei uns, dessen Seele muß dafür leiden, wenn sie auf der Winterstraße zu den ewigen Jagdgründen wandert. Doch sobald sie dort eintrifft, ist alles vergeben.«

»Wir werden dich zu einem Priester in die Lehre schicken, der das Heidentum aus deinem Körper vertreiben soll«, sagte Onkel Jonas kopfschüttelnd mit strengem Gesicht.

Ich schüttelte auch meinen Kopf und, einmal in Fahrt

gekommen, redete ich mir dann endlich alles von der Seele. Das letzte Jahr hatte mir gezeigt, das alles, was mir heilig war, hier verachtet wurde.

»Wie kann ich glauben, daß der weiße Mann weiß, was heilig ist? Er, der es wagt, mit dem Allmächtigen in Kleidern zu sprechen, die vor Schweiß und Schmutz stinken, und an dessen Bart Brotkrumen hängen und Grütze klebt . . . Niemand aus unserem Volk ruft den Allmächtigen an, ohne sich nicht vorher äußerlich mit einem Dampfbad und innerlich mit Brechwurz gereinigt zu haben. Und dann zieht er seine neuen Kleider an und schmückt und kämmt sich, so gut er kann. Wie soll ich glauben können, daß ihr den Allmächtigen in ein Haus eingeschlossen habt, daß man ihn an einem Holzbalken festbinden kann und daß er wie ein Mensch ist? Den Allmächtigen kann keiner sehen, aber er ist überall . . .«

Darauf bekam ich von Onkel Jonas einen solchen Hieb ins Gesicht, daß ich umfiel.

»Höre mit deinen Lästerungen auf, bevor der Blitz dich erschlägt. Weißt du nicht, daß Lästerern und Abtrünnigen wie dir die Zunge im Mund verdorrt?«

Und ich merkte, mit welcher Angst sie mich alle ansahen. Nur Onkel Henrik blickte wortlos zur Seite.

Da nahm ich schweigend meine Axt und machte mich wieder an die Arbeit. Denn was hat es für einen Sinn, etwas zu erklären versuchen, das niemand verstehen will? Mein ganzes Volk glaubte und dachte wie ich, und keine Zunge hatte je Schaden genommen.

Onkel Jonas redete inzwischen so laut, daß ich es hören mußte: »Also, machen wir jetzt im Wald weiter, und dann werden wir ja sehen, welchen Schaden uns der Heidenspuk zufügt. Wenn ihm die Heiden nicht selber zu Hilfe kommen, wird er aber wohl wenig gegen Männer mit Gottes Wort auf der Zunge und gutem Stahl in der Birkenrinde ausrichten können.«

Ich stand jetzt auf einem hohen Felsen und blickte auf die Häuser der Schweden hinunter. Und als ich mir vorstellte, daß es erst nach einer ganzen Tagesreise im Süden und Osten offenes Land und freie Grundstücke gab, da überkam mich die Angst. Vielleicht war der Gott der Bleichgesichter ja so mächtig, daß er die ganze Welt verwüsten konnte, ohne daß Manitou dagegen etwas zu tun vermochte. Schließlich waren die Bleichgesichter innerhalb von knapp hundert Jahren über niedergebrannte Wälder vorgestoßen und nahmen jetzt immer mehr Land, während mein eigenes Volk sich immer weiter zurückzog.

Und als ich dann plötzlich Schritte im Buschwerk hörte, dachte ich, daß die Bures mich nicht länger allein arbeiten lassen wollten. Ich sollte überwacht werden, damit ich keine Gelegenheit fand, Manitou ein Opfer zu bringen, wodurch ich dann an ihrer Schuld teilgehabt hätte.

Statt dessen hörte ich eine freundliche Stimme flüstern: »Hier sieht Onkel Jonas nicht, was du tust. In meiner Gegenwart kannst du ruhig deine Kunststücke machen. Ich gucke so lange auf die andere Seite und schwöre, daß ich nichts gesehen habe. So einfach ist das. ›Und wenn es auch nichts nützt, schaden tut es bestimmt nicht‹, hat mein Vater immer gesagt. Die alten Männer in den schwedischen Wäldern, die haben dem ›Waldmann‹ jedes Jahr ihre erste Beute geopfert, und dann hatten sie Glück.

Und warum soll man sich nicht mit der Wildnis gut stellen? Kümmere dich nicht um den Hausvater, Lars!

Aber sage auch nie, was du denkst, und halte ihm alles, was ihn ärgern könnte, vom Leib. So mache ich das auch, wenn ich dem Hauskobold ein bißchen geben oder der ›Waldfrau‹ etwas opfern möchte.«

Verblüfft sah ich Onkel Henrik an, aber er schaute an mir vorbei, zu den gold- und braungefärbten Bäumen hin. Und man roch den Rauch der trockenen Blätter, die irgendwo in der Ferne verbrannt wurden.

»Ich habe gemerkt, daß ›Die im Wald‹ dir hilft. Du erbeutest viel mehr Kleinwild und Fische als ich, obwohl ich schon als Junge gejagt habe«, flüsterte er, sich bekreuzigend, mir zu.

Nachdem ich tief Luft geholt hatte, opferte ich dem großen Tulpenbaum, den ich fällen sollte, eine Handvoll Tabak. Und ich schnitt einen Schößling von seinem Stamm ab, den ich in die Erde steckte, wobei ich dem Baumriesen ein paar tröstende Worte zuraunte, damit er mir nicht grollte.

Als wir dann aber plötzlich von der Kirche die große Glocke so hart und heftig wie nie zuvor läuten hörten, schreckten wir hoch.

»Christus bewahr uns! Da kommt Schlimmes über uns. Die läuten Brand oder Krieg von der Kirche!«

So schnell wir konnten rannten wir hinunter, um den Hof für die Verteidigung bereitzumachen.

11. Kapitel

Als Onkel Jonas die Klappe vom Schießloch etwas zur Seite schob und hinausspähte, sah man im harten Morgenlicht, wie müde und abgespannt er war. Uns schien es, als hätten wir einen Feuerschein am Himmel gesehen und in weiter Ferne Schußsalven gehört, und keiner von uns hatte schlafen können.

Was ging in den Siedlungen der *voapsits* vor sich? Was war oben in Minnesink mit meinen Leuten geschehen? Hatten die grauenhaften, spitzköpfigen Katavber einen Kriegszug unternommen? Oder die Irokesen einen Krieg angefangen?

»Krieg herrscht in der Christenwelt. Die Papisten kämpfen gegen uns aufrechte Lutheraner«, erklärte Onkel Henriks Stimme oben vom Dachboden, wo er mit seiner schweren Bleibüchse auf den Knien und dem Pulverhorn auf dem Tisch aus der Giebelluke Ausschau hielt. Er sprach etwas undeutlich, weil er sich mehrere Kugeln in den Mund gestopft hatte, die er schnell in die Mündung spucken konnte, um sie dann mit dem Ladestock, der an seinem Knie lehnte, herunterzustoßen.

Er nahm sie jetzt in die Hand und fuhr fort: »Die Franzosen im Norden haben die Heiden gegen uns aufgehetzt, genau wie im letzten Krieg in meiner Jugendzeit, wo nichts mehr sicher war in unserem Land. Und nun wollen diese roten Heiden alles Land, das sie uns größtenteils selber verkauft haben, zurückerobern. Jahr um Jahr haben sie nach dem Land gewimmert, das ihnen nicht mehr gehört.«

Mit der Hand in meine Richtung weisend, schwieg er. Vielleicht wollte er damit sagen, daß ich mich nicht getroffen fühlen sollte. Ich schwieg auch, fühlte aber, wie alle um mich herum Angst vor meinen roten Verwandten bekamen. Vielleicht sogar vor mir. Am schlimmsten war Großmutters ständiges Gejammer, die so zusammengekrochen in ihrem Bettkasten lag, daß man nur ihren gräßlichen Scheitel leuchten sah.

»Ach, Jesus, sie kommen, um uns niederzubrennen, wollen uns die Haare abreißen . . . Mein Gott, es brennt wie Feuer auf meinem Scheitel! Bringt mir kaltes Wasser! Überall sehe ich sie – rote, nackte, glatte Teufel mit großen, glitzernden Messern in den Händen. Soll ich denn das ganze Elend noch einmal durchmachen, Christus?«

Schließlich kam Katrin mit einem nassen Tuch, das sie der alten Frau auf den Scheitel legte. Dann schenkte sie ihr einen Becher Feuerwasser ein, und als die Alte ihn hinuntergekippt hatte, verstummte sie. Darauf wandte sich Katrin flüsternd an mich, wagte aber nicht, richtig näher zu kommen: »Stimmt es wirklich, was die Leute behaupten? Ziehen sie allen, die sie zu fassen kriegen, die Kopfhaut ab, um sie sich an die Wand zu hängen oder so zu tragen, wie die Papisten ihr falsches Kreuz mit sich herumschleppen?«

Ohne es zu leugnen, schüttelte ich meinen Kopf. Denn in einer Weise war es ja richtig. Träumten nicht die jungen Männer davon, sich mit der Kopfhaut, in der das Leben sitzt, die Kraft ihres Feindes zu verschaffen?

»Wir sind immer Freunde eures Volks gewesen«, versicherte ich ihr. »So etwas haben nur die Irokesen und Katavber getan, aber das ist schon lange her. So weit ich denken kann, hat niemand aus unserem Volk einen Skalp genommen.«

Errötend blickte sie mich an. Alles, was ich aus meiner Kindheit noch wußte, war für sie fremd und erschreckend. Darum verkroch sie sich in eine Ecke.

»Wir können hier nicht bis in alle Ewigkeit hocken«, murmelte Onkel Jonas schließlich. »Nichts zu sehen und zu hören. Das Vieh muß versorgt werden, und wir haben auch noch genug anderes zu tun. Ich gehe jetzt in den Kuhstall. Falls etwas passieren sollte, werden wir es schon rechtzeitig merken.«

Mutter Gertrud schlug darauf die Hände vors Gesicht und fing an zu weinen. »Untersteh dich! Begreifst du denn nicht, daß das dein Tod sein kann! Die Heiden können sich bemalt, können sich in Gras, Erde, ja sogar in ein stilles Wasser verwandelt haben. Und du siehst und hörst nichts, bis der Tod dich am Wickel hat. Das kannst du doch nicht riskieren!«

Kopfschüttelnd machte Jonas Bure die Lade zu. »Das sind doch auch nur Menschen. Aber man hört gar nichts von den Höfen der Stålkoftas und Tossavainens. Nirgends Schüsse.«

»Wenn die man nicht mit abgehäuteten Köpfen tot daliegen«, schluchzte Katrin, worauf ich den Arm um sie legte, weil sie sich an mich drängte. »Stima und Maria . . . stellt euch vor, wenn die jetzt alle tot sind!«

Ich überlegte, wie töricht es von diesen Weißen doch eigentlich war, daß sie, nur um soviel Land wie möglich zusammenzuraffen, so weit entfernt voneinander lebten. Dadurch konnten sie sich weder gegenseitig helfen, noch sich schützend mit einem Pfahlwerk umgeben, wie wir es um unsere Dörfer ziehen, in denen mehrere hundert zusammen wohnen, so daß schon eine ganze Heerschar kommen muß, um eine Lenapefestung einzunehmen.

Hier konnte sich ein kleiner Haufen Plattköpfe von Hof zu Hof schleichen und eine Familie nach der anderen totschlagen. Hunderte erschlagen, bevor die *voapsits* merkten, was gespielt wurde, und fliehen oder einen starken Trupp zusammensammeln konnten, der die Eindringlinge vertrieb.

Kopfschüttelnd schluckte Onkel Jonas seine Bedenken hinunter. »Seht, das kann auch falscher Alarm gewesen sein, oder die Sache ist schon vorbei. Sitze ich erst einmal auf meinem Pferd, bin ich ohnehin außer Gefahr. Und du hast je Henrik. Und Lars ist alt genug, euer Leben zu verteidigen.«

Er verhaspelte sich, wollte noch etwas sagen, schwieg, doch ich sah das Ungesagte in seinen Augen aufblitzen. Er traute mir nicht. Hatte Angst, ich könnte mit den Roten gemeinsame Sache machen, falls sie auf den Kriegspfad gezogen sein sollten. Mir war klar, daß ich etwas sagen mußte, wenn auch die Angst in mich hineinkroch.

»Laßt mich hinausschleichen und spähen! Ihr, Vater, könnt Euch nicht so anschleichen wie einer von uns. Ihr erkennt nicht, ob da jemand im Hinterhalt liegt, aber ich merke das.«

Nachdem er ein paarmal geschluckt hatte, nahm er Katrin am Arm und zog sie von mir fort in eine Ecke hinein.

»Ja, aber wenn du sie siehst, kannst du ihnen auch verraten, daß wir hier nur zwei Männer auf dem Hof sind und nicht alle Seiten gleichzeitig bewachen können. Du hast von unserem Schießpulver gestohlen, um damit deine roten Kumpane zu bewaffnen, die jetzt vielleicht draußen in den Büschen lauern. Wo du kein bißchen Scham im Leib hast und mit deiner Liebsten vor aller Augen schmust. Und weder Gottes Gesetz noch . . .«

Als jetzt auch noch Katrin anfing zu weinen, wandte er sich achselzuckend ab, während ich wegging. Was nützte mein Angebot? Für die war ich ja doch bloß ein fremder Heide, dem man alles zutrauen konnte, einer, der nie denken und glauben würde, was sie selber dachten und glaubten.

Nach dem Zwischenfall mit Tanganoan war überhaupt nichts besser geworden. Auch nicht nach der Sache beim Holzfällen.

»Komm mit auf den Dachboden, Lars«, rief Onkel Henrik, »da können wir durch die Giebelluken nach allen Seiten Ausschau halten und melden, wenn etwas zu sehen ist.«

Er griff mit der Hand in eine Schüssel auf dem Tisch und nahm sich ein paar Brotscheiben und eine geräucherte Wurst, und ich folgte ihm. Da war etwas in seinem Blick, das mich neugierig machte. Er schien mir etwas Wichtiges sagen zu wollen, was er aber vor all den anderen nicht zu sagen wagte.

Als wir oben angekommen waren, faßte er mich bei den Schultern und führte mich zu der Luke auf der Waldseite, die von einem Mispelbaum beschattet wurde, so daß die Sicht schlecht war.

»Klar bist du der richtige Mann, sich zu den Nachbarn durchzuschlagen und ausfindig zu machen, was bei ihnen los ist. Du bist schmal genug, kannst hier durch die Luke und dann beim Graben in den Wald schlüpfen.«

Nachdem er mir den Proviant ins Hemd gestopft hatte, zog ich die Absatzstiefel und die Jacke aus. Dann zwängte ich mich mit den Füßen voran durch die Luke, wobei Henrik meine Handgelenke festhielt und sich so weit hinauslehnte, daß es bis zum Erdboden nur noch eine knappe Manneslänge war. Während ich lautlos in den Büschen versank, hörte ich ihn flüstern: »Gott mit dir, Junge! Ich weiß, daß du einer von uns bist, sonst wärst du schon lange in den Wald gelaufen, so komisch, wie wir dir vorkommen müssen!«

Ich kroch auf dem Bauch durch den Kräutergarten in das Rohrdickicht des umliegenden Maisfelds. Angst hatte ich zwar, fühlte mich aber gleichzeitig dem schwerfüßigen Bure-Volk turmhoch überlegen. Denn ich konnte mich bewegen, ohne daß es im Buschwerk raschelte, und endlos lange liegen und horchen, ob der Blauhäher schrie, weil ihn jemand erschreckt hatte, und achtgeben, ob die Erdhörnchen furchtlos spielten, bevor ich weiterschlich. Stück für Stück, wie ich es gelernt hatte, als ich am Ratsfeuer den Kriegsabenteuern der Alten lauschte oder als Tanganoan und Kenevec mich auf die ersten Jagdausflüge führten.

Ich umging alle offenen Plätze und blieb immer so lange liegen, bis ich mich überzeugt hatte, daß das nächste Waldstück sicher war. Dabei dachte ich, wie dumm ich doch eigentlich sei, mich in solch eine Lebensgefahr zu begeben. Aber ich wollte ja beweisen, daß man mir trauen konnte. Wenigstens Mutter Gertrud und Katrin sollten keine Angst mehr vor mir haben.

Es tat gut, an Katrin zu denken. Sie roch zwar ein bißchen schlecht, weil sie nicht badete wie die Lenapemädchen und sich auch nie mit Sonnenblumenöl einrieb oder Süßgräsersamen im Haar trug, aber dafür war sie weich anzufassen. Und immer, wenn sie Angst hatte, kam sie zu mir.

Plötzlich drückte ich mich flach auf den Boden und hielt den Atem an. Ich hörte heftige, böse Stimmen. Aber als ich erkannt hatte, daß es schwedische waren, wußte ich, daß keine Gefahr drohte.

Ich erhob mich und wollte schon auf die Stimmen zulaufen, verlangsamte dann aber meine Schritte und schlüpfte, um zu erlauschen, worum es ging, flink hinter einen Baum. Flüche auf alle roten Heiden drangen an meine Ohren. Gestern war bei den Tossavainens so eine Bande aufgetaucht und hatte mehrere Pferde und Kühe geraubt. Aber erst heute morgen hatte sich diese Männergruppe versammeln können, um die Spur der Räuber zu verfolgen.

»Kein Mensch kann begreifen, woher sie wußten, daß man diesen Hof am besten plündern und dann unbemerkt verschwinden kann. Und kein Mucks war zu hören. Und den Nachbarn, bei denen sie vorbeigezogen sein müssen, ist auch nichts aufgefallen. Da ist Zauberei im Spiel, das ist ganz sicher.«

»Oder aber sie sind von den Lenape in diese Gegend geführt worden. Schließlich gibt es ja auch Leute auf den Gehöften, die eigentlich noch Heiden sind, wenn sie auch wie gewöhnliche Christenmenschen herumlaufen und aussehen. Namen braucht man da wohl nicht zu nennen.«

»Na ja, aber dieses Volk trägt Zeichen in den Ohren, genau wie unser Vieh, insofern kann man sie gar nicht verwechseln. Natürlich läßt der Teufel, den die Heiden anbeten, niemals wieder jemanden fahren, den er einmal in seinen Klauen gehabt hat. Und wer bei den Roten gelebt hat, wird nie wieder ein ehrlicher Christ werden. Er kann uns noch so ähnlich sehen, in seinem Herzen wird er immer ein Heide bleiben.«

»Die beste Methode, mit so einem fertig zu werden, ist, ihn gefesselt durch eine richtige Feuersglut zu schwenken, dann schluckt der Teufel ihn mit hinunter. So hat man es in unserem alten Land mit dem Trollpack gemacht, wie mir der Pfarrer selber erzählt hat.«

»Oder man kann sie auch mit einem Schuß in den Schädel erledigen und mit einem spitzen Stock durch den Leib im Sumpf versenken. Dann werden sie trotz aller Teufelsbuhlschaft nicht mehr herumspuken.«

»Auf jeden Fall ist es am besten, wenn die Leute von den Nachbarhöfen, die ja die ganze Nacht in ihren Betten gelegen haben, zu einem Dankgottesdienst gehen. Ich habe Jonas Bure schon darüber klagen hören, daß er einem auf seinem Hof nicht trauen könne. Einem, der seine eigene Familie, die ihn bei sich aufgenommen hat, bestahl, um seinen alten Heidenfreunden etwas zuzuschanzen.«

»Das muß alles gründlich untersucht werden«, unterbrach ihn eine energische Stimme. »Aber dafür bin ich ja der Friedensrichter hier. Unsere wichtigste Aufgabe ist es jedoch, die Räuber zu verfolgen, bevor sie ihre Spuren verwischt haben. Also an die Arbeit. Das andere ist eine zweite Frage. Setzt Leute an, damit sie mit der Spur vertraut werden. Haben wir sie nicht vor dem Abend gefaßt, so gewinnen sie wieder Zeit und können in der Dunkelheit fliehen, während wir in der tiefschwarzen Nacht jede Spur verlieren.«

Als sich ihre hitzigen Stimmen zwischen den Stämmen verloren, saß ich noch immer versteckt und schamrot hinter dem Baum. Um nichts mehr hören zu müssen und sie zu verbergen, hielt ich die Hände vor meine durchbohrten Ohren.

Ganz langsam und aufrecht kehrte ich dann zurück,

um zu berichten, was ich erfahren hatte, damit meine Leute sich wieder nach draußen an ihre Arbeit trauen konnten.

Der einzige in Lebensgefahr war ich selber, doch darüber wollte ich schweigen.

Aus meiner Kinderzeit stiegen jetzt Geschichten der Lenape und ihrer Nachbarvölker in mir auf, in denen von dem Elend berichtet wurde, in das diese Stämme geraten waren, als sie versucht hatten, weiter an der Küste zu leben oder auch nur dort zu jagen und zu fischen, wo sie seit ewigen Zeiten gejagt und gefischt hatten. Erzählungen von Beute, die ihnen geraubt, von Männern, die wie Hunde in den Wald gepeitscht worden waren, von Hütten, die man niedergebrannt hatte ... Ja, und viele waren für immer verschwunden. Manchmal hatte man eine Blutspur oder eine Fährte entdeckt, die in den Sumpf oder in einen Schlupfwinkel führte, der den Verschwundenen verschluckt hatte.

Doch so etwas würde mir nicht widerfahren, ich war ja selber ein *voapsit.*

Was ich eben gehört hatte, ging mir jedoch nicht wieder aus dem Kopf. Nun wußte ich also, was die Leute über mich dachten. Und vielleicht machte sich auch der eine oder andere der Bure-Familie solche Gedanken.

12. Kapitel

Ich weiß nicht mehr, wie ich darauf gekommen bin, mit auf das große Fest zu gehen, wo sich die anderen weißen jungen Leute vergnügten. Vielleicht, weil alles seit langer Zeit so friedlich verlaufen war. Als ich damals auf den Hof zurückgekehrt war und gerufen hatte, daß die Gefahr nun vorbei sei und sie alle wieder herauskommen könnten, hatte ich im Innern gespürt, daß Onkel Jonas, Tante Gertrud und Katrin mir jetzt vertrauten.

Weil keinem aufgefallen war, daß Henrik mich hinausgelotst hatte, wurde ich zunächst wie ein Gespenst angestarrt. Dann ließ Jonas langsam seine Büchse sinken, hängte sie an die Wand und warf Henrik einen bösen Blick zu, der ihm jedoch nur mitten ins Gesicht grinste und seine eigene Büchse auch an die Wand hängte. Bei meinem Eintritt legte mir Onkel Jonas erst seine Hand fest auf die Schulter, um sich dann räuspernd abzuwenden. Da wußte ich, daß ich endlich sein Vertrauen gewonnen hatte. Und Mutter Gertrud beeilte sich, mir ein Essen vorzusetzen, als wäre ich ein hochwillkommener Gast, während Katrin, die zu meinen Füßen saß und zu mir hinaufblickte, jede Kleinigkeit von meinem Erkundungsgang hören wollte.

Nur die in ihrem Bett kauernde Großmutter guckte schief und mißtrauisch.

Von *einer* Sache, von dem, was die Männer über mich gesagt hatten, sprach ich jedoch nicht.

Inzwischen waren Winter und Schneesturm gekommen, und wir hatten mit vielen Liedern und Lichtern das große Winterfest der Christen gefeiert. Dazu gab es einen Sonntagsschmaus mit Schweinefleisch, Weizengrütze und in Schweinebrühe getauchtes Brot. Als wir alle um den großen Tisch mit der weißen Decke herumsaßen, las uns Onkel Jonas aus dem großen Buch vor, wie das denkwürdige Jesuskind geboren wurde. Ein Kind, das fast so mächtig wie *Vamosu* sein mußte, der die Welt von der Überschwemmung gerettet, alle Jagdtiere und noch vieles andere für uns erschaffen hat.

Und es war beinahe so gewesen wie zu Hause am Feuer, wenn Mutter oder die Große Fichte uns Märchen erzählten. Wenn ich sie auch nur schlecht verstand und das Leben der Bleichgesichter eigentlich nicht mochte, so fühlte ich mich doch zwischen diesen Menschen immer mehr daheim.

Und als Katrin darum bettelte, zu dem Tanzfest der jungen Leute gehen zu dürfen, bekam sie die Erlaubnis unter der Bedingung, daß jemand vom Hof mitkäme, wobei ich der einzige war, der in Frage kam. Im Sommer war sie vom Priester mit Speise und Trank geweiht worden und hatte nach dem Glauben der Weißen damit etwas vom Allmächtigen in sich aufgenommen. Nun zählte sie zu den Erwachsenen. Doch aus eigener Kraft kann man ihrem Manitou niemals begegnen und sich auch keinen Schutzgeist erwerben. Dazu muß man erst Feuerwasser probieren und einen kleinen Kuchen essen, und dann ist nach dem Glauben der *voapsits* der Allmächtige in einen eingezogen.

Ich war natürlich ein bißchen unschlüssig. Denn die Weißen sind viel streitsüchtiger als unser Volk, vor allem, wenn sie Feuerwasser getrunken haben. Und ich wußte auch, daß alle jungen Leute hier aus der Gegend Pelze, Geld oder Speisen und Getränke gestiftet hatten, um auf dem Fest mit dabeisein zu können. Und darum gab es nicht nur ein Festessen, sondern auch ein großes Faß Apfelwein und ein großes Holzfaß mit *beson*, wie wir Lenape den brennenden, wasserklaren Teufelstrunk der *voapsits* nennen. Die alte Graue Eule hatte immer gesagt, er müsse aus wildem Meerwasser und Vogelzungen gemacht sein; denn wenn man davon getrunken hätte, finge die Erde an zu schaukeln wie das Meer im Sturm, und die Zunge würde einem so munter wie die der Singdrossel im Frühling.

Ich hatte Angst, es könnte Streit geben, wenn sich die jungen Männer mit *beson* vollgetrunken hatten. Denn auch in meinem Volk passiert es manchmal, daß man über dem Feuerwasser seinen Verstand verliert und seine Familie und Freunde prügelt oder sich schlecht ihnen gegenüber benimmt. Hinterher schämen wir uns dann natürlich schrecklich, daß wir uns von den Teufeln des Feuerwassers haben dazu verlocken lassen, unser eigenes Blut anzugreifen.

Die Weißhäute hingegen können noch jahrelang damit prahlen, wie sie sich geprügelt und wen von ihren eigenen Nachbarn sie niedergeschlagen haben.

Bei uns ist es so üblich, daß Männer, die zuviel Feuerwasser zu sich genommen haben, alle ihre Waffen und Schlagwerkzeuge verstecken, damit niemand Schaden erleidet. Und oft einigt man sich auch, daß nur die eine Hälfte einer Hausgemeinschaft trinken darf, während die andere nüchtern bleiben und aufpassen muß, daß keiner dem anderen etwas Böses tut. Natürlich dürfen diese Leute dann das nächstemal trinken, wenn die anderen dran sind, Wache zu halten.

Als wir auf dem Fest angekommen waren, vergaß ich schnell meine Bedenken. Man hatte den jungen Leuten einen großen Raum überlassen, in dem am oberen Ende auf einem Tisch ein Spielmann mit seiner Geige saß. Sie selber sprangen Hand in Hand umeinander herum, stampften im Takt mit den Füßen und sangen aus vollem Hals. Bald sprang ich auch mit und versuchte, genauso zu stampfen wie alle anderen, wobei wir etwas von einer Liebelei im grünen Hain sangen. Ich hatte mit Bekannten ein paar Becher Apfelwein getrunken, aber viele waren es nicht, die in meiner Gesellschaft trinken wollten. Darum hielt ich mich an die Festtafel, die mit brennenden Lichtern geschmückt an einer Wand stand, obwohl das meiste wie immer scheußlich versalzen war.

Das eine oder andere Mädchen gesellte sich zu Katrin und versuchte, über sie in meine Nähe zu kommen. Gackernd und kichernd stellten sie, wie ich aus ihrem Mienenspiel sah, eine Menge Fragen über mich. Inzwischen hatte sich eine ganze Gruppe an mich herangedrängt, befingerte meinen Haarkamm und zog an meinen durchbohrten Ohrläppchen. Ja, einer steckte mir in dem schummrigen Licht sogar seinen Finger in die Nase, weil er feststellen wollte, ob das Loch zwischen meinen Nasenlöchern für Schmuck war.

Eigentlich war es recht lustig, besonders als wir Pfändersuchen spielten, und zwar ganz ähnlich wie die Lenape, nur, daß wir hier auch etwas in unseren Schuhen und nicht nur in den Händen versteckten. Obwohl die Jungen ärgerlich murrten, legten ein paar Mädchen ihre Hände in meine und verbargen dort Sachen. Und als ich darauf nun bei den Mädchen Pfänder auslösen mußte und dazu verurteilt wurde, drei an die Decke zu heben, um meine Wintermütze wiederzubekommen, da gab es wieder böse Worte.

»Das ist kein gerechtes Spiel. Er kennt heidnische Tricks. Alle Ungetauften stecken sich einen Schlangenzahn in den Mund, mit dem sie anlocken können, was ihnen gefällt.«

»Ja, man hat ja gesehen, wie die Heiden uns im letzten Herbst Sand in die Augen gestreut haben. Pferdespuren und Kuhspuren waren verschwunden, als ob die Tiere sich in Luft erhoben hätten. Heidnische Zauberkünste waren das. Hier wie da.«

»Ja, die haben ja auch einen Helfer hier in der Gegend. Und man weiß ja auch, wen.«

Ich schwieg, doch als mir jemand ein Bein stellte, als ich gerade Susanna Tossavainen an die Decke hob, da schlug ich zu, und genau das hatten sie gewollt. Gustav Stålkofta, den der Hieb getroffen hatte, stürzte sich auf mich. Wir waren zwar ungefähr gleichaltrig, doch die Art der weißen, jungen Männer, mit geballten Händen aufeinander loszugehen, war mir ziemlich fremd, so daß ich viele Schläge einstecken mußte und bald grüne Sonnen vor meinen Augen sah. Aber ich dachte an das, was mir Kitomacken einmal über die weißen Männer gesagt hatte: »*Voapsits* haben harte Fäuste und starke Arme, weil sie Wälder roden und die Erde umgraben. Dafür sind aber ihre Rücken und Beine nicht so kräftig wie unsere, da wir in den Wäldern hinter dem Wild herlaufen und vielleicht zwanzigmal am Tag unsere Langbogen spannen. Fängt also jemand einen Faustkampf mit dir an, dann versuche, ihn um den Leib zupacken und wirf ihn mit der Stärke deines Rückens und deiner Beine aufs Gesäß.«

Taumelnd von all den Schlägen, die ich abbekommen hatte, stürzte ich mich vor und umklammerte Gustavs Körper, so daß er nicht mehr schlagen konnte. So hart wie mit einem Baumstamm mußte ich mit ihm ringen, doch schließlich begann er zu keuchen und sich zu winden, und als ich ihn noch stärker bedrängte, konnte er nicht mehr standhalten. Ich hatte so viel Kraft, ihn auf den Boden und mich obendrauf zu werfen. Doch da bekam ich von irgend jemandem einen Schlag über den Schädel und konnte mich an nichts mehr erinnern.

Sie stießen mich mit Füßen und trampelten auf mir herum, und erst als Katrin gellend schrie, sie hätten mich totgeschlagen, bekamen sie Angst. Während einige schnell das Licht ausmachten und davonrannten, zerrten Katrin und ein paar andere Mädchen mich nach draußen und wuschen mein Gesicht mit Schnee. Zum Schluß packten sie mich auf einen Schlitten und zogen mich nach Haus. Als ich draußen an der frischen Luft zu mir gekommen war, hörte ich Katrin weinen und die feigen Burschen verfluchen, die sich bei mir für Sachen rächen wollten, die die Heiden getan hatten.

»Ach, ich wünschte wirklich, meine Haut wäre so rot wie die meiner ganzen Familie«, stöhnte ich und begann, so hoffnungslos zu weinen, wie mir zumute war. »Könnte ich doch in Frieden bei ihr leben! Warum darf ich nicht bei Shuntaka sein?«

Ja, ich weinte und weinte; denn noch war ich nicht erwachsen, sondern erst ein Junge von vierzehn Wintern.

Ich muß wohl stark gefiebert und viel gejammert haben. Die Bure-Leute sagten, ich hätte meist in einer heidnischen Sprache phantasiert, die keiner verstand, doch sie hätten das meiste trotzdem begriffen. Richtig zu mir gekommen bin ich erst, als Onkel Jonas mir Feuerwasser in den Mund goß und Mutter Gertrud salziges Fett auf meine blauen Flecke schmierte und alte

Spinnengewebe auf alle Schrammen und Wunden legte, die ich abbekommen hatte. Selbst Großmutter befühlte meine Arme und Beine und versicherte, daß meine Knochen nicht gebrochen seien, was sicher stimmte, denn darauf verstand sie sich.

»Wie konnten sie unseren Jungen bloß so übel zurichten! Sie müssen doch gesehen haben, daß er ein Schwede und keine verkleidete Rothaut ist. Das erkenne ich doch schon von weitem! Aber nun, wo du wieder zu Hause bist, ist alle Gefahr vorbei.«

»Hier werde ich nie zu Hause sein«, stöhnte ich jedoch. »Und selbst wenn ich mir beibringen könnte, so zu sein wie ihr, würden alle anderen ja doch nur glauben, ich wollte ihnen irgend etwas Schlechtes antun. Ich will wieder nach Hause, wo mich keiner schief anguckt! Ich bin ein Lenape und habe Heimweh. Ich kann nichts dafür; ich möchte nichts weiter, als zu meinen Leuten nach Minnesink zurück!«

Als sie mich aussprechen hörten, was ich das ganze Jahr und länger verschwiegen hatte, da brachen Mutter Gertrud und Katrin in Tränen aus, während Onkel Jonas sich erhob und feierlich erklärte, das, wer als Heide aufgewachsen sei, stets im Herzen einer bleibe, was man auch immer zu seiner Rettung tun möge. »Jedenfalls wird Gott schon wissen, wieviel Böses in ihm steckt!« Damit ging er dann in den Stall hinaus, was er immer tat, wenn er betrübt war. Und dort stand er, schwatzte mit den Gäulen und streichelte sie.

Onkel Henrik strich mir übers Haar und murmelte, daß das wohl das einzig Richtige sei, was ich tun könnte. Man habe doch das ganze Jahr hindurch deutlich gespürt, wie der Junge sich fortgesehnt hätte und nicht hierher paßte, trotz all seines Bemühens, sich einzugewöhnen. Und wenn sie jetzt versuchten, mich zurückzuhalten, würde mein Leben in Gefahr geraten.

»Und wenn er an Leib und Seele nicht mehr sicher ist, wie können wir ihn da mit gutem Gewissen hierbehalten?«

Schniefend und sich ausschnaubend wandte er sich darauf ab.

Mutter Gertrud, die meine Hand hielt, seufzte, daß ich meine Seligkeit verlieren würde, wenn ich zu den Heiden zurückkehrte und Schlechtes von ihnen lernte.

Ich aber gewann neue Kräfte, als ich begriff, daß sie mich nicht mit Gewalt hierbehalten wollten. Ich wagte sogar zu antworten, daß ich hier mehr Schlechtes als irgendwo sonst zu sehen bekommen hätte. Überall gab es hier Geiz, wurde gesoffen, gelogen und verleumdet. Immer Mißtrauen gegen Fremde und Gewalttätigkeit.

»Ihr seid zwar alle freundlich gewesen, doch bei euch zu leben, das bringe ich nicht fertig. Zu Hause ist es viel leichter für mich.«

Und obschon mir klar war, daß daheim in Minnesink die Irokesengefahr auf mich lauerte, wollte ich trotzdem weg. Wollte die mir vertraute Sprache hören, wieder den Dunst der rauchgegerbten Häute in der Hütte riechen, Maissuppe und Brot ohne das ewige Salz essen. Und Mutter am Herd summen hören!

Wenn Tanganoan noch nicht wieder zurück war, würde mich Dikop als Jagdlehrer brauchen. Ja, und Mutter und Sijimi hatten niemanden, der für sie sorgte, das ging doch nicht. Das alles zog mich nach Haus.

»Glaub aber nur nicht, daß du in deiner Kinderheimat wieder ein Kind werden kannst«, murmelte Großmutter kopfschüttelnd. »Die Sorgen der Erwachsenen wirst du dort genauso haben.«

13. Kapitel

Und da lag mein Dorf auf einmal vor mir! Langsam ging ich näher. Hinter der dünnen Pfahlmauer wölbten sich die Hütten aus Binsenmatten und Rinde unter den Kronen der hohen Walnußbäume. Zwischen ihnen standen hier und da ein paar niedrige Rundhäuser, und dann waren da die vielen kleinen Vorratshäuser und unten am Fluß die Bootsschuppen und die in den Steilhang eingegrabenen Badehütten.

Doch wo waren die jungen Männer? Warum fischten sie nicht am Strand, spielten nicht auf ihren selbstgeschnitzten Rohrflöten und suchten in dieser Frühlingszeit an den Bächen nicht nach wildem Kohl für die Suppe?

Und wo steckten die Frauen, die sonst am Herd oder an den Webstühlen beschäftigt waren oder mit Holzlasten aus dem Wald kamen?

Und die Männer, die gewöhnlich am Strand oder in ihren Einbäumen saßen, wenn sie nicht mit Wild aus den Wäldern heimgekehrt waren und nun Pfeile schnitzten oder Pelze und Wampum bearbeiteten?

Alles war so geisterhaft still, nicht einmal die Hunde schlugen an, als ich näherkam.

Verwundert schaute ich in alle Richtungen, doch nirgends regte sich etwas.

Nur der Stab, der an der Haustür meiner Mutter lehnte, sagte mir, daß alles in Ordnung war. Er war das Zeichen, daß niemand zu Hause war. Sie waren fort, und ich stand draußen. Ich, der einziehen und ein bißchen hochmütig alles vorzeigen wollte, was ich als Erinnerung an meine lange Zeit bei der Familie Bure mitgebracht hatte. Meinen Bleichgesichteranzug, meinen Rucksack aus geflochtener Birkenrinde und diese verdammten, schwarzglänzenden, steifen und scheuernden Absatzstiefel!

Als ich die Stiefel abstreifte und meine Füße in dem Fluß kühlte, kam Duva schwanzwedelnd herbei, legte ihren Kopf auf meine Knie und blickte mir mit ihren klaren, braunen Augen mitten ins Gesicht – rundherum zufrieden, denn sie hatte mitkommen dürfen. Ich mußte ihr den dicken Nackenpelz kraulen, worauf sie vor Glück winselte.

Auf der Hälfte meines Weges nach Hause, aber noch tief im Wald, hatte ich Duva getroffen, die sich schnaufend an meine Fersen heftete und mich nicht mehr verlassen wollte. Zuerst nahm ich an, daß jemand käme, um mich zu den Bures zurückzuholen, doch dann wurde mir klar, daß es der Hund war, der nicht von mir weichen wollte. Ich nahm einen Riemen, leinte Duva an, ging den langen Weg zurück und übergab sie Henrik. Während er sie anband, machte ich mich wieder auf den Weg und hörte sie noch lange vor Verlassenheit heulen. Und nach einer viertel Tagesstrecke durch den Wald hatte sie mich zum zweitenmal eingeholt und überfiel mich mit ihrem Gelecke, als ich gerade saß und Pause machte. Den Riemen, den sie umgehabt hatte, schleppte sie durchgekaut hinter sich her. Und ich mußte noch einmal umkehren. Denn ich wollte mir nicht nachsagen lassen, daß ich etwas ohne Erlaubnis mitgenommen hätte. Als wir dann am Abend wieder bei den Bures eintrafen, bot mir Onkel Jonas an, noch einmal in meinem alten Zimmer zu übernachten, und bei meinem Aufbruch am nächsten Morgen löste er selber Duvas Riemen und gab ihn mir in die Hand.

»Am besten, sie bekommt ihren Willen. Und es soll nicht von uns heißen, daß wir knickrig gegenüber unserer eigenen Familie sind.«

Aufatmend blickte ich mich um! Hier war ich wirklich zu Hause! Und plötzlich kam es mir vor, als sei ich nur einmal schnell zum Jagen oder Fischen fortgewesen. Mein Atem ging leicht, und in meinen Körper kehrten die Kräfte zurück.

Und während ich den Frosthauch einatmete, der mit dem Wind gekommen war, fiel mir auf einmal wieder ein, daß in der Zeit des Frosteinbruchs der Saft am reichlichsten aus dem Zuckerahorn fließt und alle aus dem Dorf darum ausgezogen waren, den Saft zu ernten. Ich buckelte meinen großen Birkenrindenrucksack und marschierte weiter durch das stille Dorf und über die einsamen Maisfelder, wo die Frauen schon dabeigewesen waren, Blätter und Reisig kleinzuhacken und zum Verbrennen aufzuhäufen, um mit der Asche den Boden vor der Aussaat zu düngen.

Ein kalter Wind blies. Und als ich zurückschaute, sah die Talsenke, in der unser Dorf lag, wie eine gewellte Matte aus. Aus dem Sumpf stiegen bleiche Nebel auf. Und mich überkam Angst, daß Pauguk, der Vernichter, dort als grünlichweißes Totengerippe mit seinem Bogen und den tödlich spitzen Pfeilen auf mich lauern könnte, um mir eine Krankheit in die Brust zu schießen. Nur allzu leicht hätten mich Pauguks Zauberkünste vernichten können.

Um so heller begann dann weit vor mir ein rotgoldener Stern zu leuchten. Als ich begriffen hatte, daß es sich um ein fernes Feuer handelte, rannte ich ihm trotz meines langes Tagesmarsches und des schweren Gepäcks entgegen.

Immer deutlicher roch ich in der frostigen Luft den heißen Dampf des kochenden Ahornsirups, und mir lief das Wasser im Mund zusammen. Hier war das Gehölz der Bärenfamilie und dort ... Dahinten gab es Biber ... Und aus diesem Wäldchen holten wir Saft. Und mich neben den nächsten Baum niederwerfend, tastete ich über eine Rinne in der Borke, die unten am Stamm in eine Kerbe mündete. Und aus dieser Kerbe sickerte Saft in einen darunterstehenden Birkenrindennapf. Den setzte ich an den Mund und trank den süßen, dicken Saft, der mir neue Kräfte gab. Ja, beim Aufstehen fand ich, daß ich in der Dunkelheit schon besser sehen konnte.

So erkannte ich da vorn die niedrigen, rundgewölbten Rindenhütten, in denen meine Leute während des Zukkerkochens wohnten. Dort hingen große, rußige Messingkessel über Eichenholzflammen, und da ... Da war der vertraute Schatten meiner Mutter und Dikops schmaler, sich vorneigender Körper. Und an der Seite meiner Mutter saß ein kleines Mädchen. Das konnte doch wohl nicht Sijimi sein? War sie denn so groß geworden? Aber schließlich war ich zwei Winter und einen Sommer fortgewesen, und Sijimi, die jetzt Mädchenröcke trug, mußte inzwischen drei Jahre alt sein.

Auf meinen Ruf wandten Weißmaul und Braunrükken ihre Köpfe und kamen im wilden Galopp angestürzt. Doch als Duva böse knurrte, blieben sie abwartend stehen, um dann vor dem großen, grauen Riesen neben mir respektvoll zusammenzusinken und mit klopfenden Schwänzen zu katzbuckeln, während ich mich näherte.

Meine Angehörigen fuhren erschrocken hoch. Hier oben in den Bergen, fern von Nachbarn und Freunden und ohne den Schutz der dörflichen Pfahlmauer fühlte man sich eben unsicher. Die Hände vors Gesicht schlagend, sprang Shuntaka auf.

»Amisko . . . Amisko!«

Bevor ich in meinem Bleichgesichteranzug und mit meiner Ausrüstung näher trat, reckte ich mich so hoch, wie ich konnte, stolperte aber dann über einen Holzbalken. Kopfüber rollte ich auf Dikop und Sijimi zu, die mir vor Freude mit den Hunden entgegensprangen. Als mir Duva knurrend zu Hilfe kam, griff ich in ihren Pelz und hielt sie fest. Umeinandertrudelnd stießen wir ein Freudengeheul aus, umarmten und drückten uns.

Als wir wieder langsam auf die Beine gekommen waren, begann das große Palaver. Ich erzählte, sie erzählten, einer nahm dem anderen das Wort aus dem Mund. Und ich spürte, wie ihre Blicke mich fragten, ob ich denn wirklich noch derselbe Mensch wie früher sei. Als Junge von elf Wintern war ich fortgezogen, und jetzt war ich ein ziemlich langer junger Mann von mehr als dreizehn Wintern. Groß genug, um mir einen Schutzgeist zu suchen und dem Leben als Erwachsener entgegenzutreten.

Und mein fremdes Aussehen mit dem langen, ausgekämmten Haar, das nach Christenart im Nacken von einer blauen Seidenrosette, die Katrin mir einmal geschenkt hatte, zusammengehalten wurde! Meine Jacke mit den blanken Knöpfen, meine engen Hirschfellhosen und die weißen Wollstrümpfe! Und dazu über dem Arm, so auffällig wie möglich, Onkel Henriks Bleibüchse, sein schönstes Abschiedsgeschenk. Sie war zwar schwer, hatte jedoch ein so gutes Gleichgewicht, daß sie sich in der Schußstellung an der Wange leicht anfühlte. Sie hatte ein kleines Kaliber, das Blei war also klein, traf aber trotzdem noch sicher aus einer Entfernung von zweihundert Schritt. Die Schießlade im Kolben war eine verborgene Schatzkammer: Werg zur Säuberung des Laufs, Extrafeuersteine auf der Zündpfanne, Werkzeug, um die Büchse zwecks Reinigung auseinanderzuschrauben, Ölhorn und Leinenlappen zum Einölen.

Ich hätte gern gewußt, ob sie wohl erstaunt gewesen wären, wenn ich, als *voapsit,* nur auf einen kurzen Besuch gekommen wäre. Dann öffnete ich meinen Birkenrindensack und zeigte ihnen das krumme, mit schwarzem, körnigem Schießpulver gefüllte Ochsenhorn und den Lederbeutel mit der fertigen Bleiladung und alles andere, was mir meine Verwandten zum Abschied geschenkt hatten. Bleibarren, die, auf einer Gießkelle geschmolzen, zu neuen Kugeln gegossen werden konnten. Hobel- und Stemmeisen, ein Beilblatt, Drehbohrer und viele andere nützliche Dinge. Nadeln, Schere und Wachs von Mutter Gertrud für Shuntaka. Eine Flasche mit brennendem Feuerwasser, die ich einmal als Medizin bekommen hatte, als ich innen irgendwie krank war, weißes Leinentuch für ein Bleichgesichtbett, falls ich ein solches hier hätte.

Und beim Vorzeigen der Dinge wurde mir auf einmal mitten in der Freude, wieder zu Hause zu sein, klar, wie gut die Familie Bure es doch eigentlich mit mir gemeint hatte. Und ich wünschte mir, ihre Welt wäre nicht so verdreht und schwierig zum Eingewöhnen gewesen.

Doch nun umhüllte mich der Dampf des kochenden Ahornsirups, und Mutter lud zu getrocknetem Bisonfleisch ein, das wir in heißen Zuckersud tauchten und wovon sie dann auch noch viel in die gerade kochende Maissuppe tat. Und ich schluckte und schluckte . . .

Aus den anderen Ahornwäldchen hörten wir Lenape rufen und fragen, was denn vor sich ginge. Und als Dikops markerschütterndes Gebrüll antwortete, Amisko sei wieder zurück, da ertönten von überall Überraschungs- und Freudenrufe. Alte Freunde kamen, nach Atem ringend, herbeigerannt, um mich zu umarmen. Und sie staunten, wie reich ich ausgerüstet und wie erwachsen ich geworden war.

Ja, und dann erhob sich, groß wie ein Bär, Kitomakkens riesige Gestalt, und seine mächtigen Fäuste legten sich schwer auf meine Schultern, und er lachte vor Freude. Und ich fühlte, wie froh er war, als sein Halsband aus spitzen Bärenkrallen über mein Gesicht strich. »Man erkennt dich ja kaum wieder, so groß und tüchtig bist du geworden. Ich frage mich nur, ob du nun auch ein echter *voapsit* bist. Wirf die Klamotten ab! Wir heizen die Badehütte für dich an, damit du den Kuhstallgeruch von den Höfen der weißen Männer von dir abdampfen lassen kannst.«

Währenddessen aß ich immerzu von der mit Ahornzucker gesüßten Suppe, so daß Mutter schon Angst kriegte, ich könnte krank werden. Doch lachend füllte sie meine Schale immer wieder voll. Dikop kam mit Sirupbonbons, die er aus kochendem Sirup, den er hinter der Hütte in den Schnee schüttete, gemacht hatte. Aber sie waren so zäh und knirschten so zwischen den Zähnen, daß Duva, der ich welche gegeben hatte, verzweifelt schluckte, kaute und kratzte, bevor sie ihre zusammengeklebten Lefzen wieder auseinanderbekam.

Eine jedoch vermißte ich, eine schmale, geschmeidige

Gestalt mit einem langen, biegsamen, mit Perlenfransen geschmückten Bogen aus Walnußholz. »Warum kommt Kenevec, die sich jetzt Simudaikain nennt, nicht?«

Trauer überzog das Gesicht meiner Mutter, und sie antwortete nicht, während Kitomacken mit einer vagen Handbewegung auf den Wald deutete. »Sie wird irgendwo in der Ferne jagen. Kann aber jeden Augenblick auftauchen. Sie will den ganzen jungen Männern, die vor dem Haus ihrer Mutter spielen, aus dem Wege gehen. Oft wohnt sie in einer weit entfernten Hütte, die niemand findet. Und manchmal kommt sie mit Wild hierher und bleibt eine Zeit, arbeitet im Haus ihrer Mutter und benimmt sich wie ein normales Mädchen. Aber wenn es dann wieder über sie kommt, ist sie fort, und keiner weiß, wohin.«

Mutter machte mir mein Bett am gewohnten Platz in der kleinen Rindenhütte und staunte dabei über die farbenprächtige Wolldecke, die ich bekommen hatte. Bei trockenem Wetter war sie warm, schützte aber nicht gegen Nässe, wenn man draußen schlafen oder im Sturm mit ihr umherstreifen mußte. Sie wollte darum lieber, daß ich sie als Wandschmuck nahm. Und ich selber fand es auch gemütlicher, mich wieder in mein zottiges Bisonfell zu rollen. Dankbar war ich dafür, künftig wieder meine fransenbesetzte Hirschhaut anlegen zu dürfen. Die stößt wenigstens den Regen ab, und die Tropfen laufen an den Fransen herunter. Und wie herrlich, weiche *sipaka* an den Füßen zu haben, mit dichten Sehnenfadenstichen genäht und mit Fett eingeschmiert, so daß sie auch im schlimmsten Unwetter weich, warm und trocken bleiben.

»Und mein Bruder Tanganoan . . . Wo ist der Große

Bruder? Zur Jagd? Er ist doch im Winter zu Haus gewesen? Heil vom roten Kriegspfad zurückgekehrt?«

Es war, als ob das Feuer erlöschen wollte, als ich seinen Namen aussprach. Mutter verbarg ihr Gesicht in den Händen, und Dikop wandte sich ab und wanderte in die Dunkelheit hinein. Und ohne zu antworten, beugte Mutter sich dann vor, als schmerzte ihr Herz. Auch Kitomackens lange, kräftige Finger zitterten, als er ein glühendes Holzstück an seinen Pfeifenkopf führte und den Rauch einsog.

Nachdem er den Atem lange angehalten hatte, ehe er ihn ausströmen ließ, sagte er endlich das, was ich nicht hören wollte und was mich ganz furchtbar traf, obwohl ich es schon geahnt hatte. »Nein, dein Großer Bruder ist aus dem Land der Katavber nicht zurückgekehrt. Jedenfalls nicht hierher. Nun haben sie vielleicht nicht gleich den Weg zurück nehmen können, oder sie mußten dort unten überwintern. Und dann könnte es noch bis zum Kirschmonat dauern, bis er wiederkommt. Doch wir haben bisher nicht gehört, daß überhaupt welche zurückgekommen sind und wir darum hoffen könnten.«

Als ich den anderen ins Gesicht schaute, sah ich, daß Kitomackens tröstende Worte ihre Angst nicht hatte vertreiben können. Tanganoan war nun schon länger als einen ganzen Winter auf dem Kriegspfad.

14. Kapitel

Ich saß auf einem Felsen über dem Hockhackingfluß und blickte in das ferne Tal hinunter. Dort unten lag Minnesink, da lebte meine Familie, und nach dort sehnte ich mich zurück. Und ich bat um Kraft, durchhalten zu können. Mehr als zwei Tage hatte ich ja noch nicht gehungert.

Dumm und töricht kam ich mir vor, daß ich so schnell aufgebrochen war, ohne zu erklären, was ich eigentlich vorhatte. Aber irgendwie hatte ich gespürt, daß jetzt die Stunde gekommen war, in der ich um Hilfe bitten mußte.

Bei meiner Heimkehr hatte ich noch geglaubt, wieder wie ein Kind spielen zu dürfen, ich mit meinem bald vierzehn Wintern. Dann erfuhr ich, daß Tanganoan verschwunden war und ich nun an seiner Stelle für meine Familie sorgen mußte. Drei Menschen hingen von mir ab.

Einen ganzen Winter war das Haus ohne Jäger gewesen.

Natürlich hatten sie keine Not gelitten. Kenevec, Kitomacken und viele andere hatten ihre Beute mit ihnen geteilt. Doch für sie gab es schließlich noch andere Pflichten.

Und seit ich zurückgekommen war, war es meine Aufgabe, für die Familie zu sorgen.

Da wurde mir klar, daß ich zunächst erwachsen werden mußte. Und ich mußte einen Schutzgeist haben, der mir half. Zum Glück ist Manitou voll Mitgefühl mit den jungen Männern, die die Verantwortung der Erwachsenen auf sich nehmen müssen.

Ich mußte aufbrechen und den Allmächtigen um seine Unterstützung bitten. Und dann war ich auf und davon gegangen.

Und jetzt, zum erstenmal nach zwei Tagen im Wald, wo ich auf den Knien gelegen, gebetet, getanzt und alle heiligen Lieder gesungen hatte, die mir eingefallen waren, dämmerte es mir, wie dumm ich mich benommen hatte. Ich hätte Rat bei einem alten, erfahrenen *meda* oder Wissenden suchen müssen. Denn bei ihm hätte ich erfahren, wie ich mich mit Bädern und heiligen Tränken reinigen mußte, um rein genug für die Begegnung mit dem Allmächtigen zu sein.

Statt dessen hatte ich gemeint, alles sofort in die Hand nehmen zu müssen, und das war eben viel zu früh für einen so unkundigen Jungen wie mich gewesen, der noch obendrein während der langen Zeit bei den *voapsits* viele von seinen Jagdkenntnissen vergessen und von der Flinkheit seiner Füße und Augen manches eingebüßt hatte.

Und Manitou würde sich sicherlich nicht um einen wie mich kümmern, der bei den *voapsits* so viele Bäume getötet hatte.

Ich hatte meine Stirn auf die Erde gelegt und sog den Duft nach Frühling und frischen Gräsern in mich hinein. Dann bat ich die großen, freundlichen Bäume um Verzeihung. Sie mußten doch verstehen, daß ich noch ein unwissender Junge gewesen war, aber nun hatte ich ihre Antwort bekommen. Vier Menschen hingen von mir ab, als wäre ich kein Kind, sondern ein alter, erfahrener Jäger.

»Kleiner Bruder, hier sitzt du also . . .!«

Wie ein Windhauch drang das Flüstern an mein Ohr. Ich ließ den Kopf hängen und sackte in mich zusammen. Die Kleine Tante Kenevec, die sich jetzt Simudaikain nannte, stand auf der Lichtung und sah mich an. Mich noch schärfer anblickend, kam sie dann vorsichtig näher.

»Ja, Weißer Biber, wie bist du gewachsen ... Aber warum bist du von zu Hause weggegangen? Shuntaka und Dikop sind beide traurig und fragen sich, ob sie dir irgend etwas getan haben, was dich wieder zu den *voapsits* getrieben hat.«

Als sie neben mir stand, sah ich, daß sie auch gewachsen und sogar noch länger geworden war als ich, aber noch genauso schmal und sehnig. Ihr Oberkörper steckte in einem mit Fransen besetzten Frauenkittel, während um ihren Hals noch das breite Jagdmesser in seiner schön bestickten Scheide hing. Auf ihrem Rücken trug sie den großen Korb, der sechzig lange Pfeile mit Stahlspitzen faßte, und in ihrer Hand hielt sie den mächtigen Bogen aus Walnußholz. Er glänzte vor Klapperschlangenfett, das ihn geschmeidig erhielt, und war mit Troddeln, Perlbändern und einem Perlmuttgriff verziert.

Sie strich mit ihrer Hand über meine Brust, als wollte sie fühlen, ob ich es auch wirklich sei. Zwar bewegte sie sich jetzt wie eine Erwachsene, war aber doch noch die gleiche wachsame, scheue und furchtlose Kleine Tante wie früher.

»Kleiner Bruder, du bist doch nicht krank?« fragte sie, ihre Hand auf meiner Brust liegen lassend. »Nein, in deinen Augen ist kein Fieber. Aber du mußt großen Hunger haben, oder?«

Verständnis leuchtete aus ihrem Blick, als sie ihre

Gürteltasche öffnete und ein Maisbrot sowie eine Scheibe frisch geröstetes Hirschfleisch herausholte. Nachdem ich es wortlos zurückgestoßen hatte, nickte sie.

»Ach so, du suchst einen Helfer. Du hast ja die Verantwortung eines erwachsenen Mannes auf dich genommen, die du von jetzt an tragen mußt, weil . . .«

Als sie verstummte, sah es so aus, als ob sie anfangen wollte zu weinen. Doch dann flüsterte sie: »Weil Tanganoan auf dem Kriegspfad geblieben ist, und das vielleicht durch meine Schuld. Er hat vor dem Haus meiner Mutter Flöte gespielt und mir seine Jagdbeute angeboten, die ich, zum Zeichen, daß ich ihn heiraten wollte, zubereiten sollte. Doch ich habe sie nicht annehmen mögen. Ich bin Simudaikain und muß in den Wäldern leben; denn das gewöhnliche Leben der Frauen lockt mich nicht.«

Nachdem sie neben mir Platz genommen hatte, nahm sie ihre Pfeife und eine große Muschel aus dem mit dünnen Riemen kreuzweise verschnürten Fellbeutel. In die Muschelschale steckte sie ein Harzstäbchen, blies hinein, und ein dünner, weißer Rauch stieg aus dem Glutgefäß empor. Das Stäbchen kam brennend wieder heraus. Als sie ihre Pfeife damit angezündet hatte, blies sie dem Allmächtigen den Rauch entgegen und setzte nach diesem reinigenden Tabakopfer das Gespräch fort.

»Und jetzt werde ich dir erzählen, Kleiner Bruder, wie mir, als ich auf der Suche nach einem Beschützer war, ein mächtiges Gesicht erschienen ist. Vier Tage lang habe ich warten müssen, mich an den Dornen verletzt, habe getanzt und geschrien und zu Manitou gebetet.

Schließlich verwandelte sich mein Blick, und während

ich leblos vor Erschöpfung im Wald lag, sah ich mich selber, sah ich, wie Kenevec sich erhob und mit einem Geisterbogen, der genauso geschmückt war wie der in meiner Hand, ohne jede Müdigkeit weiter durch die Wildnis schritt. Sommer und Winter sah ich sie durch die Wälder wandern. Hörte die Sehne schwirren, sah die Pfeile fliegen, die sie schoß, und das Wild fallen ... Sie ist keinem Menschen begegnet, war immer allein. Aber trotzdem ist immer jemand in ihrer Nähe gewesen, wenn auch nicht in ihrem Gesichtskreis. Wie ich dort lag, konnte ich jedoch das Wesen erkennen. Es war der gespenstische ›Haarlose Bär‹. Der Riese, den kein Pfeil fällen und keine Waffe etwas anhaben kann. Ein Riese, der sich nur zeigt, wenn große Gefahr droht. Und der immer außerhalb des Gesichtskreises der Geister-Kenevec, jedoch stets in ihrer Nähe umherstreifte. Durch mein ganzes Leben sah ich mich wandern, während ich im Dämmerschlaf dort lag.

Als ich dann später die Eulenfrau Mokana bat, mir das Gesicht, das ich gehabt hatte, zu erklären, hat sie gesagt, das sei ein Traum gewesen, der auf ein Leben deutet, das nicht so ist, wie das der anderen. Der Bär meiner Sippe hat mich dazu ausersehen, einsam in den Wäldern zu jagen.

Und als Zeichen gab mir Mokana einen Bogen, der nicht länger war als mein Mittelfinger, mit Pfeilen, kurz wie mein Daumen, und noch ein Paar *sipaka*, gerade richtig für meinen großen Zeh. Und alles lag auf einer kleinen Matte aus haarlosem Bärenfell, die so groß war wie meine beiden Handflächen.

Dies alles habe ich dir nur erzählt, damit du deinen eigenen Schutzgeist leichter findest. Und da du schon zwei Tage gefastet hast, will ich dir jetzt bei deiner Vorbereitung helfen, so wie Mokana mir geholfen hat, ehe ich in die Wälder zog, um erwachsen zu werden.«

Sie gab mir aus ihrer Tasche ein Stück Brechwurz, das ich kaute und hinunterschluckte, worauf mir innen ganz kalt wurde und ich bei meinem leeren Magen eine Art Brechreiz bekam. Weil keine Schwitzhütte vorhanden war, badete ich im Fluß. Darauf sagte Kenevec, daß ich nun rein sei. Und dann malte sie mir mit brauner Farbe ein paar Striche ins Gesicht, damit ich magerer und trauriger aussah. Denn so bestand die Hoffnung, daß Manitou Mitleid mit mir haben würde. Um meinen Schmerz und meine Verlassenheit zu bekunden, rieb ich meinen Körper anschließend mit schwarzer Farbe ein. Manitou erbarmt sich nämlich oft der Leidenden und Einsamen.

Dann blies sie Tabaksrauch über mich, der Glück bringen sollte, und befahl mir, nicht nur zu schreien und zu tanzen, sondern auch still im Gebet zu verharren, weil sich der Fingerzeig des Allmächtigen ebensooft im zartesten Säuseln des Grases wie im Getöse des Wasserfalls oder als Donnerschlag offenbart.

»Die Eulenfrau hat gesagt, daß in mir der Geist eines Mannes wie auch der einer Frau leben. Und darum muß ich aus der Menschenwelt fliehen. Aber deshalb kann ich dir als Mann auch helfen. Doch wenn ich dir nun das letzte gegeben habe, womit du das Mitgefühl des Allmächtigen leichter erringen kannst, lasse ich dich allein.«

Kenevecs letzte Hilfe waren ein paar pfeifende Bogenhiebe über meinen Rücken, die sich noch lange abzeichneten.

Und dann war sie verschwunden, so lautlos verschwunden, wie Tautropfen verschwinden.

Als ich mich erhob und weiterzog, hatte ich viel mehr Vertrauen zu meinem Geschick. Langsam kam der Abend. Ich marschierte im Mondschein ruhig weiter, streckte ihm meine Arme entgegen und bat um einen Wegführer und Beschützer, der mir klugen Rat, Stärke und Erfolg für alles, was vor mir lag, geben sollte.

Wenn Tanganoan nicht bald zurückkam, dann mußte ich für uns vier so viel Winternahrung zusammenjagen, daß wir sie mit den Kranken und Unglücklichen im Dorf teilen konnten. Solange die anderen noch etwas abgeben konnten, hungerte bei uns niemand.

Wenn Tanganoan nicht zurückkam, dann war er tot, und ich mußte diese Aufgabe soviele Winter erfüllen, bis Dikop groß genug zum Jagen war.

Wenn Tanganoan tot war, dann war seine Seele für immer in der Hütte eines heimtückischen Plattkopfs gefesselt, der sie zwingen würde, unseren Feinden bis in alle Ewigkeit Glück zu bringen.

Jedenfalls so lange, bis einer aus unserer Sippe den Skalp eines getöteten Plattkopfes zur Hergabe seiner Kräfte zwang und so für einen Ausgleich sorgte. Dann wäre der Geist meines Großen Bruders befreit.

Aber gab es bei uns jemanden, der so etwas vollbringen konnte? Kitomacken? Der war ein gelassener Mann mit grauen Haaren in seinem Haarkamm. Und er gehörte nicht zu unserer Sippe und mochte auch nicht mehr auf den Kriegspfad ziehen. Auf einmal wurde in mir ein schrecklicher Gedanke wach, der sich immer näher an mein Ohr heranschlich, bis ich schließlich außer mir vor Entsetzen die Hände vor sie schlug und davonrannte, als gelte es mein Leben. Doch der schreckliche Gedanke kam immer näher, und vor Erschöpfung brach ich zusammen.

Er hatte mich schon fast gepackt, ich hörte ihn, sank in der Dunkelheit auf den Boden, versuchte zu spät, mich zu verstecken. Als der nächste männliche Verwandte meines Bruders traf es nun mich . . . Und somit war es meine Pflicht, wenn Tanganoan nicht zurückkam . . .

15. Kapitel

Ich war schon zitternd in der Morgenkühle aufgewacht, bevor die Sonne über dem Wald aufstieg. Meine Brust atmete leicht, ich war von dem bösen nächtlichen Traum befreit und fragte mich, ob Manitou mir wohl diese Angst, die mich verfolgt hatte, als Offenbarung gesandt hatte.

Das erste, was ich beim Aufstehen sah, war ein großer Biberdamm und ein ganzes Biberdorf mit niedriggewölbten Hütten aus Zweigen und Lehm, nicht unähnlich den Rundhütten, den Wigwams, die wir oft bauen. Als ich mich dann erhoben hatte, ließ sich ein ganzer Trupp dunkler Biber mit einem warnenden Plumps schwanzklopfend in die Tiefe sinken, während ich ans Ufer ging und dem Wasser eine Handvoll Tabak opferte. Daß ich die Wohnung meines Sippentiers gefunden hatte, war ein glückliches Zeichen, das mir frischen Mut zum Durchhalten gab. Ich spürte auch meinen Hunger nicht mehr, sondern es war, als hätte sich mein Magen um einen kleinen Stein in meinem Rückgrat zusammengekrampft. Dafür fiel es mir schwer, meine sich steif und plump anfühlenden Füße zu steuern. Und mein Blick war merkwürdig wässerig verschwommen.

Und plötzlich erstarrte alles, wurde fürchterlich klar und scharf. Schärfer und klarer, als ich je etwas gesehen hatte, so, als hätte sich ein großes, welkes Grasbüschel vor meinen Augen in einen Pelz verwandelt, in pelzbedeckte, gewaltige Muskeln, in keuchende Flanken . . .

Ich blickte in grünglänzende Raubtieraugen.

Langsam öffneten sich die Kiefer über daumenlangen weißen Zähnen, und die Zunge kroch aus dem Schlund heraus.

Ein dumpfer, grollender Laut ertönte. Der lange Schwanz schlug mit schweren Schwüngen von einer Seite auf die andere, während sich der starke Körper zum Sprung zusammenkrümmte. Wasser tropfte vom Unterkiefer auf das rauhe Fell.

Ich stand bewegungslos, hatte nicht einmal mein Messer. Mit einem einzigen Satz konnte mich der Berglöwe packen. Und es gab nichts . . .

Doch plötzlich zuckte der mächtige Körper zusammen; ein durchdringendes Gebrüll – das scheußliche Gesicht war verschwunden. Ich sah nur noch ein paar Sekunden den schwingenden Schwanz und die goldgrauen Hinterbeine mit dem Gras verschmelzen. Dann wirbelten nur noch ein paar Haarbüschel am Ort des Geschehens umher. Hier und da konnte ich deutlich die Krallenabdrücke im Sand erkennen, doch langsam sikkerte schon Wasser in die Spuren. Fast jede Bewegung, die das Tier, bevor ich es sah, gemacht hatte, ließ sich noch verfolgen.

Es war mit Riesensätzen aus dem Wald gekommen, hatte einen großen Sprung ins Wasser gemacht, die untergetauchten Biber jedoch offenbar verfehlt und sich dann zum Angriff gegen mich gewandt. Doch plötzlich mußte es seine Absicht geändert haben und war verschwunden.

Am ganzen Körper zitternd, sank ich auf die Knie.

Am Ufer, wo ich stand, tauchte jetzt ein großer, von einem Biberzahn abgenagter Span auf, an dem sich ein Flöckchen aus dem Fell des Berglöwen verfangen hatte. Vorsichtig steckte ich meine Hand ins Wasser und ergriff den Span, als er mit seinem goldenen Segel in meine Reichweite kam.

Das Bibervolk hatte mich beschützt. Dies war der Beweis. Die Tiere wußten, daß ich ein echter Lenape war und zu ihrer Familie gehörte.

Und als ich scheu zu dem Platz hinüberspähte, wo *shingves*, der Berglöwe, verschwunden war, sah ich dort etwas Blankes, Weißgoldenes glänzen. Da waren Blutstropfen, und dort glitzerte . . . der Kiefer eines toten Bibers mit einem großen, weißen Nagezahn, den der Löwe wohl in den Pfoten gehabt hatte, als er erschrocken geflohen war. Die Geisterkräfte der Biber hatten den Tod in die Flucht geschlagen.

Jetzt wachte ein Schutzgeist über mein Leben. Und ich war einer der Großen Zähne, gehörte zur Familie der Bäumefäller. Denn den Bibern ist es erlaubt, Bäume umzulegen, dafür leben sie ja.

Ganz behutsam barg ich in meinen gewölbten Händen die drei kleinen Gegenstände, die mir mein Schutzgeist in den Weg gelegt hatte. Und dann suchte ich mir eine große, trockene Grassode vom vergangenen Jahr. Als ich dort im Sonnenschein Platz genommen hatte, flocht ich aus Halmen ein Körbchen, wie wir es als Kinder gemacht hatten, wenn wir die Beeren oder Nüsse, die wir unterwegs fanden, mitnehmen wollten.

Die Sonne schien immer wärmer, mein Hunger schlief, und ich fühlte mich im Innern so leicht, als schwebte ich immer noch im Traum umher. Und vor Freude, daß ich nun nie mehr allein auf der Welt war, hätte ich am liebsten laut gesungen. Manitou hatte als Schutzgeist seine Macht über mich gebreitet. Und ich war eins mit der Welt!

Fast ohne mein Wissen kam mir ein Lied in den Sinn,

das sie bei meinen weißen Verwandten oft gesungen hatten und für das meine Gedanken nun neue Worte fanden:

»Ich darf Bäume fällen!
Der Große Zahn schwimmt emsig.
Er gab mir einen Zahn, um Holz zu nagen,
das ich für Haus und Hof brauche.
Er verscheuchte den Bluttrinker von meinem Weg,
so daß ich sicher wandern kann.
Ich darf Bäume fällen!
Der Große Zahn schwimmt emsig!«

Aber niemals würde ich genau erzählen, was ich alles erlebt hatte. Nur so viel, daß die Zuhörer etwas erraten konnten.

Als ich dort saß und vor mich hin summte, sah ich auf einmal meine Wasserfamilie vorbeischwimmen, die nicht mehr Furcht vor mir hatte als vor einem Baum oder Grasbüschel. Da begriff ich, daß das Lied meinen Schutzgeist zu mir gerufen hatte, und als ich den Rhythmus verlangsamte, merkte ich, daß man auch danach tanzen konnte, und zwar so, wie wir in der Tempelhütte von Osten nach Westen um die Sonne tanzten.

Ich flocht weiter Gräser zu einer kleinen Tasche zusammen, gerade groß genug, um meine heiligen Gegenstände darin zu verwahren. Und dabei spürte ich, wie die traumhafte Verwandlung in meinem Innern langsam zu weichen begann. Allmählich wurde ich wieder der, der ich gewesen war.

Jedoch ganz derselbe würde ich nie wieder werden. Ich war nun erwachsen. Und ich hatte mir einen Schutzgeist gewonnen, einen, den ich zwar nie sehen würde, der mir aber unsichtbar zu Hilfe kommen und Rat geben würde, wenn ich ihn ernst und andächtig anrief.

Ich band mir mein Täschchen vorsichtig an einer Weidenrute um den Hals und folgte dann dem kleinen Fluß, um so schnell wie möglich nach Haus zu kommen. Nach den großen Anstrengungen und dem langen Fasten spürte ich nun, wie mich Müdigkeit und Hunger überkamen. Die Gegend, durch die ich wanderte, erkannte ich nicht wieder. Zur Sicherheit hatte ich jedoch an den Bäumen und Felsen Zeichen angebracht und mir noch andere Eselsbrücken gebaut, so daß ich den Weg zurück fand. Und an dem Ort, wo Manitou mich gefunden hatte, würde ich ihm wahrscheinlich auch wieder begegnen.

Als ich zu einer Flußbiegung kam, rief mich jemand.

Kitomacken saß dort so verborgen im Schatten einer Kiefer, daß er fast nicht zu sehen war. Wenn er mich nicht angesprochen hätte, wäre ich sicher an ihm vorbeigegangen. Er zeigte keinerlei Verwunderung. Ich hatte das Gefühl, daß jemand, daß eine jemandin, als er sie im Wald traf, ihm berichtet hatte, wo ich zu finden sei und was ich suchte. Erst musterte er mich ernst, dann mein Täschchen. Danach breitete er seinen Mantel so feierlich wie für einen gleichgestellten Erwachsenen aus, damit ich an seiner Seite Platz nehmen konnte.

Er holte seine Pfeife heraus und reichte sie mir, nachdem er ein Rauchopfer gebracht hatte.

»Dies ist heiliger Tabak«, erklärte er dabei, »nur Erwachsene dürfen ihn rauchen. Aber rauch ihn jetzt, damit du dein Fasten in Ruhe und Andacht vor dem Allmächtigen beschließt.«

Dankbar nahm ich die Pfeife. Meine Andacht und mein Ernst vertieften sich, als ich den Tabak einatmete, der unter sorgfältigen Zeremonien angepflanzt worden war. Und die Menschen, die ihn pflegten, mußten sich immer erst reinigen, ehe sie den Ort, wo er wuchs, betreten durften. Dann war er im Sonnenschein getrocknet und mit kräftigenden Kräutern vermischt worden.

In andächtiger Ruhe und der Gesellschaft meines ältesten Freundes durfte ich ihn jetzt rauchen. Währenddessen überlegte ich mir, wieviel schöner das, was ich hier gerade erlebt hatte, doch war, als es zur gleichen Zeit mit einem Haufen junger Männer bei den Christen gewesen wäre, die vielleicht keine Lust gehabt hätten, Manitou zu suchen, und lieber ein Stück Brot gegessen oder einen Schluck Feuerwasser getrunken hätten – und das wäre alles gewesen. Wir machen uns erst auf die Suche nach Manitou, wenn wir es wirklich selber wollen und uns nach seiner Stütze sehnen. Stunden, an die ich mich immer erinnern würde, lagen hinter mir. Ich fühlte, wie mir die Tränen kamen, als ich zum erstenmal in meinem Leben in alle Richtungen heiligen Tabaksrauch opferte zum Zeichen dafür, daß ich nun wußte, daß der Allmächtige überall auf der Welt, am Himmel wie auf Erden gegenwärtig ist. Und Kitomacken saß ebenso ernst da und löste seinen Blick nicht von meinem Gesicht. Als er die Tränen in meinem Gesicht bemerkte, nickte er nur.

Nachdem ich ihm die Pfeife zurückgegeben hatte, öffnete er seine Schultertasche und holte ein Bündel heraus. Dann packte er Rehfleischscheiben, Maisbrot mit eingekochten Melonenstücken, einen Krug Honig und andere leckere Sachen aus, die darauf hindeuteten, daß er mich nicht zufällig getroffen hatte.

»Dies ist ein Gruß von deiner Mutter und deiner Familie«, erklärte er. »Sie machen sich Sorgen, daß dir etwas zustoßen könnte, wenn du dickköpfig immerzu hungerst. Vielleicht erinnerst du dich noch an das Mädchen, das dauernd gefastet hat, obwohl kein Schutzgeist sich zeigte? Sie ist dünner und dünner geworden, bis zuletzt nur noch die Stimme von ihr übriggeblieben ist. Und die kann man hören, wenn man gegen einen Berg oder in einen Wald hineinruft.«

Lächelnd antwortete ich ihm, was ich doch für ein Glück gehabt hätte, daß er gekommen sei. Denn ohne Essen würde ich es nicht mehr bis zum Dorf geschafft haben. Worauf er aber warnend die Hände hob.

»Auf weiten Jagdzügen und auf dem Kriegspfad muß man oft hungern oder von Dingen leben, die nicht viel besser als Stinktierkohl und Birkensaft sind. Aber iß jetzt vorsichtig und nicht zuviel, sonst könntest du krank werden.«

Ich tat, was er gesagt hatte, so schwer es mir auch fiel. Denn ich hatte oft gehört, daß ein Ausgehungerter sich seinen Magen zerreißen kann. Und wie ich da saß und mich zurückhielt, kam mir ein Gedanke. »Kitomacken, möchtest du mein Pate werden, dem ich meine Gesichter anvertrauen kann und der mir erklärt, was mein Schutzgeist mir sagen möchte?«

Er senkte den Blick und räusperte sich, schien sich aber geschmeichelt zu fühlen, daß ich mich gerade an ihn wandte. Doch dann schüttelte er seinen Kopf.

»Das ist zwar eine Ehre für mich«, murmelte er, »aber du mußt bedenken, daß ich weder ein richtiger *meda* noch ein Wissender bin. Ich bin auch kein einwandfreier *vabeno* oder Arzt, wenn ich auch einiges von der Heilkunst verstehe. Ich bin Kriegshäuptling gewesen. Aber seit wir uns entschlossen haben, keine Kriege mehr zu führen, begnüge ich mich damit, ein tüchtiger

Jäger und in der Ratsversammlung geachtet zu sein. Denk darüber nach. Die Graue Fichte oder Tamenund können dir deine Erlebnisse bestimmt viel besser deuten als ich. Und vielleicht bin ich auch ein Mann, der zu törichten und schlechten Gedanken verleitet und dir etwas ganz Verkehrtes beibringt. Doch jetzt sage ich nichts mehr.«

Damit wandte er sich halb zur Seite. Ich legte jedoch meine Hand auf sein Knie, so daß er nicht fortgehen konnte, und fing dann an zu erzählen, was mir widerfahren war. Nachdem er aufmerksam zugehört hatte, saß er lange gedankenversunken da und sah abwechselnd mich und meine heiligen drei Gegenstände an, die ich herausgenommen und zwischen uns gelegt hatte. Drei schlichte Dinge, deren Bedeutung kein Christ je würde begreifen können, die der Allmächtige mir aber als Zeichen, daß es einen Helfer gab, in den Weg gelegt hatte. Zuletzt zündete Kitomacken seine Pfeife wieder an und blies über jedes der Reihe nach heiligen Rauch.

»Das ist eine starke Offenbarung«, erklärte er. »Das sind Zeichen des Schutzgeistes, die man nicht so einfach vom Boden sammeln und deuten kann. Die müssen wir selber erzählen lassen und so nehmen, wie wir sie vor uns liegen sehen. Und wenn ich jetzt trotzdem eine Deutung versuche, dann werden dir noch genügend Rätsel übrigbleiben.

Biber sind Baumfäller, dafür hat Manitou sie erschaffen. Damit ist deutlich ausgesprochen, daß du dich in der Waldarbeit üben sollst. Du wirst großen Gefahren begegnen, die dein Manitou aber abwehren wird. Die schlimmsten wirst du im Wasser antreffen, wo dich der Löwe bedrohte, doch du wirst dich retten können. Wenn sie auf dich zukommen, wirst du sie erkennen. Es sind Gefahren, die viele Winter in der Zukunft ruhen können. Das Lied, das du gelernt hast, besitzt ebenfalls große Kraft. Und nie darfst du vergessen, deinem Manitou große Ehre zu erweisen. Denn du wirst seine Hilfe oft brauchen, bestimmt schon diesen Sommer. Es sieht nämlich so aus, als müßtest du Shuntakas ganze Familie ernähren.«

»Wenn Tanganoan nicht eines Tages wiederkommt«, flüsterte ich fast bettelnd. Doch er sah aus, als zweifelte er daran.

So angestrengt ich auch in sein Gesicht blickte, er zeigte nicht, was er im Innern dachte. Da fragte ich: »Sind denn die Irokesen, mit denen er auszog, auch nicht nach Haus gekommen?«

Nach kurzem Nachdenken lächelte er bitter. »Wenn sie siegreich heimgekehrt wären, hätten wir das in Minnesink längst gehört. Sind sie aber wie geprügelte Hunde nach Haus gekommen, dann werden sie schweigen. Also muß jemand zu ihnen gehen, um es zu erkunden. Doch nach ihrer Niederlage ausgefragt zu werden, das nehmen sie sehr, sehr übel. Und die Täler der Irokesen sind die Heimat der Berglöwen.«

Bei dem Gedanken errötend, fragte ich mich, ob in seiner Rede wohl noch ein verborgener Sinn stecke.

Dank der Kraft meines Manitous hatte der Löwe ja von seinem Angriff abgelassen. Er konnte doch wohl nicht meinen, daß ich selber . . .

Kitomacken war inzwischen aufgestanden und marschierte vor mir her zum Dorf. Langsam und würdig folgte ich ihm. Ich war ja kein Kind mehr. Künftig mußte ich über mein Benehmen nachdenken. Jetzt, wo ich in Manitous Schutz lebte, hatte ich mich der Fürsorge eines Schutzgeistes würdig zu erweisen.

Bald sah ich Minnesinks Äcker und Häuser vor mir liegen. Meine Geschwister und Shuntaka würden einen Freudentanz aufführen, und dann würde Mutter neue Kleider für mich hervorholen, die sie in aller Stille genäht und für den Tag bereitgehalten hatte, an dem ich Manitous Gnade gewann. Sicher hatte sie auch aus einem Bisamrattenfell einen hübschen, kleinen Beutel genäht, der ein würdiges Gefäß für die Gaben meines Schutzgeistes abgeben sollte. Den würde ich bis an mein Lebensende tragen, bei allen schwierigen Entscheidungen würde ich andächtig bei ihm Rat suchen, und er würde mir Kraft geben, dem Tod zu begegnen.

Jetzt war ich erwachsen.

Als ich aber in das Wasser des kleinen Flusses hineinschaute, fand ich, daß mich eigentlich noch das gleiche Kindergesicht wie am Abend zuvor ansah. Ich war noch immer keine vierzehn Winter alt.

Holzmasken

16. Kapitel

Vorsichtig zog ich unser Boot unter seinem großen Rindendach hervor, wo es vor Regen und Sonne geschützt lag und durch die Querstützen, auf denen es eine Armlänge vom Ufer entfernt ruhte, auch vor dem faulenden Grund sicher war. Das Boot lag gut im Wasser, ohne sich zu einer Seite zu neigen. Es war aus einem einzigen großen Tulpenbaumstamm gehöhlt. Ich betrachtete meine Ausrüstung. Da waren Fackeln aus feinem Teerholz, war die Büchse mit ihrem kostbaren Zubehör und mein Schirm, vor der Stirn zu tragen. Außerdem besaß ich Schöpfgefäße, ein zweites Ruder und Leinen zum Vertäuen. Langsam ruderte ich den Minnesink hinauf und wählte den Flußarm, der zu den Sandbänken führte.

Ich mußte Fleisch für den Winter beschaffen. Es hatte mir schon ein bißchen weh getan, die erfahrenen Jäger fortziehen zu sehen. Eine ganze Schar war mit Packpferden und großer Ausrüstung aufgebrochen, um jenseits der Blauen Berge einen Weg in das Land des Blauen Schilfs zu suchen. Dort wollten sie Bisons jagen, die einen gewaltigen Fleischvorrat für den Winter und praktische Bettfelle abgeben sollten.

Wenn ich jetzt große Beute machte, dann wollte mir Manitou damit sagen, daß ich nun der Versorger meiner Familie sei, weil mein Bruder tot war.

Und wenn ich ein kriegerischer Irokese gewesen wäre, würde es meine Pflicht sein, den Verlust, den meine Sippe betroffen hatte, wiedergutzumachen und die Seele meines Großen Bruders aus der Knechtschaft zu befreien.

Im Gebüsch versteckt, glänzte ein kleiner Fluß, an dessen Ufer ich einen weißen Baumstumpf schimmern sah, an dem Biber genagt hatten. Wie ein Wegweiser war das. Sicher will mein Schutzgeist mich dorthin führen, dachte ich. Denn er würde sich genauso beschämt fühlen wie ich, wenn wir im Winter Fleisch von Kitomacken oder anderen Freunden annehmen müßten, wo wir doch einen fast erwachsenen Jäger in der Familie hatten.

Der kleine Flußlauf war so schmal und gewunden, daß ich mein Boot sehr vorsichtig steuern mußte. Inzwischen wurde es immer dunkler, und dauernd stieß ich auf Sandbänke oder umgestürzte Bäume.

Und dann saß ich vor einem Biberdamm fest.

Weiter ging es nicht mehr. Ich vertäute mein Boot und bereitete eine Feuerjagd vor. Dazu setzte ich eine Fackel in die Heckdolle und legte meine Büchse schußfertig vor mir in die Mitte des Bootes. Dann nahm ich meinen Feuerbeutel, blies in die Glut, und band mir den Schirm vor die Stirn, damit mich der Schein nicht blendete. Als ich die Fackel angezündet hatte, stieß ich wieder ab.

Es war inzwischen so schummrig geworden, daß über der Wasserfläche des Flußlaufes ein rötlicher Schimmer lag, der in die Lichtungen und unter die gewölbten Bäume schien. Das Laub leuchtete wie Feuer, und das Wasser blendete. Alles war totenstill. Nur die Wellen murmelten, und manchmal plätscherte mein Ruder. Ich blies eine Handvoll Tabak in die Fackelflamme und bat meinen Manitou, es einzurichten, daß mich niemand mehr zu den unbrauchbaren Jungen rechnen konnte.

Danach kam ich besser voran. Die Strömung half mir. Und die meisten versunkenen Baumstämme lagen in einer Richtung, so daß ich über sie hinwegglitt. Ich mußte jedoch dabei noch die ganze Zeit achtgeben, ob sich auch nichts zwischen den Stämmen am Ufer regte.

Verlassen und still lag der Wald. Mein Mut sank. Bald würde ich wieder draußen im Hauptfluß sein. Und immer wieder geriet ich auf Sandbänke. Ich mußte dann aus Leibeskräften arbeiten und gleichzeitig daran denken, daß ich auf weite Strecken alles Wild verscheuchte. Duva schnaubte mich aus der Tiefe des Bootes an. Und das Ufer wurde höher. Ich konnte kaum noch in den dunklen Wald hineinschauen. Und durfte mich doch nicht irreführen lassen. Denn man erzählte, daß manch einer sogar Schüsse auf die Feuerfliegen abgegeben hatte, die hier . . .

Warum witterte Duva jetzt und sträubte ihr Fell? Ich starrte auf etwas Glänzendes, Grünes, das mir so groß wie ein untergehender Mond vorkam. Ein Gespenst? Und nun bewegte es sich auch noch!

Die Büchse lag an meiner Schulter. Das Gespensterauge war weg.

Nein, dort. Der Schuß blitzte blendend hell, der Rückstoß warf mich nach hinten. Ich trudelte in der Strömung umher, wir saßen fest. Duva, die wild mit dem Schwanz auf den Boden klopfte, wollte an Land. Sie jaulte vor Aufregung.

Kein Laut von fliehenden Füßen, Flügeln oder sonst etwas. Nachdem ich wieder geladen hatte, nahm ich die Büchse in die eine und die Fackel in die andere Hand und kletterte die Uferböschung hinauf. Duva, die diesmal vor Begeisterung jaulte, war mit einem Satz oben.

Da fiel mir die Büchse aus der einen und die Fackel

aus der anderen Hand. Mir blieb die Luft weg. Zuerst hatte ich es für ein riesiges Grasbüschel mit ein paar kahlen Büschen daneben gehalten . . .

Mit klopfendem Herzen schwang ich meine Fackel, damit sie aufflammte. Das Herz schlug mir im Hals.

Das Büschel nahm einen glänzenden, braunen Schimmer an, und die mannshohen Zweige der Büsche sahen irgendwie behaart aus. Wie ein hoher Berg lag der größte Wapitihirsch, den ich je gesehen hatte, vor mir! Eine ganze Kanulast! Einen halben Winter Fleisch für die Familie, Haut für Bettfelle und Socken, Horn für Kämme, Knochen für Pfeilspitzen, Sehnen für Bogensaiten, Nähgarn und vieles, vieles andere.

Das zeigte, wie stark mein Schutzgeist war! Auf den Knien liegend, schnaufte ich vor Glück und klammerte mich an die mächtigen Geweihstangen, als schwebte ich in Todesangst, meine Beute könnte sich erheben und in den Wald flüchten. Und das, obwohl ich sah, daß mein Blei rechts vom Auge eingedrungen war und den Hirsch so umgeworfen hatte, wie ein Stein fällt.

Als ich mein Jagdmesser und mein Beil geschärft hatte, begann ich, den Riesen abzuhäuten und auseinanderzunehmen. Dazu mußte ich die Stangen behauen und so zurechtbiegen, daß ich ihn herumwälzen konnte, und ein Tau um sie binden, um ihn hochzuziehen. Aber alle meine Versorgungsprobleme waren bis weit in den Winter hinein erledigt!

Ich entschloß mich, die Frage danach zu wagen, ob etwas meine ganze Zukunft bestimmen würde. Als alles zerstückelt war, stieg ich in den Fluß und reinigte mich, kämmte mein Haar und legte allen Schmuck an, den ich in meiner Tasche hatte. Dann zündete ich aus vier Holzscheiten, die ich mir in der Dunkelheit gesucht hatte, ein

Feuer an und opferte darin zwölf Handvoll Tabak und ein großes Stück von der rohen Leber, damit mein Manitou sich freute und meine Frage beantwortete. Als ich an der Glut meine Pfeife entfacht hatte, blies ich Rauch über meine heiligen Gegenstände, die ich nun herauszunehmen und vor mir auszubreiten wagte. Ich bat um Wegführung. Ich dankte für die herrliche Jagdbeute, die Manitou mir zugeführt hatte, und gelobte, daß ich immer seiner Führung folgen wollte, wenn ich sie nur richtig verstand. Dann bat ich ihn, mir zu sagen, wie ich erfahren könnte, was mit meinem Bruder geschehen war.

Während ich lauschte, wurde ich vor Schreck, daß ich es gewagt hatte, den Allmächtigen zu bitten, sich meinetwegen Umstände zu machen, ganz rot. Ich horchte und hatte Angst, daß jemand aus den hohen Bäumen seinen knotigen Arm ausstrecken und mich am Nacken packen könnte. Weit weg hörte ich es knacken und krachen, als ob ein von Bibern durchgenagter Baum umfiele. Da war mir sofort klar, daß der Geist des Bibergeschlechts in meiner Nähe war.

Und aus weiter Ferne ertönte die tiefe, jammernde Stimme des Berglöwen. Ich hatte also Bescheid bekommen und verbarg mein Gesicht in den Händen.

Ich sollte mir bei dem Volk der Berglöwen und Irokesen selber meine Antwort holen. Bei dem Volk, das sich an mir rächen wollte.

17. Kapitel

Mir war, als hinge mir die Zunge im Magen, so übel fühlte ich mich, als ich die ersten Maisfelder sah. Weit vor mir hörte ich Stimmen in einer fremden, klangvollen Sprache reden. Und das erweckte in mir das gleiche Gefühl wie in meiner ersten *voapsit*-Zeit, als ich nicht das geringste von dem verstand, was man zu mir sagte. Fast als ob ich taubstumm geworden wäre.

Ich bemühte mich, tief zu atmen, und brachte meine Kleider in Ordnung. Denn die, hoffte ich, würden mich schützen. Zum erstenmal seit einem halben Jahr trug ich wieder mein Bleichgesichterzeug, sogar die Wollstrümpfe und den breitkrempigen Hut, in dessen Kopf ich meine Ohren, so gut es ging, hineinzustopfen versuchte. Dabei bedauerte ich tief, daß ich Dikop mein Haar hatte abscheren lassen, so daß ich jetzt nur noch den von der Stirn bis zum Nacken reichenden indianischen Haarkamm hatte. Niemand, der meinen Scheitel sah, konnte mich für etwas anderes halten, als ich war – ein von den Lenape adoptierter *voapsit.* Meine Haut war zwar an den Händen und im Gesicht kaum weniger dunkel als die vieler anderer Indianer, aber natürlich fehlte ihr der rote Glanz. Daß ich bestickte Indianermokassins an den Füßen hatte, machte nicht viel aus. Viele Weiße trugen diese leichten Schuhe, die sich dem Fuß wie eine zweite Haut anpassen.

Aber wenn sie mich aus der Nähe untersuchten, oder ich sprechen müßte . . .

Das würde ein schlimmer Augenblick werden. Englisch konnte ich nur ein paar Brocken, Schwedisch verstanden die Irokesen nicht, und meine eigene Sprache würde sie schnell erraten lassen, wer ich wirklich war.

Ich mußte jetzt entweder die Flucht nach vorn antreten oder mich in den Büschen verstecken und mich später schämen, weil ich doch gelobt hatte, Nachricht über Tanganoan einzuholen. Duva blinzelte mich an. Sich das Fell kratzend, lief sie dann, von einer Witterung nach Fressen oder sonst etwas angelockt, voraus. Sie verstand meine Furcht nicht.

Glücklicherweise war *voapsit*-Besuch bei den Irokesen nicht ungewöhnlich. Als ich auf das Dorf zuschritt, zeigte sich auch niemand besonders neugierig. Man schaute sich zwar ab und zu nach mir um oder erhob sich von seiner Beschäftigung, um mir nachzuspähen. Doch hatten die Leute festgestellt, daß sie mich nicht kannten, blieben sie, wo sie gerade waren. Aber ich wurde natürlich überall wahrgenommen, von den Maiswächtern, den Frauen, die auf den Melonenfeldern arbeiteten, und allen, die sich irgendwo im Schatten ausruhten. Und dann erkannte ich über der Pfahlmauer im Schatten der breiten Walnußbaumkronen die hohen Spitzdächer. Der mächtige Palisadenzaun sollte das Dorf vor den Angriffen der Franzosen schützen.

Ich war jetzt bei dem grausamen Volk des Nordens, bei den Irokesen, die im Umkreis von zehn Tagesreisen alle anderen Stämme ausgerottet, vertrieben oder, so wie uns, zu jährlichen Abgaben gezwungen hatten.

Um mich herum drängten sich Scharen von Kindern, die mich verwundert anglotzten und kicherten. Männer dösten über ihren Pfeifen, ruhten sich von langen Märschen aus.

Nachdem ich das große, offene Tor durchschritten

hatte, eilte ich scheu zwischen den Hütten und Häusern umher. An den Giebeln der Sippenhäuser, die so hoch und groß wie die Kirchen der Bleichgesichter waren, flatterten Hunderte von Skalps. Manche waren weiß vor Alter, doch es waren auch frische, schwarzhaarige von diesem Jahr darunter. Am meisten zur Stärkung der Irokesenmacht hatten aber die blonden, bleichen Skalps von den hellhaarigen *voapsits* aus dem Norden beigetragen. Schaudernd dachte ich an die Gewalt dieses Volks. Vom eisbedeckten Meer im Norden bis zum Bergland im Süden reichten seine Vernichtungszüge. Die Franzosen in Kanada lebten in ständiger Furcht vor den Überfällen der Irokesen. Bei Kriegsgefahr erkauften sich die Engländer und Schweden mit großzügigen Geschenken an ihrer eigenen Küste Schonung von diesen Räubern.

Voll Todesangst, daß jemand herbeikommen, mich anreden und meine durchbohrten Ohren entdecken könnte, irrte ich zwischen den Häusern herum. Schließlich entdeckte ich oben an einem Giebel einen gemalten Biber und eilte dorthin. Männer kamen, wollten mit mir reden, doch ich hetzte an ihnen vorbei und ließ sie verdutzt zurück. Schließlich stand ich unter dem Vordach der Bibersippe. Mehrere Männer saßen im Gespräch zusammen. Ich grüßte, worauf sie mich nickend musterten.

Endlich breitete der älteste sein Fell aus und bat mich, neben ihm Platz zu nehmen. Mir wurden vor Erleichterung die Knie weich. Doch das Irokesenvolk war daran gewöhnt, daß *voapsits* weiche Knie bekamen, wenn sie dieses fürchterliche Dorf betraten. Der alte Mann schaute mich nachdenklich an. Dann stellte er mir eine Frage auf Englisch, die ich zum Glück verstand, weil er sich gleichzeitig mit einer erklärenden Handbewegung über die Stirn strich.

Er wollte wissen, ob ich ein Quäker sei und zu dem Volk gehörte, daß nie seinen Hut abnahm. Und als ich nickte, grunzte er verständnisvoll. Dann reichte er mir die angezündete Pfeife. Aber als ich sie gerade nehmen wollte, zog er sie zurück. Er hatte meine durchbohrten Ohren gesehen, streckte nun sofort die Hand aus und schlug mir den Hut vom Kopf.

Verwunderung und Gelächter. Ich saß wie gelähmt und stotterte: »*Testa horonake*... Ich verstehe nicht...«

Während mich alle streng anblickten, begannen die Leute um uns herum zusammenzulaufen. Ich versuchte, noch etwas in ihrer Sprache zu stammeln, erhielt jedoch keine Antwort. Doch plötzlich schlug sich der Greis auf die Schenkel, und in ein Gelächter ausbrechend, sagte er in meiner Lenapensprache: »Du bist kein weißer Mann, sondern von den Lenape adoptiert. Also bist du kein weißer Mann, der unter dem Schutz des weißen Häuptlings steht.«

»Ich bin ein Schwede«, erklärte ich zunächst auf schwedisch und dann in der Lenapensprache. »Die Lenape in Minnesink haben mich einmal bei sich aufgenommen. Ich bin dann aber vor zwei Wintern zu den Schweden zurückgekehrt, was auch mehrere von euren Häuptlingen wissen, die damals gerade bei uns waren. Nachdem ich aber jetzt in die Familie der Biber aufgenommen bin, begehre ich Schutz und Gastfreundschaft in deinem Haus. Und zwar, weil ich einmal zur Sippe der Biber gehöre und zum anderen ein *voapsit* bin.«

Und damit öffnete ich mein Hemd und zeigte ihnen das auf meine Brust tätowierte Familienzeichen der Biber. Der Häuptling beobachtete mich, gab aber nicht zu erkennen, was er dachte. Um mich herum murmelten viele Stimmen auf irokesisch durcheinander. Doch ich verstand nur, daß man sich nicht einigen konnte, ob ich nun ein Lenape oder ein *voapsit* sei.

»Du bist der weiße Indianer«, sagte der Häuptling kalt lächelnd, »der einen von unseren Abgesandten mit einem Pfeil durchbohrt hat, der bei euch Gast- und Abgesandtenfreiheit genoß. Und nun kommst du hierher und verlangst von uns Frieden.«

Schwach und matt vor Angst fragte ich mich, ob mir wohl gleich das Blatt eines Beils in den Nacken fahren würde. Trotzdem versuchte ich zu antworten und sah dem Häuptling dabei fest in die Augen.

»Ich gehöre zur Familie der Biber und sitze im Haus eines Bibers. Und ich bin ein *voapsit* und stehe unter dem Schutz ihrer Gesetze. Wenn ihr mich anklagen wollt, mußt ihr das vor dem Richtstuhl der ›Schwarzhüte‹ tun. Aber ich kann nicht glauben, daß jemand aus dem Geschlecht der Biber die Gastfreundschaft gegenüber einem aus dem gleichen Geschlecht bricht.«

Darauf lächelte er wieder ein bißchen und legte mir bedächtig die Pfeife in die Hand. Dann machte er mit derselben Hand eine beschützende Gebärde über meinem Kopf, und ich fühlte den Schatten eines Mannes, der mit einem Beil in der Hand hinter mir gestanden hatte, verschwinden.

»Ich heiße Garjago«, erklärte mein Beschützer. »Das ist der gleiche Name in deiner und meiner Sprache. Was führt dich zu uns?«

Ich holte aus meiner Tasche einen breiten, langen Wampumgürtel, der mit weißen Perlen bestickt war, und legte ihn über sein Knie.

»Ich will euch dies als Buße zu dem, was ihr schon empfangen habt, überlassen. Und wenn ihr mehr haben wollt, so sagt es. Ich bin hier, weil mein Großer Bruder Tanganoan mit euch im Monat des Hirsches auf den Kriegspfad gezogen ist und wir seitdem nichts wieder von ihm gehört haben. Und so lange, bis er wiederkommt, bin ich nun der Versorger meiner Familie. Um zu erfahren, was mit ihm geschehen ist, wende ich mich jetzt an euch.«

Niemand antwortete, aber das Lachen und Scherzen verstummte. Und dann drängelte sich eine alte Frau zu mir durch und stellte eine Schale mit wunderbarer Bohnensuppe vor mich hin. Wenn auch mein Mund vor Angst ganz trocken war, schaffte ich es doch, sie bis zum Boden auszulöffeln und anschließend höflich zu rülpsen, zum Zeichen, wie sehr ich mich gefreut hatte. Darauf stellte sie auch Duva eine Schale hin, die diese unbekümmert leerte. Als dann aber niemand auf meine Frage antwortete, da ahnte ich, was das Schweigen bedeutete.

»Du scheinst nicht zu wissen, daß deine Blutschuld schon seit einem Jahr bezahlt ist. Als der junge Lenape, von dem du gesprochen hast, mit uns auf den Blutpfad gezogen ist, da hat er zur Bedingung gemacht, daß er als Ablösung für das, was du getan hast, kommen könne. Wir nahmen sein Anerbieten an und haben deine Schuld getilgt. Du bist also mein Gastfreund und kannst um seinetwillen in Frieden unter meinem Dach schlafen. Deinen schönen Gürtel behalte ich als Freundschaftspfand und gebe dir dies dafür.« Damit zog Garjago aus seiner Tasche einen mindestens ebenso reich geschmückten Wampumgürtel, den er über meine Knie breitete, und dazu legte er noch eine prächtige Pistole mit doppeltem Lauf und eingelegter Silberarbeit, die er in Kanada erbeutet hatte.

Keiner erwähnte jedoch Tanganoan. Und ich fühlte, wie mir die Tränen in die Augen traten, nachdem ich nun wußte, daß er meine Schuld auf sich genommen hatte, um mir den Weg freizumachen im Irokesenland.

Garjago bat mich in sein Haus, wo genau wie bei uns ein langes Bett an der Längswand entlanglief. Aber dieses Haus war mindestens zehn Manneslängen lang, und das Bett wurde durch Zwischenwände aus Rinde in mehrere kleine unterteilt. In einem der größten Räume, die sich alle zur breiten Feuerstätte im Speisezimmer öffneten, bereitete mir die alte Frau mit einem schönen Fell ein Lager. Als ich mich niedergelegt hatte, setzte sich Garjago an mein Lager und begann so leise, daß nur ich es hören konnte, zu erzählen.

»Unser Kriegszug im Hirschmonat ist nicht glücklich verlaufen. Und unser Volk mag weder über das Unglück sprechen noch die Toten berufen, indem es ihre Namen nennt. Denn das könnte sie von ihrer Bahn abbringen, so daß ihre Seelen in unserer Nähe umherirren, anstatt sich den richtigen Weg über den Himmel in das Gute Land jenseits der Heimat des Westwinds zu suchen. Unsere Krieger hatten die Täler der Katavber erreicht, wurden aber von einem Rudel Jäger aufgespürt. Wir trieben sie auseinander und erbeuteten fünf Skalpe. Dein Bruder hat sich wie ein tapferer Mann geschlagen. Doch wir hatten eine große Katavberschar auf unserer Fährte. Die kannten die Bergpfade weit besser und überholten uns. Nach einem heftigen Kampf schlugen wir uns zwar durch, doch zwölf von uns gelang das nicht. Auch nicht dem, dessen Namen du genannt hast. Über die Hälfte hat die Heimat nicht wiedergesehen, und wir anderen haben viel von unserem Ansehen verloren. Deshalb sollst du auch keine Frage mehr stellen.

Dein Bruder ist in das Land des Sonnenuntergangs gezogen.«

Als er nun schwieg, war mir klar, daß er mir das alles heimlich erzählt hatte, für den Fall, daß ich meinen Schmerz nicht verbergen konnte, aber auch, weil er den Leuten, die Angehörige verloren hatten, keinen Kummer bereiten wollte.

Und dann fühlte ich seine Hand tröstend auf meiner Schulter. »Du bist ein Mann, obwohl du noch nicht erwachsen bist. Ich weiß, welche schwere Verantwortung du trägst, wo dein Großer Bruder nun nicht mehr da ist. Aber grüße die Sippe und laß nicht Ruhe, ehe nicht unsere Krieger wieder gegen die Plattköpfe ausziehen und Rache nehmen. Dein Bruder war ein tüchtiger Mann. Gratuliere deiner Sippe, daß sie Männer wie ihn besitzt, und sage ihnen, daß sie mit uns gen Süden ziehen sollen. Damit wir Gerechtigkeit fordern für das, was deine und meine Sippe erlitten haben.«

Ich konnte ihm darauf nichts antworten und war froh, daß das Fell über meinem Kopf lag, so daß keiner mich weinen sah. Und Garjago ließ mich allein.

18. Kapitel

So, wie er leibte und lebte, stand er mir vor Augen. Sein Körper glänzte, und er streckte seine Arme nach mir aus und sagte etwas, was ich aber nicht verstand; denn eine tiefe Finsternis hatte ihn umhüllt und mit sich fortgefegt. Ich versuchte, ihn zu rufen, doch da war der Große Bruder bereits verschwunden, und ich kämpfte gegen etwas, was mich festhalten wollte. Ich keuchte und wand mich und wachte endlich auf.

Es war noch mitten in der Nacht, im Herd gloste die Glut, und ich hörte die anderen schlafen. In der Glut stand in einem Topf die dampfende Bohnensuppe, die Mutter dort hatte stehen lassen, für den Fall, daß einer von uns aufwachen und Appetit auf ein Nachtmahl haben könnte.

Ich krabbelte aus meinem Bett, weil mein Herz so unruhig schlug. Ich wollte es mit ein paar Löffeln Bohnensuppe beruhigen. Das Traumbild sah ich noch so deutlich vor mir, daß ich fast nicht glauben konnte, es sei nur ein gewöhnlicher Traum gewesen. Tanganoan war bei mir gewesen, er, der mir jetzt nie mehr aus dem Sinn gehen wollte. Er war getötet, sein Körper vielleicht verspeist. Und seine Seele war in der Hütte eines Katavbers gefesselt, deren Besitzer sie bis in alle Ewigkeit dienstbar sein mußte – wenn sie nicht jemand auslöste und seinem Geist die Freiheit gab.

Wenn aber unser Volk einen Krieg begänne, dann würden die Plattköpfe wieder Rache nehmen. Und unsere Frauen und Kinder könnten nicht mehr sicher leben. Und wir würden in den Fluch des roten Pfades gezogen, eines Pfades, der immer offen ist. Wo die Toten so lange neue Tote fordern, bis ein Volk das andere ausgerottet hat.

Heute wollten die Erwachsenen der Sippe zusammenkommen, um darüber zu entscheiden.

Das Schlimmste für mich war, daß Tanganoan wegen mir hatte sterben müssen. Die Schuld, die ich für Simudaikain trug, hatte er auf sich genommen.

Der Löffel blieb mir in der Suppenschüssel stecken, ich saß wie gelähmt, und mein Herz stand still. Ganz nah und deutlich hörte ich den Nachtvogel. Der Geistervogel jammerte draußen vor der Mauer. Meine Bohnensuppe und alles stehenlassend, rannte ich, so nackt wie ich war, hinaus. Nebel schwebten durchs Dorf, die gewölbten Dächer hingen in einem Wollhimmel. Grünweiß stand im Osten der anbrechende Tag zwischen den kahlen Baumkronen, während der Nachtvogel nun fern im Süden jammerte. Ich begriff, daß ich nicht geträumt hatte.

Taganoan war tot, doch seine Seele rief um Hilfe. Solange sein Skalp gefesselt war, fand sie nicht den Weg zu den ewigen Jagdgründen des Himmels. Am Firmament erkannte ich die weißen Kieselsteine des Himmelswagens, die schwach herunterfunkelten. Und die Milchstraße, wie meine weißen Verwandten das Sternenband nannten.

Als ich es dann wieder jammern hörte, meinte ich einen dünnen, weißen Wirbel zu sehen, der hinter dem Fluß verschwand. »Tanganoan!« rief ich. »Komm zurück! Hier bist du zu Hause. Wir zünden in der Nacht ein Leitfeuer für dich an und stellen dir alles hin, was du brauchst. Komm zurück!«

Doch das Jammern verklang in der Ferne. Und er zeigte sich nicht mehr.

»Tanganoan, was sollen wir für dich tun? Ich kann doch nicht ganz allein auf den Kriegspfad ziehen, um deinen Tod zu rächen!«

Ich bekam keine Antwort. Sah aber Tanganoan vor mir, wie er mir in der Nacht erschienen war. Er hatte nach unserem Haus geschaut, wo ich unbekümmert wie ein Kind gelebt hatte, bis mir eines Tages alles über meine fremde Herkunft von ihm enthüllt worden war.

Und als er dann zum Sterben fortzog, hatte er schon meine Schuld mitgenommen.

Durfte ich ihn jetzt im Stich lassen?

Zitternd blieb ich in der Morgenkühle stehen. Weil ich aber nichts hörte, ging ich wieder hinein und legte mich hin. Schlafen konnte ich jedoch nicht.

Heute sollten sich die Vornehmsten unserer Sippe treffen und über Tanganoan sprechen. Mutter und Simudaikain hatten eine Menge Mais und Bohnen zu Mehl gemahlen, und Dikop und ich hatten tief aus dem Wald ein Reh und ein paar Truthähne heimgebracht. Mutter hatte das ganze Haus saubergemacht, alle Felle und Matten ausgeschüttelt und vom Besten, was wir besaßen, ein Essen gekocht.

Die Morgendämmerung begann durch alle Luken und Öffnungen zu schimmern. Mutter stand auf, blies Leben in die Glut und stellte den Kochtopf hinein.

Ich ging langsam zum Haus der Bärensippe, wo Kitomacken bereits unter seinem Vordach saß. Um ihn herum lagen viele Pfeile, die er von der Stahlspitze bis zu den Steuerfedern auf Herz und Nieren überprüfte, ehe er sie behutsam in seinen großen Köcher steckte, der gut und gern sechzig Pfeile faßte.

Er schielte zur mir herauf und nickte, unterbrach aber weder seine Arbeit, noch bot er mir wie sonst Tabak an. Er schien mich am liebsten gar nicht sehen zu wollen. Und dabei war er doch mein Pate und hatte mich immer gern mit seiner Klugheit und seinem Wissen beraten.

Jetzt begutachtete er seine achtfach gedrehten Bogensaiten aus Hirschsehnen, spannte sie, prüfte ihren Klang und bestrich sie mit Talg, bevor er sie in seine Gürteltasche steckte. Sein fast mannshoher Walnußholzbogen von der Dicke eines Handgelenks lag neben ihm. Er schoß seine Pfeile ebenso weit wie meine Büchse das Blei und viermal schneller nacheinander.

»Onkel! Er ist in der Nacht bei mir gewesen und wollte mit mir sprechen. Und er hat ausgesehen, als sei er in schrecklicher Not. Und dann habe ich draußen vor unserer Tür im Süden den Nachtvogel jammern hören. Womit kann ich ihm helfen, Onkel?«

Er blickte an mir vorbei zum großen Platz hinüber, wo sich die Menschen zu Dutzenden zum Festmahl in unserem Haus vor der Beratung versammelten.

»Du wirst schon hören, was die alten und klugen Männer zu sagen haben. Frage sonst die Große Fichte, die ein gelehrter *meda* ist und unsere heiligen Gesänge und unsere Geschichte kennt. Vielleicht weiß sie ja, wie man den befreien kann, um den du dich sorgst. Aber du mußt sie mit vielen Geschenken stark dafür machen.«

»Ich vertraue aber mehr auf das, was du sagst, Onkel. Du weißt, was ein Krieg bedeutet, und hast länger über das Ganze nachgedacht als alle anderen verständigen Männer.«

Darauf legte er seine Arbeit beiseite und sah mich an. Und mir fiel auf, wie runzlig sein Gesicht geworden war.

Und er blickte so müde, als hätte er mehrere Nächte nicht schlafen können.

»Du nennst mich Onkel, und das ist höflich, weil wir nicht zur gleichen Sippe gehören. Ich bin aber ein alter, dummer Mann, der sich selber keinen Rat weiß und erst recht keinen für die Sorgen anderer. Glaubst du denn, ich, der ich der Kriegshäuptling der Lenape gewesen bin, hätte lange über dies alles nachgrübeln müssen, wo mir mein Stolz doch schon sagt, daß wir Gerechtigkeit fordern müssen? Aber mein Verstand sagt mir auch, daß das für mein Volk der Todesstoß sein könnte.

Nein, kleiner Weißer Biber, ich will lieber meiner Wege ziehen und euch nicht zu etwas überreden, was den Schatten des Todes über uns alle breiten könnte. Ich gedenke, zum Ohio aufzubrechen, wo ich den ganzen Winter jagen will, bis sich die Unruhe in meinem Herzen gelegt hat. Mein Geist wird von dieser Grübelei krank. Das verstehst du noch nicht, Amisko, aber vielleicht, wenn du eines Tages erwachsen bist . . .«

»Ich habe auch keine Ruhe mehr«, murmelte ich, »seit ich meines Bruders Geist nach mir habe rufen hören. Und wo soll ich Rat finden, Onkel, wenn du ihn mir nicht erteilst?«

Als er mir seine Hand leicht auf die Schulter legte, berührte er dabei das vielschnürige Wampumband, an dem mein heiliger Beutel hing, als wollte er mir zeigen, wo ich Rat suchen sollte. Da stand ich auf und verließ ihn.

Aber ich war noch nicht weit gekommen, als ein schmaler Arm meine Schulter packte. Ohne aufzublikken, wußte ich, daß Simudaikain in der Nähe von Kitomackens Haus auf mich gewartet hatte.

»Wie sieht es aus, Weißer Biber? Was hat mein Onkel vor? Mit mir wollte er nicht über seine Pläne und Gedanken sprechen. Seit ich erwachsen bin, haben wir uns nämlich nichts mehr zu sagen.«

»Er will zur Jagd in das Land des Blauen Schilfs ziehen, um nicht mehr grübeln zu müssen«, erklärte ich. »Ihn quälen die Gedanken an Tanganoan.«

»Glaubst du denn, daß nur er sich um ihn Sorgen macht?« fragte sie, nach Atem ringend. »Vielleicht fürchtet er noch mehr, daß ihm beim Jagen eine kleine Giftschlange über den Weg kriechen könnte. Fragen kann ich ja nicht, nur vermuten. Nichts als Unglück, überall nur Unglück, wo ich bin!«

Stöhnend, als wäre sie todkrank, sank sie in sich zusammen und schlug die Hände vors Gesicht.

»Wo soll ich mich denn verstecken? Schließlich bin ich doch an allem schuld. Dein Großer Bruder hatte sich vorgestellt, ich würde seine Braut werden, wenn er mit dem Skalp eines Feindes vom Todespfad zurückkehrte. Dabei habe ich ihm immer wieder gesagt, daß ich Simudaikain bin und weder bei ihm noch bei einem anderen jungen Mann mein Leben als Hausfrau verbringen will.

Aber er hat sich trotzdem auf den Weg gemacht . . . Wenn ich nur dürfte, würde ich sofort aufbrechen und seinen Geist befreien. Aber kein Mädchen darf auf den Kriegspfad ziehen, auch nicht, wenn es Simudaikain heißt und besser jagen und Spuren finden kann als alle anderen. Nein, nicht einmal dann. In der Nacht habe ich den Todesvogel jammern hören, und gehört, wie du ihn gerufen hast und er nicht gekommen ist. Mit Gebeten ist da nichts zu machen.«

Nachdem sie lange schweigend gesessen hatte, fuhr die flüsternd fort, als hätte sie sogar vor der Luft Angst:

»Die Toten sind böse. Sie fordern immer mehr Blut. Wollen keinen Frieden zwischen den Menschen.«

Und dann begann meine Kleine Tante Simudaikain, die furchtlose und stolze, plötzlich zu weinen und rannte davon. Ich selber strich mir ratlos übers Gesicht, weil es mir so vorkam, als hätte sich nach ihren Worten in meinem Kopf etwas verändert. Und zwar so gründlich, daß man es schon von außen sehen mußte, fürchtete ich. Etwa so, wie an dem Tag, an dem ich erfuhr, daß ich als *voapsit* geboren war.

Ich ging nach Hause, um bei dem Mahl zu helfen. Inzwischen waren bereits über zwanzig Gäste aus allen Dörfern der Lenape eingetroffen.

Viele junge Männer trugen Waffen, die sie herausfordernd schwenkten. Dazu machten sie hohe Sprünge, um zu zeigen, mit welcher Begeisterung sie den Verlust, den unsere Sippe erlitten hatte, rächen wollten.

Plötzlich verstummten alle. In einem großen, von mehreren Männern geruderten Einbaum kam Tamenund an unserem Landungssteg vorgefahren. Er trug die Häuptlingskrone mit den Hörnern auf seinem Kopf, und über seinem Arm lag der weißbesternte Ratsgürtel.

19. Kapitel

Unsere große Hütte war voller Gäste. Die Männer saßen auf Fellen und Matten um unseren langen Herd herum, während sich die Frauen auf den Betten niedergelassen hatten. Die Kinder krochen umher oder kletterten auf den Leitern aus eingekerbten Baumstämmen nach oben zu den Brettern unter dem Dach.

Wir servierten aufgeschnittenen Rehbraten auf langen Holzplatten und boten Maiskuchen in flachen Körben und Schalen mit Maissuppe an, die mit Ahornzukker gesüßt war. Als alle vor Sattheit stöhnten, reichten wir Otterfellbeutel voll Tabak herum, was offenbar sehr erfreute. Dann saß man gedankenverloren da.

Schließlich räusperte sich Tamenund und legte den weißen Gürtel über seinem Arm zurecht. Er trauerte mit uns über unseren Verlust. Doch wir sollten auf dem weißen Pfad bleiben. Denn niemand weiß, wo das Töten endet, wenn es einmal angefangen hat. Die Älteren kannten den Krieg, hatten erfahren, was es heißt, nie seines Lebens sicher zu sein. Darum wollten wir unsere Klage lieber den besten ›Schwarzhüten‹ in Philadelphia am Salzmeer vortragen. Die sollten dann Gerechtigkeit üben und den Katavbern hohe Bußen auferlegen, was unseren Schmerz besänftigen würde.

Als wir unsere Köpfe senkten, fing Mutter an zu weinen und sich hin und her zu wiegen, doch ihre Freundinnen und Verwandten trösteten sie.

»Haben die ›Schwarzhüte‹ denn schon jemals für einen, der auf dem Kriegspfad gestorben ist, Schadenersatz herbeigeschafft?« schrie auf einmal Simudaikains gellende Stimme. Hoch aufgerichtet und wie eine Bogensehne gespannt, stand sie in der Tür.

»Können die Gaben der Quäker seinen Geist befreien? Wir hören ihn nachts vor unseren Mauern um Hilfe rufen, aber niemand geht hinaus. Wenn ich kein Mädchen wäre, würde ich selber auf den Pfad des Todes ziehen; denn er ist meinetwegen gestorben . . . Mein eigenes Leben würde ich geben, wenn ich damit seinen Geist befreien könnte.«

Die Hände vors Gesicht schlagend, rannte sie dann hinaus. Und nun erhoben sich die lauten Stimmen der Jungen, und heftige Worte ertönten, doch niemand meldete sich zu Wort, ehe nicht Kitomacken aufgestanden war. Müde und hohläugig sah er aus, hielt sich jedoch aufrecht und wirkte irgendwie erleichtert, als wäre ihm eine schwere Last von der Seele genommen.

»Wenn ich jetzt zu euch spreche, so spreche ich nicht als Kriegshäuptling. Denn unser Volk braucht keinen Kriegshäuptling. Aber Amisko, der sich in die Heimat der Löwen und in das Dorf der Irokesen gewagt hat, soll euch einen Gruß ausrichten, der mit unserer Sache zu tun hat.«

Dann winkte er mir, daß ich reden sollte. Und ich versuchte, daran zu denken, daß ich ja nun kein Kind mehr war und somit das Recht hatte, vor der Sippenversammlung zu sprechen. Um mich dafür stark zu machen, berührte ich schnell meinen heiligen Beutel. Und dann berichtete ich von meiner Reise zu den Irokesen und von der Botschaft, die Garjago mir mitgegeben hatte.

Als ich fertig war und mich setzte, erhob Kitomacken sich wieder. Aufatmend, als wäre ihm eine schwere

Bürde abgenommen, fuhr er fort: »Ihr habt jetzt das Wort der Irokesen aus Amiskos Mund gehört. Wir brauchen also gar nicht unser Recht zu fordern. Die Irokesen haben versprochen, auch für uns Rache zu nehmen. Doch selbst wenn wir daheim bleiben, wird unseretwegen Blut auf den roten Pfad fließen. Und die Katavber werden erfahren, daß alles um unseretwillen geschehen ist, und werden sich lieber an uns als an den Irokesen rächen. Denn der Weg hierher ist kürzer, und hier erwarten sie keinen Widerstand. Was immer wir auch tun, der Weg zu uns wird sich rot färben. Darum ist es besser, wir verschaffen uns selber Respekt und beweisen, daß die Plattköpfe hier mit dem Widerstand tüchtiger Krieger rechnen müssen.«

Damit wandte er sich mit erhobenen Armen zu Tamenund. Das sollte zeigen, daß er bei seinen Worten nichts Böses im Sinn gehabt hatte, und gleichzeitig die aufgeregt schreienden jungen Leute zur Ruhe bringen.

»Ich will die Irokesen nicht für uns Krieg führen lassen. Ich will ihnen lieber beweisen, daß wir uns noch selber verteidigen können. Und warum soll ich zu Hause sitzen und alt werden, solange ich noch als Häuptling meine Pflicht zu erfüllen habe? Allzu lange habe ich Pauguks Nähe, der meine Kräfte stählt, entbehrt. Wenn ich jetzt zu den Katavbern aufbreche, verlange ich nur euer Gelöbnis, daß niemand Rache sucht, falls ich auf dem Kriegspfad bleibe. Und wenn jemand mit mir kommen will, muß er das gleiche geloben. Ich gehe ohne jedes Aufheben. Hier soll kein roter Pfahl errichtet werden, und es sollen auch keine Trommeln geschlagen werden. Ich will gehen, als ob ich zum Jagen auszöge.«

Und sich umwendend, ging er, ohne daß jemand etwas sagte. Nur Tamenund erhob sich und legte seinen

Gürtel mit den Ratsversammlungszeichen ab, um zu zeigen, daß die Beratung zu Ende war.

Ich saß und wartete. Kein einziger hatte versucht, ihn von seinen Plänen abzubringen. Aber auch nicht einer von denen, die nach Rache geschrien und mit den Heldentaten geprahlt hatten, die sie vollbringen wollten, hatte sich nun, wo es wirklich ernst wurde, erhoben und zugestimmt.

Ich stand auf und schlich mich zum Fluß hinunter. Wo sich seine Wasser aufgestaut hatten, setzte ich mich hin und betrachtete mein Gesicht. Ich hatte große Angst und fühlte mich ganz klein, als ich meinen Körper und mein Gesicht mit schwarzer Farbe anstrich. Und meine Augen ummalte ich goldfarben, damit sie so schräg wie bei einem Berglöwen standen und ich die scheußlichste Maske hatte, die man sich nur wünschen konnte.

Ich überlegte, ob ich davonlaufen und mich verstekken sollte, doch dann wanderte ich mit meiner Büchse in der Hand zum Versammlungsplatz. Dort war alles still, kein Kriegspfahl errichtet, und niemand hatte die große Trommel hervorgeholt, die aus einem Hornring bestand, über den eine mit blutigen Flecken bemalte Wolfshaut gespannt war. Sie wurde ›Kriegsruf‹ genannt.

Ich ging zur Mitte des Platzes, und die Mädchen fuhren kreischend auseinander, sobald sie mich sahen, während die Jünglinge und Jungen verwundert hinter mir herriefen. Ich bemühte mich, Luft in die Lungen zu kriegen, doch als ich den Streitruf ausstoßen wollte, den wir als Kinder oft beim Spielen nachgeahmt hatten, brachte ich nur einen heiseren Schrei heraus.

Dafür begann ich zu tanzen, wie ich es schon als Kind gelernt hatte, wobei ich nach jedem dritten Rutschschritt hart aufstampfte. Und als die Leute zusammenliefen, sang ich meinem Manitou ein Lied, um mir Mut zu machen.

»Ich bin nur ein Junge, doch ich erhebe
das Todesfeuer in meiner Hand.
Allmächtiger!
Hilf mir, meines Bruders Geist zu befreien.
Allmächtiger!
Mein Bruder ruft mich in der Nacht, ich muß gehen.
Allmächtiger!
Ein starker Schutzgeist wird mir helfen.
Allmächtiger!«

Und während ich mit dem Lauf der Sonne um den Platz tanzte und meine Büchse schwenkte, war mir, als seien überhaupt keine Menschen um mich herum, sondern nur fremde Geister, die mich stören wollten.

Als ich dann zum zweitenmal um den Platz tanzte, hörte ich Kitomackens starke Stimme seinen eigenen Gesang aufnehmen, der die Irokesen schon einmal in die Flucht getrieben hatte. Und er hob die alte Streitkeule mit der Steinspitze und dem gräßlichen schwarzen Gesicht in die Höhe und schwang sie so leicht wie eine Rute. Dann sprang plötzlich ein Jüngling aus unserer Sippe vor. Es war mein Vetter Haggo, der Hirsch. Und dann kam der alte Krieger Pajakok, worauf Kitomacken seinen Tanz unterbrach.

»Vier ist eine heilige Zahl. Doch acht ergibt eine zu große Schar, wenn man sehr vorsichtig sein muß. Geht nach Haus und macht euch fertig. Seht zu, daß ihr eine ganze Tracht *rokahominy* und mindestens sechs Paar *sipaka* mitbringt. Daß eure Beile und Messer gut geschärft sind und ihr eine Feile zum Schleifen bei euch habt. Daß euer Köcher mit dreimal zwanzig mit Eisenspitzen versehenen Pfeilen gefüllt ist und dazu wenigstens ein halbes Dutzend Bogensehnen enthält, außerdem Sehnenfäden und Nadeln und ein schönes Bisonfell als Bett. Und dann vergeßt eure Fangriemen nicht. Einen Kessel zum Kochen bringe ich mit. Bis morgen abend ruhen wir uns aus. Dann treffen wir uns ohne Angehörige in der Dämmerung beim Bootshaus.«

Zum Zeichen des Abschieds hob er seine Arme, worauf wir alle nach Hause gingen. Als ich eintrat, saß Mutter am Herd und hatte ihre Säcke mit kleingehacktem Trockenfleisch, Maismehl und Ahornzucker vor sich. Daraus mischte sie *rokahominy*, einen Trockenbrei, das Beste, womit man sich auf einer langen Reise ernähren kann. Das würde sicher einen halben Mondumlauf reichen und noch länger, wenn wir unterwegs jagen oder fischen konnten.

Ich überlegte mir, was ich sagen sollte.

»Wir haben so viel Fleisch, daß es fast den ganzen Winter reichen müßte. Und bestimmt sind wir schon vor Winteranfang zurück.«

»Das hat Tanganoan auch gesagt, bevor er auszog«, flüsterte sie und fing an zu weinen. »Aber du hast je einen guten Führer.«

Todmüde setzte ich mich hin, nachdem ich alles zusammengesucht hatte, was nach Aussage unseres erfahrenen Führers mitgebracht werden mußte. Dikop betrachtete und prüfte meine Bogensehnen, während Klein Sijimi alle Reserve*sipaka* mit Bärentalg einschmierte, damit sie wasserdicht wurden. Ich selber kümmerte mich darum, daß mein großes Ochsenhorn mit Pulver gefüllt und mein Kugelbeutel gepackt war.

Und in die Schießlade im Kolben tat ich extrascharfe Feuersteine. Dabei zitterten meine Hände so, daß ich das Pulver beinahe daneben geschüttet hätte. Und ich mußte mich eine Zeitlang am Bett festhalten, bis ich spürte, daß sie wieder fest und sicher wurden. Nun war ich kein Kind mehr.

Ich war erwachsen und sollte morgen abend auf den Kriegspfad ziehen, damit der Geist meines Bruders Ruhe fand.

Auf Kriegspfad

1. Kapitel

Die Sonne ging über dem hellen, breiten Fluß unter, und mein Dorf mit den großen, gewölbten Hütten und rindenbedeckten, braunen Dächern lag wie ausgestorben da. Die Bewohner hatten die Luken über den Rauchlöchern schon geschlossen und sich zur Ruhe gelegt. Nur noch ein paar junge Männer sahen schweigend zu, wie wir einen leichten Einbaum auf morsche Stellen überprüften. Wir kontrollierten, ob Paddel, Leinen und die Schöpfgefäße aus Rinde, ja ob überhaupt alles gut im Stande war. Und dann beluden wir das Kanu mit unserem Gepäck und setzten es nach der wortlosen Anweisung unseres Führers, eines hochgewachsenen, narbigen Mannes, behutsam ins Wasser.

Nachdem er einen Augenblick gelauscht hatte, machte er eine Handbewegung, und wir glitten mit unserem Boot durch das hohe Schilf langsam flußaufwärts.

Inzwischen wimmelte es am Flußufer von neugierigen Kindern. Plötzlich aber wurden sie abgelenkt. Sie hatten ein anderes Boot entdeckt.

»Ein Boot mit weißen Männern! *Voapsits!* Bleichgesichter!«

Die Vorhänge von den Hütten wurden nun zurückgerissen, und braunhäutige Frauen und Männer drängten heraus. Die Frauen trugen kniekurze Fellröcke, die Männer nur einen um die Hüfte geschlungenen *kuivan,* der ihnen wie eine bestickte Schürze vorn und hinten über den

Gürtel hing. Bald hatten sich über hundert Leute zwischen dem langgestreckten Bootshaus und den runden, braunen Badehütten, die am Ufer halb eingegraben waren, eingefunden. Hier und da blitzte eine Büchse oder ein Bogen auf, doch sie gehörten zur Ausrüstung der Jäger und galten nicht Angriff oder Verteidigung.

Als letzten sahen wir den alten Friedenshäuptling Tamenund aus seiner farbenprächtigen Hütte treten. Er hatte sich seinen Festmantel aus Biberfell über die Schulter geworfen. Über seinem Arm hing der weiße Gürtel aus Tausenden von hellen Wampumperlen, den ein großer Stern, Zeichen des Friedens und des Ratsfeuers, zierte.

Lange bevor das fremde Boot in Sicht kam, hörte man schon die schweren Ruder klatschen. Die Indianer lächelten geringschätzig über die mit solchem Lärm daherkommenden Weißen. Dann tauchte das Boot hinter der Flußbiegung auf, so daß es alle sehen konnten. Es war ein Bleichgesichterboot aus zusammengefügten Brettern, in dem die rudernden Männer mit dem Rücken zur Fahrtrichtung sitzen.

Von unserem Kanu aus, das jetzt versteckt im Schilf lag, sahen wir, wie der fremde Steuermann seine Hand hob und die Kupferhäute am Ufer freundlich zurückwinkten. Ein paar wateten hinaus, um das Boot an Land zu ziehen, damit die Männer leichter aussteigen konnten. Der älteste unter ihnen, ein gebückter, grauhaariger Mann, grüßte Tamenund mit erhobener Hand. Er redete in der Sprache seiner schwedischen Ahnen und ließ hin und wieder ein paar Brocken der Lenape-Sprache einfließen. Am besten konnten ihn noch die Alten verstehen.

»Ich weiß nicht, ob ihr mich noch kennt. Ihr seid schon so lange aus unserer Gegend weg. Ich heiße Henrik Bure, und dies sind mein Bruder und sein Knecht. Wir sind gekommen, um mit einem Verwandten, einem Jungen, zu sprechen, den ihr als Säugling bei euch aufgenommen habt, nachdem seine Eltern an den Pocken gestorben waren. Vor drei Jahren hat er, Lars Tomasson Bure, dann bei uns Schutz gesucht, weil er einen Irokesenhäuptling, der sich unverschämt gegen euch benommen hatte, verwundet haben soll. Daß wir gut für den Jungen gesorgt haben, kann ich beteuern. Ja, wir haben ihm sogar nicht einmal etwas in den Weg gelegt, als er im letzten Jahr heimkehren wollte, weil es ihm bei euch doch am besten gefällt. Aber der Pfarrer und die Nachbarn haben uns beschimpft, daß wir ihn nicht zurückgehalten haben. Als ob man so einfach mit ansehen kann, wie ein Mensch, mit dem man nahe verwandt ist, immer trauriger wird und fort möchte!«

Nachdem er sich seine Hände umständlich am Hosenboden abgewischt hatte, nahm er einen Beutel aus dem Boot und legte ihn vor Tamenunds Füße.

»Und darum sind wir, Jonas Bure und ich, jetzt gekommen. Wir möchten den Jungen gern einmal wiedersehen und hören, wie es ihm geht. Ich nehme doch an, daß er bei euch die gleiche Freiheit wie bei uns genießt und zu uns zurückkehren kann, wenn er will.«

Die Indianer, die sich nun wegen der Nachtkühle in ihre Bären- und Bibermäntel gehüllt hatten, senkten die Köpfe und schwiegen. Offenbar wußten sie nicht recht, was sie antworten sollten. Henrik Bure hatte inzwischen den Beutel geöffnet und zeigte, daß er so wertvolle Dinge wie Eisennägel und Bleikugeln enthielt.

»Dies überreichen wir euch als Freundschaftsgeschenk. Der Junge hat uns erzählt, wie gut er es bei euch hat. Und unser und euer Volk sind ja alte Freunde. Schon zur Zeit meines Vaters, als Königin Kristina noch in unserem alten Heimatland regierte, haben wir Schweden ja schon hier am Delaware-Fluß gelebt. Ihr habt in bester Absicht gehandelt, als ihr den Jungen bei euch aufnahmt. Und das haben wir auch getan, als wir ihn in unser Haus kommen ließen und zu erziehen versuchten. Aber er hat sich nach euch gesehnt, und da haben wir ihn gehen lassen. Jetzt ist, wie schon gesagt, über ein Jahr vergangen, ohne daß wir etwas von ihm gehört haben. Seine Tante und seine Kusine haben Angst, es könnte ihm was passiert sein. Denn er hat fest versprochen, daß er wiederkommen und uns erzählen würde, wie es ihm geht. Wir haben immerzu gehofft . . .«

Er schluckte und blickte zu Boden, Onkel Jonas nickte zustimmend. Tamenund streckte seine Hand aus und lud sie ein, an seiner Seite auf dem Bärenfell Platz zu nehmen. Nachdem er feierlich seine langstielige, verzierte Friedenspfeife angezündet hatte, hob er sie zu den Wolken, ehe er den heiligen Rauch in alle Himmelsrichtungen blies. Huldigung und Opfer für den allmächtigen Manitou, der die ganze Welt erfüllt. Dann reichte er sie erst dem älteren Bure, der umständlich versuchte, es ihm nachzumachen, um damit dem Nachbarvolk seine Achtung zu erweisen. Aber ehe er sie nahm, bekreuzigte er sich heimlich, danach gab er sie an Onkel Jonas weiter.

Tamenund holte eine lange Wampumperlenkette hervor und legte sie ihm als Gegengabe aufs Knie. Dann stellte eine Frau, die die Besucher traurig ansah, eine große Schüssel mit dampfender Bohnensuppe und dicken Fleischstückchen vor sie hin. Die Schweden bemühten sich, ruhig und langsam davon zu essen. Denn sie wußten, daß jede Eile unhöflich gewesen wäre.

Währenddessen blickte Tamenund grübelnd über ihre Köpfe hinweg auf den Fluß. Seine Blicke versuchten, in das dunkle Schilf einzudringen, als erhoffte er sich dort in der Finsternis Antwort auf eine schwierige Frage.

»Das ist Shuntaka, die Ziehmutter eures Verwandten«, erklärte er dann, auf die Frau weisend, die ihnen die Suppe angeboten hatte. »Sie hat schwere Sorgen gehabt, möchte sich aber bei euch dafür bedanken, daß Amisko, was in unserer Sprache Bure oder Biber bedeutet, zu ihr zurückkommen durfte. Sie hat ihren Mann schon vor mehreren Wintern bei der Jagd hinter den Bergen im Westen verloren. Und ihr ältester Sohn Tanganoan ist vor zwei Wintern gegen unsere alten Todfeinde, die Katavber, auf den Kriegspfad gezogen. Er hat die Irokesen auf ihrem Kriegszug begleitet. Damit wollte er seinen kleinen Bruder Weißer Biber von ihrer Rache freikaufen. Aber bis jetzt ist Tanganoan nicht vom roten Pfad zurückgekehrt.«

»Er hat sich geopfert, damit mein weißer Junge sicher leben kann«, bestätigte die Frau traurig. »Sie sind beide gute Söhne gewesen. Ein ganzes Jahr lang war Amisko meine Stütze. Er ist ein guter Jäger und hat schon einen Wapitihirsch und einen Schwarzbären erlegt. Und er hat allein in der Wildnis gebetet und gefastet und sich die Gnade des Allmächtigen erworben. Seine Sippe, die Biber bei den aufgestauten Teichen, schenkten ihm einen starken Schutzgeist. Er trägt auch schon den heiligen Beutel der erwachsenen Männer auf seiner Brust, obwohl er noch keine fünfzehn Winter gesehen hat.«

Während die beiden Schweden die Frau fest anschauten, streckte Henrik Bure zögernd seine Hand aus, als hätte er gern ihre Hand ergriffen. Dann hustete er verlegen. »Ja, bei der Waldarbeit ist er immer ein tüchtiger Junge gewesen«, murmelte er. »Es freut uns, daß er sich auch hier einen guten Namen macht. Aber wozu sich auch sorgen. Oder . . . oder ist dem Jungen etwas passiert?«

Darauf wandte sich die Frau ab, um sich mit ihrem fransenbesetzten Schultertuch aus Rehhaut die Tränen zu trocknen. Mit zitternder Hand zeigte sie dann auf den Fluß, wo wir vier von unserem Kanu aus alles sehen und hören konnten, was im Schein des Feuers am Ufer vor sich ging.

»Mein Sohn Weißer Biber konnte es nicht länger ertragen, daß die Seele seines Bruders Tanganoan bei den Katavbern gefangen ist. Nachts hörte er die tote Seele jammern und klagen. Da hat er sich selber die Kriegsfarben aufs Gesicht gemalt und ist auf den blutigen Pfad gezogen. Er will den Tod seines Bruders rächen und seine Seele befreien. Wir wissen nicht, ob wir ihn jemals wiedersehen werden.«

Tasche

2. Kapitel

Ganz still war es um das Lagerfeuer geworden, das auf dem Versammlungsplatz der Indianer brannte. Die Lenape rührten sich nicht, und die weißen Männer saßen wie gelähmt. Der älteste, ihr Wortführer, wischte sich die Augen, schneuzte sich und ließ schweigend den Kopf hängen. Und nachdem Jonas Bure lange in den tränenverhangenen Blick der Lenapenfrau geschaut hatte, nahm er ihre Hand und drückte sie.

»Heißt das, soll das heißen, daß wir den Jungen nie wiedersehen werden? Ist er denn in seinen sicheren Tod gelaufen?«

Die Frau senkte den Kopf.

»Wir hatten kein Recht, ihn zurückzuhalten. Er denkt die Gedanken eines erwachsenen Mannes. Und sein Schutzgeist hat ihm befohlen, auf den Kriegspfad zu ziehen und die Seele seines Bruders zu befreien.«

Verständnislos starrte der Schwede sie an.

»Das begreife ich einfach nicht. Er ist doch noch ein Junge! Und zieht in den Krieg!«

»Vielleicht ist es töricht, vielleicht sogar eine Gefahr für unser ganzes Volk«, räumte Tamenund müde ein, während er von seinem Ehrenplatz über den Fluß spähte, als erwarte er von dort ein geheimes Zeichen.

»Wenn auf dem roten Pfad Blut fließt, kann daraus ein Krieg entstehen, der unser eigenes wie auch das Volk der Katavber, das Volk der niederträchtigen Plattköpfe aus dem Süden, vernichten kann. Aber viele von uns sind insgeheim stolz darauf, daß es jemanden gibt, der unsere Heimat verteidigen will. Denn anders wird es keinen Frieden geben. Die Irokesen ziehen aus, um ihre Niederlage zu sühnen – doch die Katavber rächen sich lieber an uns als an denen, die überall gefürchtet sind.«

»Ich hoffe, Amisko wird den Plattköpfen beibringen, uns zu fürchten und künftig in Frieden leben zu lassen«, erklärte die Frau erhobenen Hauptes.

Doch Tamenund schüttelte zweifelnd den Kopf. Dann stand er auf und zeigte auf den dunklen Fluß.

»Ich werde rufen, daß sie umkehren sollen! Und sie auffordern, das Ganze noch einmal zu überdenken und bei uns zu bleiben. Soll doch das Gericht der Bleichgesichter unseren Streit mit den Katavbern schlichten . . . Schau her, Amisko! Deine Svanaker-Verwandten sind gekommen und wollen dich sehen!«

Inzwischen war dunkle Nacht. Wie eine schwarze Wand stand der Wald hinter den Feldern und Obstgärten der Indianerhütten, und auf dem Fluß konnte man nur ein schimmerndes Gekräusel erkennen, als unser sonst unsichtbares Kanu leise stromaufwärts glitt.

»Ist er denn die ganze Zeit da draußen gewesen? Und nicht einmal hergekommen!« rief Jonas Bure und lief ans Ufer. Er schaute angestrengt über die Wasserfläche, kehrte dann aber kopfschüttelnd zurück.

»Das kann doch wohl nicht möglich sein!«

»Doch. Denn kehrt er um, ohne seinen Fuß auf den Kriegspfad zu setzen, dann erzürnt er den roten Geist des Krieges und bringt Unglück mit nach Haus. Er hat euch bestimmt gehört und gesehen, wollte aber nicht zurückkommen. Aber eines Tages wird er euch sicher besuchen und alles erzählen, was er erlebt hat.«

Als der Schwede jetzt wieder seinen Kopf schüttelte, hätte man den Eindruck haben können, das Ganze ginge über seinen Verstand. Doch dann wandte er sich an Shuntaka und fragte: »Aber wie konnte er euch denn im Stich lassen? Wo er doch als euer Versorger zu euch zurückgekehrt ist und Wild und Fische für euch beschaffen wollte? Um des Toten willen kann er doch nicht euch Lebende einfach vergessen! Eigentlich habe ich geglaubt, mein Neffe hätte mehr Verantwortung gelernt!«

Doch Shuntaka erwiderte auf die Vorwürfe des Schweden: »Weißer Biber gehört jetzt zu den Erwachsenen. Und damit ist er seinem Volk ebenso verpflichtet wie seinem toten Bruder. Bevor er uns verlassen hat, hat er auch noch so viel Wild für uns gejagt, daß wir gut bis zum nächsten Sommer durchkommen. Dann ist der Krieg bestimmt zu Ende, und alle sind wieder zu Hause, falls . . .«

Um das unglückbringende Wort nicht auszusprechen, schlug sie sich schnell mit der Hand auf den Mund, doch alle errieten, was sie eigentlich hatte sagen wollen.

Tamenund, der noch immer hochaufgerichtet Ausschau hielt, schien weit hinten auf dem Wasser etwas gesichtet zu haben. Darauf wandten sich die Schweden in die gleiche Richtung, suchten aber vergebens nach uns.

»Ist Lars wirklich da draußen? War ganz in unserer Nähe und ist dann einfach davongefahren?«

»Bei uns wird keiner daran gehindert, seinem eigenen Willen zu folgen«, erklärte Tamenund. »Aber wenn uns der Geist des allmächtigen Manitou einen schweren und gefährlichen Weg weist, dann wissen wir, daß wir seiner Aufforderung gehorchen müssen, ohne uns umzuschauen. Amisko ist davongerudert, weil er die Seele eines roten Mannes besitzt, wenn auch seine Haut so bleich ist wie eure. Wenn er zu euch zurück möchte, werden wir ihn nicht daran hindern. Wie ihn jetzt auch niemand davon abgehalten hat, auf den Kriegspfad zu ziehen. Denn er will den Geist seines Bruders befreien, der zu ewiger Sklaverei verurteilt ist, weil sein Skalp weit hinter dem Lorbeerberg und dem Todesschattenwald in der Hütte eines Katavbers hängt. Einen ganzen Mondumlauf nach Süden geht der Todespfad, und die meisten kehren nicht von ihm zurück.«

Seine mächtige Stimme erreichte uns noch, als wir unser leichtes Boot schon eine Weile nach Süden, in die Richtung des Todes, gesteuert hatten. Ich, Weißer Biber, fühlte, wie mir die Tränen kamen, gleichzeitig spürte ich aber auch eine Wärme, die der kleine, bestickte Brustbeutel ausstrahlte, den Shuntakas Hände mit soviel Sorgfalt geschmückt hatten. Er enthielt die Gaben, die Bruder Biber, mein Schutzgeist, mir geschenkt hatte. Und jetzt mahnte er mich, nicht länger zu verweilen.

Ohne mich umzublicken, spürte ich die Nähe meiner drei Kameraden, die genauso wie ich entschlossen waren, unser Volk zu verteidigen.

Weil sie mein Gesicht nicht erkennen konnten, sahen sie nicht, daß ich weinte, ich, Amisko, der Biber, der einmal Lars Tomasson Bure geheißen und schwedische Eltern gehabt hatte. Sie bemerkten die Tränen nicht, die auf meine mit den heiligen Kriegsfarben bemalte Brust herniederrannen. Aber trotz meiner Traurigkeit führte ich das Paddel ebensogut wie meine Kameraden.

Doch wieviel lieber hätte ich zu Hause am Feuer gesessen und Shuntakas prächtige Bohnensuppe gegessen, mich mit Onkel Jonas und Onkel Henrik unterhalten und erfahren, wie es meiner Kusine Katrin und Mutter Gertrud ging.

Statt dessen drangen wir mit jedem Ruderschlag tiefer in die Dunkelheit ein. Und die Nacht um uns herum wurde immer kälter und finsterer. Wir hörten nur das leichte Rauschen des Kielwassers und weit entfernt, wie aus einer anderen Welt, die Geräusche aus dem Dorf, wo die Menschen miteinander sprachen, sangen und vor Freude über den Besuch die Trommeln schlugen. Vor uns auf dem Fluß lagen nur schwarze Finsternis und ein unheimlicher Schleier, der gespenstisch über dem Wasser tanzte.

Lauerte hier schon *pauguk*, der grüne Todesgeist? Folgte er uns, um seinen vernichtenden Atem auf uns zu blasen? Sollten wir auf unserem tollkühnen Zug gegen einen so mächtigen Feind wie das Volk der Katavber umkommen?

Ich überlegte mir, was wohl die anderen drei fühlten und dachten. Dicht hinter mir hörte ich Haggo, den Hirsch, manchmal vor Beklommenheit und Müdigkeit leise keuchen. Er war in seinem jugendlichen Übermut mitgekommen, um sich einen Skalp zu erwerben, der ihm Glück und Erfolg schenken sollte.

Und wie einen Fels sah ich Kitomackens breiten Rücken vor mir. Er, der Starke Bär, war unser Führer. Früher war er der *iila*, der Kriegshäuptling unseres Dorfes, gewesen, hatte sein Amt aber dann niedergelegt. Denn unser Volk hatte auf den Rat unserer weißhäutigen Quäkerfreunde eingeschworen, immer auf dem Pfad des Friedens zu bleiben.

Trotzdem hatte Kitomachen jetzt gelobt, unseren Zug anzuführen. Vielleicht weil wir in den Augen der Weißen immer noch die Schuld für viele Überfälle und Diebstähle trugen, die von den Katavbern am Delaware-Fluß begangen wurden.

Ganz hinten saß Pajakok, der Bergdonner. Auch er ein alter, erfahrener Krieger, der in seiner Jugend gegen die Irokesen und auch gegen die Katavber auf den Kriegspfad gezogen war. Seit er im letzten Jahr Witwer geworden war, mochte er nicht mehr zu Hause sein. Er sehnte sich nach den Abenteuern seiner Jünglingsjahre.

Hinter uns verschwand der Widerschein des Feuers aus meinem Heimatdorf, wo sich meine kupferhäutige Ziehmutter und mein weißhäutiger Onkel wünschten, ich sollte umkehren und zu ihnen zurückkommen. Doch trotz aller

Sehnsucht bewegte ich meinen Körper die ganze Zeit im schnellen Takt der Paddel. Und unser Boot strebte lautlos, leicht und in Windeseile wie ein Wasserläufer seinem unendlich fernen Ziel entgegen.

Um mich abzulenken, überprüfte ich im Geiste meine Ausrüstung. Da war das Bündel mit Bärenblasen voll *rokahominy*, getrocknetem und kleingeschnittenem Wildfleisch, gemischt mit Ahornzucker und Maismehl. Das würde mich mindestens einen halben Mondumlauf ernähren. Dann die Büchse, die ich einmal von Onkel Henrik bekommen hatte, mein Pulverhorn und ein Beutel, der mit neu gegossenen Kugeln gefüllt war. Doch die wollte ich nur benutzen, falls wir überfallen würden.

Jagen wollte ich mit meinem großen Nußbaumbogen und dem Köcher, in dem vierzig scharfe Pfeile mit Eisenspitzen steckten. In meiner Tasche hatte ich Feuerstein und Zunder, auch einen Beutel, in dem man zwischen zwei Muschelschalen die Glut von einem Lagerplatz zum anderen tragen konnte. Dazu kleine, aus Knochen gefertigte Dosen mit schwarzer, goldener und roter Farbe für die heilige Bemalung von Gesicht und Körper. Und Fett und Galle vom Bären gegen kleine Wunden und Insektenstiche. Außerdem heilende und heilige Kräuter und Wurzeln gegen andere Krankheiten und Verletzungen.

Ja, ich war so gut ausgerüstet, wie man es nur sein konnte. Aber ich war unglücklich und sehnte mich wie ein Kind zurück. Ich hätte gern die weißhäutigen Verwandten wiedergesehen. Erinnerungen kamen auf. Erinnerungen an die süßen Brezeln, die Tante Gertrud in Fett backte, an Käse und Butter auf ihrem dunklen Roggenbrot.

Unsere Ruder trieben das leichte Kanu mit jedem Schlag eine halbe Manneslänge durch das Wasser voran. Kitomacken saß wie ein Stein. Kein Tropfen Schweiß. Ich und Haggo hingegen keuchten und schwitzten um die Wette. Wir mußten noch die Wälder erreichen, um bis zum

Morgengrauen ein Versteck zu haben. Vor allem durften keine Fremden ahnen, daß hier eine Schar auf dem alten Pfad unterwegs war, der sich vom Irokesenland durch die dunklen Waldtäler des Todes zieht, dann durch die windigen Schluchten des Schneegebirges führt und in den Tälern der Katavber endet.

Plötzlich wandte Kitomacken keuchend seinen Kopf zur Seite: Er hatte unter einem Walnußbaum am Ufer eine Gestalt entdeckt. Sollte es meine Simudaikain, was Die im Wald bedeutet, sein? Sie hatte sich oft meiner angenommen. Ihr Schutzgeist hatte ihr das Leben einer gewöhnlichen Frau verboten, sie sollte es ganz allein jagend im Wald verbringen, bis sie eines Tages dem schrecklichen Todesgeist Nackter Bär begegnen würde.

Darum hatte sie nicht die Frau meines Bruders Tanganoan werden wollen. Und dieser hatte in der Hoffnung, sich einen Skalp zu erobern, das stärkste Zaubermittel, um Macht über eine Frau zu erlangen, sein Leben im Kampf gegen unsere furchtbaren Feinde im Süden verloren. Für meine gute Kleine Tante, deren Bogen sicherer traf und die den Spuren besser folgte als viele erfahrene Jäger.

Winkte sie uns dort ein letztes, leises Lebewohl zu?

Es beruhigte mich zu wissen, daß Simudaikain daheim war. Denn wenn alles Wild, was ich nach Hause gebracht hatte, verzehrt war, würde sie dafür sorgen, daß meine Familie bekam, was sie zum Leben brauchte. Und dann würde auch mein kleiner Bruder Dikop, der Kleine Lachs, allmählich so weit sein, daß er genügend Kleintiere beschaffen konnte.

Sie waren also versorgt.

Im Osten tauchte eine weiße Linie am Horizont auf. Kitomacken paddelte langsamer. Dann ließ er unser Boot in ein Schilffeld gleiten, vorsichtig an den Halmen vorbei, damit sie sich hinter uns wieder aufrichteten und unseren Schlupfwinkel verbargen. Wir wateten zu einer kleinen, im

Schilf gut versteckten Sandbank. Meine Arme hingen schlaff hinunter, mein Herz war traurig, und in meinem Magen lag ein schwerer Stein. Hundert schweigende, kalte und gefährliche Nächte lagen noch vor uns, ehe ich wieder in Mutter Shuntakas Hütte sitzen würde. Wenn wir überhaupt jemals dorthin zurückkehrten.

Aber ich versuchte, mir nichts anmerken zu lassen. Wir hüllten uns in dem kalten Boot in unsere Felle, rieben uns gegen die Mücken mit Bärenfett ein und schliefen fest bis zum Morgengrauen. Denn wir mußten Kräfte sparen und klug und umsichtig bleiben.

Wir waren zwar noch in unserem eigenen Land, doch auch hier konnten uns schon Späher sichten, wenn wir uns nicht vorsichtig genug verhielten.

Maske

3. Kapitel

An einem der folgenden Abende gönnten wir uns ein Lagerfeuer. Wir hatten eine abgelegene, tiefe Talsenke erreicht, wo dichte, hohe Tannen ihre Zweige herniederhängen ließen. Wir waren fern aller Pfade, die unser Volk gewöhnlich benutzte. Kitomacken hängte einen Messingkessel mit Wasser, ein paar Händen voll *rakohominy* und dem Fleisch von einigen Eichhörnchen über die Glut.

»Wenn wir morgen den Großen Kriegspfad erreicht haben«, erklärte er dann und zündete sich seine Pfeife mit einem glimmenden Zweig an, »werden wir nicht länger nach Westen, sondern nach Südwesten ziehen. Ab morgen müssen wir uns dann wirklich in acht nehmen. Wenn ihr für unseren Tagesbedarf sorgt, dürft ihr das nie gemeinsam tun. Und niemals Spuren hinterlassen. Dies ist jetzt eure letzte warme Mahlzeit auf unserem ganzen Zug. Meinen Kessel verstecke ich hier am besten, bis wir zurückkommen. Denn wenn wir zu Fuß gehen und kein Feuer machen, ist er nur eine unnötige Last. Außerdem werden wir viel langsamer als bisher vorwärtskommen, uns aber viel mehr vorsehen müssen. Bisher mußten wir uns nur schnell und unbemerkt an den Dörfern vorbeischleichen. Nun aber liegen Gefahren vor uns, die mit jedem Tag größer werden.«

Und dabei war dies erst der Anfang.

Wir hatten das Boot mehrere Tage auf unseren Schultern zum Susquehanna-Fluß getragen, waren dann Nacht für Nacht nach Süden gerudert; jetzt hatten wir das Kanu versteckt und mußten auf steilen Pfaden immer weiter in die Wildnis vordringen. Hinter dem nächsten kleinen Fluß sollten wir unseren Kriegspfad erreichen.

Wir redeten kaum miteinander, aus Angst, daß schon unser Flüstern Aufmerksamkeit erregen könnte.

War heute ein besonderer Abend? Feuerschein und Wärme, beruhigender Tabakrauch, eine schöne, kräftigende Suppe taten uns wohl nach so vielen kalten, rohen Fischmahlzeiten.

Wir wußten, daß jeder seine Sachen nehmen und still davonschleichen konnte, ohne daß die anderen ihn daran hindern würden. Niemand trieb uns vorwärts. Nur unser eigener Entschluß ließ uns dem gefährlichen Pfad immer weiter folgen.

Kitomacken rauchte ruhig und gelassen. Er schien alle Unruhe hinter sich zu haben und dem neuen Tag erwartungsvoll entgegenzusehen. Aber dafür war er ja auch unser *iila*, unser Kriegshäuptling, und kannte den Kampf aus zwanzig Kriegszügen . . .

Ein starker, nie ermüdender Mann, dessen Haare noch immer schwarz waren. Es sah aus, als träumte er beim Rauchen, doch dann blickte er plötzlich sorgenvoll zu uns herüber hob warnend seine Hand und sprach noch einmal mit uns.

»Jetzt ist der Zeitpunkt gekommen, wo wir uns überlegen müssen, ob wir weiter wollen oder nicht. Die Todesgefahren rücken jeden Tag näher. Ich habe zwar genug hinter mir und bin immer heil davongekommen, doch ich mag nicht töten, nur um mit einem frischen Skalp zu prahlen.

Wenn ich jetzt in den Krieg ziehe, dann nur, um gegen ein Volk zu kämpfen, das mein Volk geschlagen hat. Ich kann aber ebensogut allein gehen. Das habe ich früher auch getan.

Schaut euch meine Hände an! Ohne zu zittern, können sie jemandem das Messer ins Auge stoßen. Meine sicheren Hände, meine starken Sehnen und mein Schutzgeist haben mir in allen Gefahren geholfen. Aber könnt ihr jungen und unerfahrenen Männer eure Feinde auch so rasch kampfunfähig machen wie ich? Und könnt ihr sicherer schießen und euch besser verstecken als die, gegen die ihr auszieht? Das weiß niemand, bevor er nicht in *pauguks* böse Augen geblickt hat. Nur allzuoft habe ich mitansehen müssen, wie Jünglinge erstarrten und sich widerstandslos erschlagen ließen, wenn sie dem Tode unmittelbar gegenüberstanden. Das möchte ich nicht noch einmal erleben.«

»Ich weiß nicht, wie ich vor *pauguks* tötendem Blick und seinen vernichtenden Pfeilen bestehen werde«, flüsterte ich mit gesenktem Kopf. »Doch ich habe die Kriegsfarben auf mein Gesicht gemalt und meinen Schutzgeist vor dem ganzen Dorf um Hilfe angerufen. Ich kann nicht mehr zurück.«

Als ich dies gesagt hatte, bekam ich solche Bauchschmerzen, daß ich mich hinlegen mußte. Ich hörte Haggo schwer nach Atem ringen. Während er seine Pfeile untersuchte, jede Unebenheit in den Schäften prüfte und die Schärfe der Spitzen kontrollierte, flüsterte er: »Ich weiß nicht, ob ich zum Töten stark genug bin. Wenn ich euch ansehe und mir vorstelle, ich begegne Menschen wie euch und soll dann mit Eisenspitzen auf sie zielen . . . Das brauche ich nur zu denken, und schon erlahmen meine Sehnen, und das Herz bleibt mir stehen.«

Verständnisvoll nickend blickte Kitomacken ihn an.

Pajakok aber lächelte mit zusammengebissenen Zähnen. Er war robuster gebaut als der *iila*, schwerer, aber auch träger. Jetzt legte er seine großen Hände auf die Knie.

»Macht euch keine Sorgen. Denn nun, wo ich immer weiter von zu Hause und von allem, was mir lieb ist, entfernt bin, da wird mein Herz mir irgendwie leichter. Und ich habe einen starken Schutzgeist, der versprochen hat, mich sicher durch alle Gefahren zu führen. Wenn der zu mir hält, dann brauchen wir uns nicht zu sorgen. Achtmal bin ich schon auf den Kriegspfad gezogen, und nie hat er mich im Stich gelassen, sondern mir immer Beute geschenkt. Waffen, Pferde, Wampum-Perlen und Pelze. Nein, vertraut nur eurem Schutzgeist, und dann wird alles gutgehen.«

»Ich bin auf meinen Kriegszügen nie sicher gewesen«, wandte Kitomacken ein. »Aber vielleicht hat mir meine Unsicherheit schon manchmal das Leben gerettet und auch das meiner Krieger, die mit mir gezogen sind.« Darauf saß er eine ganze Weile mit nach innen gewandtem Blick, so als lausche er auf etwas in weiter Ferne oder fühle etwas in sich. Dann sagte er uns durch ein Zeichen, daß wir unsere Unterhaltung fortsetzen sollten. Er aber gähnte und rollte sich vor einem Busch zum Schlafen in den Mantel.

Beinahe wäre uns gar nicht aufgefallen, daß kurz darauf nur noch sein Mantel dalag, während er selber lautlos aus ihm herausgeglitten und zwischen den Felsblöcken verschwunden war.

Erschrocken schauten wir uns an. Wir versuchten zu rauchen, tauschten bedeutungslose Worte, doch die Furcht saß uns im Nacken. Haggo fummelte so angriffslustig an seinem Messer herum, daß gar nicht mehr daran zu zweifeln war, daß er bei einem Überfall auch töten würde. Und während Pajakok still vor sich hinrauchte, umklammerten seine Fäuste schutzsuchend den heiligen Beutel. In der Dunkelheit zuckte kaum wahrnehmbar sein Rücken, gerade so, als wollte er die Angst vor spitzem Eisen, das sich in den Rücken bohrt, abschütteln . . . Auch ich spürte dieses unheimliche Ausgeliefertsein. So unbekümmert, wie ich konnte, nahm ich nun meinen Mantel und schlang ihn mir gegen die Kälte um den Rücken. Aber auch, um mich vor einem Hieb aus der Finsternis zu schützen.

Keiner von uns mochte noch reden. Mir fiel plötzlich auf, daß ich laut von meinen Schutzgeistern, dem Bibervolk, zu sprechen begann, obwohl ich doch für eine Andachtsstunde mit meinem Manitou weder gereinigt noch richtig gekleidet war.

Als Kitomacken schließlich ebenso leise auftauchte, wie er verschwunden war, atmeten wir alle auf. Er setzte sich so selbstverständlich ans Feuer, als hätte er nur kurz geschlafen, und zündete sich die Pfeife an. Dann schüttelte er zu unseren fragenden Mienen bekümmert seinen Kopf und opferte eine Handvoll Tabak in der Glut, womit er um Beistand in den uns umgebenden Gefahren bat.

»Irgend etwas ist hier. Vielleicht haben wir einen Berggeist oder sonst was aufgeschreckt. Doch es ist nichts zu sehen und nichts zu hören, und da sind auch keine Spuren ... Aber ich kann es in meinem ganzen Körper spüren, wenn ich bespäht werde. Ich habe unseren Lagerplatz bis auf eine Entfernung umkreist, aus der uns nun wirklich niemand mehr sichten kann. Nichts! Doch war das Gefühl, daß uns jemand beobachtet, so stark in mir, daß ich einfach aufstehen und mich überzeugen mußte. Nur ein *gebier* oder ein fliegender Geist kann so dicht an uns herankommen, ohne daß ich seine Spur entdecke. Oder aber ich werde alt und fange an, mir Sachen einzubilden.«

Nachdem er die Glut zusammengescharrt hatte, damit wir am nächsten Morgen wieder Leben in sie blasen konnten, streckten wir uns zum Schlafen aus. Aber wir lagen noch lange wach und lauschten auf die Stimmen und Laute der Nacht. Ich bat meinen Schutzgeist, daß er mich vor allem Bösen bewahren möge.

Dann sprach ich zur Sicherheit noch ein schwedisches Gebet, das ich von Mutter Gertrud gelernt hatte. Ich betete zu ihrem allmächtigen Geist, den sie an ein Kreuz genagelt und in ein heiliges Haus gesperrt haben, während unser unermeßlicher Manitou alle Wälder, Himmel und Meere, ja, die ganze Welt erfüllt.

Trotzdem schlief ich ziemlich unruhig, was auch dadurch nicht besser wurde, daß Kitomacken ebenfalls wachlag und lauschte. Zuletzt schlich er sich noch einmal davon, kehrte aber wieder ergebnislos zurück.

Wiegenbrett

4. Kapitel

Wie weiße Gespenster tanzten die Nebel über dem aufgewühlten, schwarzen Wasser, in dem wir schwammen. Eiskalt war das Hineinstürzen gewesen, aber dann hatte sich schnell ein Pelz aus Gefühllosigkeit um unseren ganzen Körper gelegt. Wir meinten, schon eine Ewigkeit zu schwimmen und unser Floß vor uns herzustoßen, ohne daß wir irgendwo einen Strand oder Wald entdeckt hätten. Immer weiter kämpften wir uns durch die Strömung voran und hatten dabei die ganze Zeit das drohende Brausen der Stromschnellen in den Ohren, die immer näher kamen.

Endlich stieg eine große, dunkle Wand vor uns auf. Riesige Tannen ließen ihre mit dicken Flechten bewachsenen Zweige vor uns herabhängen. Totenstille. Als unsere Füße Grund fanden, wateten wir an Land. Im Schatten unter den Bäumen war es kühl und rauh, und ein eisiger Wind blies. Wir lösten schnell alle Riemen, die das Floß zusammenhielten, das wir mit unseren Kleidern, Waffen und unserem Gepäck beladen hatten. Dann warfen wir noch einen letzten Blick auf unser Floß, ehe wir ein Holzstück nach dem anderen davontreiben ließen, damit keiner, der den Fluß herunterkam, Verdacht schöpfen konnte.

Ich klapperte vor Kälte, nahm mich jedoch zusammen. Auch Pajakok und Haggo kauerten sich ganz klein vor dem düsteren Wald zusammen, der so viele Gefahren barg und durch den wir nun viele Tage wandern mußten. Nachdem wir uns warm gerieben hatten, zogen wir uns schnell an. Dann setzten wir uns hin und aßen direkt aus dem Beutel ein paar Handvoll Fleischmehl, das wir mit Wasser hinunterspülten. Das sättigte zwar, wärmte aber nicht und gab auch nicht Mut und Kraft wie eine warme Mahlzeit. Ich dachte an die fetten Hirsche, die hier in den Wäldern herumstreiften, an Mutter Shuntakas heiße Mais- oder Fischsuppe und spürte immer noch Hunger, obwohl ich genug gegessen hatte.

Als ich über die Schneide meines großen Jagdmessers strich, stellte ich mir vor, wie leicht sie das Fell des erlegten Wilds auftrennte. Mir fiel ein, wie man mit drei scharfen Schnitten einen Skalp ablöst, und mein eigener Scheitel bekam eine Gänsehaut. Das konnte mir ja auch passieren!

Haggo hatte etwas auf dem Wasser gleiten sehen, und er griff zu seinem Bogen. Doch Kitomacken hielt ihn zurück.

»Das ist nur ein grüner Zweig. Doch wir wollen sehen!«

Als er zu dem Zweig gewatet war und ihn genau geprüft hatte, brummte er beunruhigt und zeigte ihn uns. Er war mit einem Messer abgeschnitten!

Erschrocken duckten wir uns zusammen, doch Kitomacken warf den Zweig wieder in den Fluß zurück.

»Es muß jemand stromaufwärts sein. Aber der Zweig kann ihm nicht verraten, daß wir hier sind. Laßt uns den Fall untersuchen!«

Nachdem wir unsere Sachen zwischen den Tannen versteckt hatten, machten wir mit schußbereiten Bögen einen langen Marsch in den Wald, um zu sehen, ob jemand in unserer Nähe sei. Aber es war alles still. Nur Nebel hingen zwischen den Stämmen, schwebten und wirbelten wie Gespenster umher. Wir kehrten um.

»Irgend jemand hat den Fluß kürzlich überquert«,

murmelte Kitomacken. »Vielleicht eine Schar, die gegen die Irokesen auf dem Kriegspfad unterwegs ist – oder gegen unseren eigenen Stamm. Wenn wir ihre Fährte finden, sollten wir ihr klugerweise folgen. Denn so würden wir nicht nur echte Kriegerskalpe erobern, sondern unsere Lenape auch vor einem Überfall bewahren. Außerdem bliebe uns selber ein ganzer Mondumlauf voller Gefahren erspart.«

Während er unsicher seinen Kopf schüttelte, blickten wir verdrossen über den eiskalten, schäumenden Fluß.

»Das kann doch aber ebenso gut eine Schar Irokesen auf dem Heimweg von einem Kriegszug gewesen sein«, wandte ich ein.

Doch er hob nachdenklich einen Finger.

»Nein, wir haben uns beide geirrt. Ich habe nämlich nirgends am Ufer einen Baum gesehen, von dem dieser Zweig hätte abgeschnitten sein können. Er stammt also von der anderen Flußseite. Die Unbekannten sind auf der gleichen Fährte wie wir, doch es können nicht viele sein. Denn sonst hätten sie unseren Kriegspfad genommen, anstatt sich stromaufwärts durch die Stromschnellen zu kämpfen. Wir haben sie jetzt vor uns und können sie überraschen, da sie ja nichts von uns ahnen.«

Also nahmen wir unser Gepäck und kehrten dem wütenden Fluß den Rücken, um uns zu den schwarzen Tannenwäldern aufzumachen. Auch mitten am Tag herrschte dort unter den Bäumen grüne Dunkelheit, und alles war unheimlich. Wir litten ja nicht an der Kinderangst vor Dunkelheit, aber wir wußten, daß die Zaubermänner der Katavber ihre schlimmsten Beschwörungen hierher sandten, um Hindernisse und Gefahren vor ihren Feinden aufzurichten.

Die Bergschluchten wurden immer steiler und die Wälder heller. Keine Spur von denen, die wir in unserer Nähe vermuteten. Einmal gab Kitomacken einen halben Tag daran, damit wir an einem Bergpaß vorbeiklettern konnten, der wie ein prächtiger Hinterhalt aussah.

Abwechselnd wachten wir in der Nacht und zündeten auch kein Feuer mehr an.

Immer kahler wurden die Berge, nur noch Buschwerk und Moos und steile Felsen, zwischen denen wir hindurchkletterten. Auf einmal hallte ein schauerliches Gebrüll in den Bergwänden, und ehe wir uns besonnen hatten, war der enge Hohlweg von einem braunschwarzen Körper blockiert. Ein Bär streckte seine langen Krallen nach uns aus, riß das Maul auf, und weißer und blutiger Schaum rann über seine Lefzen. Unsere Bögen waren zwar schußbereit, doch der Abstand zu kurz. Obwohl keiner von uns vorbeischoß, fiel uns der Bär blind vor Schmerz an. Pajakok duckte sich, sprang unter den Pranken hindurch und versuchte, ihn mit seiner ganzen Kraft auf den Rücken zu werfen, während sein breites Jagdmesser bis zum Knauf in seine Rippen drang. Doch die Bärenmutter besaß eine solche Kraft, daß sie ihn wie ein kleines Kind unter sich schob. Aber da sauste ihr Kitomackens Keule auf den Schädel, und sie blieb leblos liegen.

Als wir uns keuchend und stumm nach der gefährlichen Überraschung gegenüberstanden, begriffen wir erst richtig, welche Gefahren in diesen verhexten Bergen auf uns lauerten. Kitomacken untersuchte inzwischen den Bärenkiefer von innen und wiegte beunruhigt seinen Kopf.

»Aus ihrem Maul ist Blut gekommen. Also muß sie schon jemand verwundet haben. Haltet Ausschau, hier ist irgendwo ein einzelner Jäger gewesen, auch wenn er jetzt verschwunden zu sein scheint.«

»Warum nur einer?«

»Wären es mehrere gewesen, dann hätten sie die Bärin wegen der Krallen, des Fells und des Fleisches verfolgt. Während die einen sie hinter sich hergelockt hätten, wären die anderen dann zum Schuß gekommen.«

Vorsichtig zog er unsere Pfeile aus dem Tier. Wir glichen die Steuerfedern aus, prüften, ob die Spitzen in Ordnung waren und der Schaft nicht abbrach.

»Seht mal!«

Er hatte einen abgebrochenen Pfeilschaft aus der Brust des Bären gezogen. Als wir die herzförmige Spitze sahen, meinte Haggo kopfschüttelnd: »Sieht wie eine von uns aus. Stammt vielleicht von Irokesen. Wir sollten hier lieber nicht bleiben. Denn wenn der Jäger auch allein ist, so kann er doch schnell andere herbeiholen. Ohne Gesellschaft jagt eigentlich niemand mitten im Todeswald.«

»Dann müssen wir verhindern, daß er die anderen benachrichtigt«, schlug Pajakok vor und spannte schon seinen Bogen.

So schnell wir konnten, eilten wir durch den Hohlweg. Nirgends ein Mensch. Wir sahen nur die Spuren des Bären. Aber an der engsten Stelle des Weges befahl uns der *iila* stehenzubleiben und zeigte auf den Boden.

»Paßt auf. Hier ist das erste mit Geifer vermischte Lungenblut der Bärin. Dort haben sie sich getroffen, und hier hat der Jäger an ihr vorbeigeschossen. Aber selbst ist er auch verwundet. Seht, dort drüben links sind die Blutspuren. Ohne sich einen Verband anzulegen, ist er dann davongestürzt. Er weiß also, daß wir hier sind.«

Wir liefen durch den gewundenen Hohlweg, auf dem unsere Fersen keine Abdrücke hinterließen. Nur hier und da war ein Blutstropfen zu sehen, aus dem ich schloß, daß der Verfolgte an seiner linken Seite von den Bärenkrallen verletzt sein mußte. Wäre er am Bein verwundet, hätten wir ihn schon längst aufgespürt.

Plötzlich ging es nicht mehr weiter.

Der Hohlweg endete vor einem senkrecht aufragenden Felsen. Mit offenem Mund starrten wir hinauf. Wenn man dort hinauf wollte, mußte man schon ein fliegendes Eichhörnchen sein. Trotzdem war die Blutspur verschwunden.

Nachdem wir den letzten Tropfen auf dem Boden gesehen hatten, mußte sich der Fremde wie ein Vogel senkrecht vom Erdboden erhoben haben.

»Wer immer es auch sein mag, er weiß von uns«, stellte Kitomacken fest. »Und das ist übel. Außerdem ist er vor uns und nicht vor der Bärin geflohen. Wir holen jetzt unser Gepäck und steigen durch einen anderen Hohlweg auf. Am besten nehmen wir einen, der über den Berg führt, damit wir keine Spuren hinterlassen. Denn anstatt daß wir Skalpe im Süden jagen, könnte sonst bald ein ganzer Trupp hinter unseren her sein.«

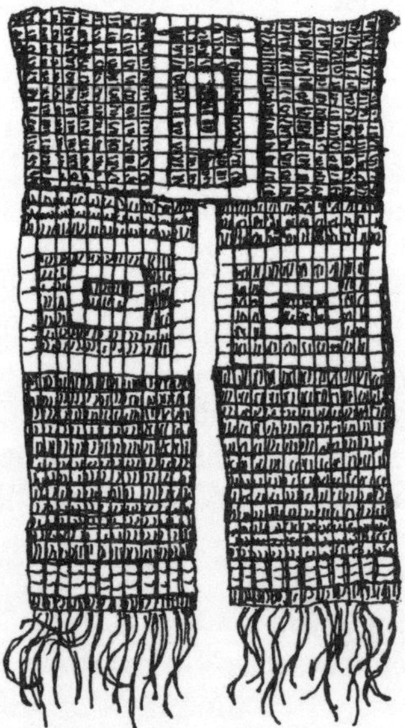

Wampum-Gürtel

5. Kapitel

Nachdem wir den düsteren Tannenwald und die kahlen Felsen hinter uns hatten, kamen wir in einen Buschwald. Hier wuchsen Steineichen, Lorbeerbüsche, Bergkiefern, Myrtensträucher und Steinbrech. Es waren Bäume dabei, die ich noch nie zuvor gesehen hatte.

Nun waren wir schon fast einen ganzen Mondumlauf unterwegs. Und die längste Zeit davon auf dem Großen Kriegspfad, der eigentlich weniger ein Pfad als ein Trampelstieg über die Berge war. Wir hätten ihn oft verloren, wenn uns nicht die Wegmarken von erfahrenen Kriegern, die ihn vor uns benutzt hatten, geführt hätten. Wir ruhten vor einem Lorbeerstrauch aus und schauten in einen kleinen Bach, der nach Süden floß. Weit vor uns lagen die blauen Täler. Dort lebten die Katavber. Die Berge rundherum waren ihre Jagdgründe. Überall konnten wir jetzt mit ihnen zusammenstoßen.

Seit wir die tote Bärin verlassen und nach einem mehrtägigen Umweg durch die Berge den blutigen Pfad nach Süden eingeschlagen hatten, war unser geheimnisvoller Verfolger nicht wieder aufgetaucht.

Trotzdem wagten wir immer noch nicht, ein Feuer anzuzünden, gönnten uns jedoch viel Ruhe. Kitomacken wollte seine Kräfte schonen, damit sie zur Jagd und einer plötzlichen Flucht reichten.

Ich legte meine Kleider ab und stieg in den kleinen Bach, um mich zu reinigen. Danach kämmte ich mein

Haar aus und schmückte es. Ich klemmte Wampumperlen in die Löcher in meinen Ohrläppchen und erneuerte meine Kriegsbemalung. Dann erst fühlte ich mich würdig, meinen heiligen Beutel zu öffnen und die Gegenstände, die mein Bibermanitou mir zu tragen befohlen hatte, auf meinem Mantel auszubreiten. Sie verkörperten den Schutz, den er mir versprochen hatte.

Da lagen der abgenagte Holzspan, der spitze Biberzahn und das gelbe Haarflöckchen des Berglöwen, der vor mir zurückgewichen war. Nachdem ich Manitou eine Handvoll Tabak geopfert hatte, bat ich um Schutz und Kraft für die heranrückenden Gefahren. Würde ich überhaupt jemanden totschlagen können? Einen Menschen, der unserem Volk vielleicht nie etwas Böses getan hatte? Mich jedenfalls nie bedroht hatte?

Ich stellte mir die Katavber als scheußliche, plattköpfige Wesen vor, dunkelhäutig, verunstaltet, grausam und bösartig, so wie ich sie vom Erzählen her kannte. Trotzdem hatte ich Angst vor einem Zusammenstoß.

Darum beugte ich mich über Manitous Geschenke und bat um Kraft. Einmal hatte alles so einfach ausgesehen. Ich wollte ausziehen und einen Feind töten, so wie man Wild erlegt, und dann mit einem Skalp am Gürtel heimkehren. Damit hätte ich meines Bruders Seele aus der Gefangenschaft befreit und brauchte nicht mehr mit Schuldgefühlen herumzulaufen.

Jetzt begriff ich langsam, was es heißt, einen Menschen zu töten. Wie Wild erlegen. Also ihn genauso grausam behandeln, wie es unsere Feinde mit vielen aus meiner Sippe in Minnesink getan hatten.

Daher bat ich Manitou, er möge mir die Kraft zur Erfüllung meiner Pflicht geben – oder sie mir erlassen.

Doch wenn ich niemanden erschlug, dann würde der Geist meines Bruders als jammernder Nachtvogel ewig um die Hütte meiner Mutter kreisen, wie ich es schon so oft gehört hatte. Ich mußte also bitten, meine Waffen einsetzen zu können. Ich breitete sie – Büchse, Bogen, Beil und Messer – um meinen Manitou aus und blies Tabakrauch über sie, damit sie an der Kraft meines Schutzgeistes teilhatten.

Als ich meinen Blick hob, sah ich in der Ferne die blauen Täler liegen. Dort sollten wir an einem Volk Rache nehmen, das dreizehn Dörfer und viele hundert Krieger zählte. Konnten wir noch glauben, daß wir wieder heil und gesund nach Hause kämen?

Doch das war schon einigen gelungen. Kitomacken, Pajakok und noch ein paar anderen.

Nun begriff ich, daß das, was wir für Kitomackens übertriebene Vorsicht gehalten hatten, im Grunde Klugheit gewesen war. Er hatte uns sehr umsichtig bis hierher geführt. Jetzt lag er auf dem Bauch und spähte durch die glänzenden Lorbeerblätter in das Land, das wir vier Männer überfallen wollten.

Dann gab er uns ein Zeichen, daß wir ihm in das feindliche Gebiet folgen sollten.

Die Bäume an unserem Weg wurden immer höher und hatten seltsam harte Blätter. Es waren meist Eichen, Walnußbäume, Kastanien und Tulpenbäume, aber auch viele andere Riesen, deren Namen wir nicht kannten. Manche, die kein Laub hatten, waren mit langen Moosarmen bewachsen, die wie graugrüne Nebel vor unseren Augen tanzten, uns die Sicht nahmen und alle Laute dämpften.

Kitomacken sprach nur noch selten. Er gewöhnte uns daran, alle Worte durch Zeichen zu ersetzen. Schon lange im voraus hatte er uns einen Plan vorgelegt, den wir auch für gut hielten. Danach sollten wir uns einem Dorf bis auf einen knappen Tagesmarsch nähern, uns dann auf die Lauer legen und warten, bis eine kleinere Gruppe zur Jagd auszog. Wir wollten ihnen dann solange folgen, bis sie ihr Lager aufschlugen, um sie dann in der Morgendämmerung zu überfallen. Denn mehr als ein Mann wachte um diese Zeit nicht, und es war auch schon hell genug für einen Angriff. Wenn wir Glück hatten, würde uns keiner entkommen. Und in den nächsten Tagen würde auch niemand sie vermissen, so daß wir einen sicheren Vorsprung hatten. Falls aber jemand doch entkommen und die anderen Dorfbewohner benachrichtigen sollte, wären wir ihnen immer noch einen Tagesmarsch voraus und könnten unsere Verfolger damit täuschen, daß wir unseren Heimweg durch das Land des Blauen Schilfs im Westen nahmen.

»Was mich betrifft, so bin ich an einem Skalp nicht interessiert«, murmelte Kitomacken. »Ich stelle euch nur meine Erfahrung als Führer zur Verfügung. Ich kämpfe nur, um mein Volk zu verteidigen.«

Sein wachsamer, leicht besorgter Blick gab auf alles acht. Die Bewegungen der Vögel, der Wind in den Baumkronen – er prüfte alles, erst dann ging es weiter.

Schließlich erreichten wir einen Weg. Einen Trampelpfad, auf dem wir unsere Fußstapfen mit vielen anderen vermengten. Als sich das Tal verengte, schlängelte sich unser Pfad zu einem Fels hinauf, von dem ein kleiner Bach hinunterfloß.

Hier führte uns der *iila*, vorsichtig von Stein zu Stein hüpfend, zu einem kleinen, von Bergkiefern umstandenen Versteck. Es lag nur ein paar Manneslängen oberhalb des Pfads. Wir verstanden sofort. Dies war ein guter Hinterhalt. Jeden, der hier vorbeikam, konnten wir schon lange im voraus sichten. Und wer hier hinaufkletterte, dessen Hände waren beschäftigt und sein Blick suchte nach einem Halt für seine Füße. Seine Waffen konnte er also nicht bereithalten. Aber der Gedanke, daß ich hier meine Blutstaufe empfangen sollte, ließ mich erzittern.

In unserem Schlupfwinkel saßen wir in guter Deckung und konnten trotzdem weit ins Land hineinschauen. Stromaufwärts öffnete es sich zu einem Wald, in dem hin und wieder ein Hirsch auftauchte, und ganz hinten zeichnete sich eine Lichtung ab. Dort mußte ein Dorf sein. Wir begriffen, daß unser Pfad von dorther kam und daß es der Weg der Katavber zu ihren Jagdgründen in den Bergtälern und auf ihren Kriegspfad in unsere abgelegenen Täler sein mußte.

Nachdem wir unsere Wassersäcke unten am Bach gefüllt hatten, wollten wir essen. Doch die Spannung, die wir Jüngeren in unserem Magen fühlten, hinderte uns daran. Kitomacken sah ich dagegen ruhig und ausgiebig speisen. Er riet uns, zur Beruhigung ein paar Tabakblätter zu kauen. Denn vielleicht mußten wir ja mehrere Tage in unserem Versteck ausharren.

Vielleicht . . .

Pajakok hielt Wache, wobei ihm im Sonnenschein der Schweiß den Rücken entlanglief.

Unten im Wald sahen wir die Vögel auffliegen und verschwinden und auch ein Eichhörnchen davonspringen.

Und dann näherten sich unsere Gegner.

Wir wählten unsere Plätze so, daß wir leicht entkommen konnten, legten unsere Pfeile auf den Knien zurecht und überzeugten uns, daß die Handwaffen griffbereit lagen.

Plötzlich hatte ich meine ganze Angst, jemanden totschlagen zu müssen, vergessen und zitterte nur noch vor Erregung. Durch die bemoosten Zweige konnten wir zwei junge Männer beobachten, die vermutlich nicht älter waren als ich. Sie bewegten sich mit der gleichen Sorglosigkeit in ihren heimischen Wäldern, wie wir es in unseren taten.

Kitomacken befahl uns schweratmend mit einem Zeichen, kein Glied zu rühren. Wir sahen immer deutlicher, wie unsere ersten Katavber, die scheußlichen Plattköpfe, auf uns zukamen.

6. Kapitel

Statt unserer *kuivans* trugen sie lange Grasgürtel zwischen den Beinen, und ihre Stirn neigte sich merkwürdig schief nach hinten. Ihre Bewegungen waren schnell und leicht. Nur ihre Füße schienen sie irgendwie härter aufzusetzen als wir. Aber sie hatten ja auch Schuhe an, die nicht aus leichtem Leder waren, sondern Sohlen aus zusammengewickelten Schnüren hatten. Wie steife Platten klebten sie unter ihren Füßen und wurden mit einem Band ums Gelenk gehalten. Die jungen Männer hatten keine Bögen, sondern nur ganz kleine Köcher. Sie hielten eigenartig glänzende Stäbe in ihren Händen, und an ihren Gürteln hingen große Messer.

Wir hörten sie leise und für uns unverständlich miteinander sprechen. Sie spähten nach Wild aus, blickten aber nicht in unsere Richtung, weil sie an den kahlen Bergwänden ringsum keine Jagdbeute erwarteten.

Kitomacken berührte mich und Haggo an der Schulter. Damit gab er uns ein Zeichen, daß wir zwei je einen Mann töten sollten, sobald sie unmittelbar unter uns angelangt waren. Er und Pajakok wollten hingegen erst schießen, falls sie zu fliehen versuchten.

Immer näher . . . Ich blickte in ihre Gesichter, die genauso jung und munter waren wie die von Tanganoan und Haggo. Keiner von den beiden trug den heiligen Beutel des erwachsenen Mannes. Doch an ihren Armen waren Kratznarben oder Tätowierungen. In meinem Magen lag ein schwerer Stein, als ich meinen Bogen schußbereit machte, und meine Sehnen wurden wasserweich.

Gleichzeitig fühlte ich, daß ich nie meinen Pfeil auf die blau tätowierte Brust der Jungen richten könnte, die ich jetzt genau erkennen konnte. So nah waren sie inzwischen herangekommen . . .

Haggos Bogen war gespannt, während ich ungeschickt herumfummeln und vorbeischießen wollte, damit Kitomacken oder Pajakok mir das Töten abnahmen. Und als ich mir das noch überlegte, da führte mein Arm die Feder schon ans Auge, und die Spitze richtete sich auf die Katavber . . .

Doch plötzlich packte Kitomackens fester Griff die Hände, die die Pfeile schießen wollten, und er drückte uns auf den Boden!

Wir begriffen nichts. Wie verhext wollte ich wieder hoch, um ein zweitesmal zu zielen, aber sein Zeigefinger fuhr mahnend an meinem Auge vorbei, und ich sank zu Boden.

Dicht unter uns, so nah, daß wir ihre lachenden Stimmen über das Wassergetöse hinweg hörten, marschierten die Jungen, keine fünf Manneslängen von uns entfernt. Als wir uns duckten, begann mein Magen vor Furcht zu zittern und wollte sich entleeren.

Während wir die jungen Männer verwirrt angestarrt hatten, war uns ganz entgangen, daß eine Kriegertruppe am Waldesrand aufgetaucht war. Mindestens ein halbes Dutzend. Große, kräftige, bewaffnete Männer mit schrecklicher Kriegsbemalung auf den Gesichtern und den nackten Körpern. Männer, die auf dem blutigen Kriegspfad nach Norden zogen.

Hätten wir geschossen, wären wir von dieser übermächtigen Schar entdeckt worden, bevor wir hätten entkommen können. Und hätten wir sie bei ihrem Vorbeimarsch überrumpelt, dann wäre ihr Kampfgeschrei von den Jünglingen bestimmt gehört worden. Sie hätten die ganze Gegend alarmiert, und wir wären bald verfolgt worden.

Hilflose Angst breitete sich wie *pauguks* schwarzer Todesschatten über uns aus, als wir uns langsam und vorsichtig niederlegten. Uns schien, als drehten die scheußlichen, plattköpfigen Wesen ihre Gesichter jetzt in unsere Richtung.

Immer näher kamen sie . . .

Als ich Pajakoks Magen auch knurren hörte, fragte ich mich, ob er wohl immer noch so fest auf seine guten Träume und seinen starken Manitou vertraute.

Dabei drückte ich meinen heiligen Beutel, bat um Hilfe und atmete tief in ihn hinein. Ich durchforschte mein Gedächtnis nach der stärkenden Melodie meines Anrufungslieds, damit mein Schutzgeist mich unterstützte, wenn der Tod zu mir kam. Doch die Angst verwirrte mich so, daß nur Shuntakas stille Hütte vor meinen Augen erschien.

Die Katavber waren inzwischen so nahe, daß sie meinen Angstschweiß hätten riechen müssen, obwohl wir uns gut mit dem Kraut eingerieben hatten, das jeglichen Menschengeruch von einem Krieger fortnimmt. Durch die Grasbüschel, hinter denen wir uns wie Schlangen zusammengerollt hatten, beobachteten wir sie.

Wenn einer nur ein paar Schritte abseits gegangen wäre oder mit seinem Bogen auf die Büsche geschlagen hätte, dann hätten sie uns entdeckt. Sie fühlten sich jedoch so sicher in ihrem eigenen Land, und unser Versteck war so unauffällig, daß uns keine Gefahr drohte.

Wir sahen ihre Rücken zwischen den Bäumen den Berg hinauf verschwinden. Jetzt hätte nur ein einziger seinen Kopf zu drehen brauchen . . . Erst als sie verschwunden waren, wagten wir wieder, Atem zu holen.

»Das macht unsere Aufgabe nicht leichter«, murmelte Kitomacken, »wenn wir diesen Haufen zwischen uns und unserem Dorf haben. Was meint ihr, sollen wir ihren Spuren folgen und ihren Lagerplatz beobachten? Die Jünglinge ziehen bestimmt in eine andere Richtung. Sie haben nur ihre Blasrohre zum Jagen bei sich. Aber nehmt euch trotzdem vor ihnen in acht! Wenn ihre Pfeile auch nicht groß sind, so können sie doch auch aus zwanzig Klafter Entfernung ganz schön verletzen. Denn sie sind nadelscharf und oftmals vergiftet.«

Aufatmend lehnte er sich dann zurück.

»Sind das nicht zu viele für uns vier?« wandte ich zweifelnd ein, schämte mich aber sofort, daß ich meine Angst ausgesprochen hatte. Doch Kitomacken nickte zustimmend.

»Ja, wir müssen viel Glück haben. Aber bei Tagesanbruch und bei guter Sicht können wir drei oder vier von ihnen töten, bevor sie aufgewacht sind. Ehe die anderen sich aus ihren Fellen gewickelt haben, sind auch sie schon von uns erledigt. Und das in ihrem eigenen Land. Außerdem ziehen sie ganz sorglos vor uns her und werden uns heute abend bestimmt mit einem hellen Feuer den Weg weisen. Dafür sollen sie auch einen anständigen Vorsprung haben. – Oder wollen wir lieber auf eine kleinere Gruppe warten? Aber es besteht immer die Gefahr, daß wir bei einer plötzlichen Flucht auf diese Gruppe stoßen. Und unsere Verfolger werden natürlich immer versuchen, uns in ihre Arme zu treiben. Erledigen wir sie aber, wird sie monatelang niemand vermissen. Wir brauchen sie ja nicht heute oder morgen nacht zu überfallen, sondern können eine gute Gelegenheit abwarten. Aber je weiter sie sich entfernen, desto wachsamer werden sie sein. Hier halten sie vielleicht noch nicht einmal Nachtwache.«

Pajakok holte tief Atem und nickte erleichtert.

»Mein Schutzgeist sagt mir, daß das Unternehmen gefährlich ist«, meinte er dann. »Er versichert aber, daß wir mit ihnen fertig werden. Und unser Volk können sie dann nicht überfallen und uns nicht mehr auf dem Heimweg bedrohen. Obendrein erbeutet jeder von uns mindestens zwei Skalpe, von der Ausrüstung einmal ganz abgesehen.«

Nach der Todesgefahr und der ganzen Aufregung fühlte ich mich vor Erleichterung wie neu geboren. Aber um das nicht zu zeigen, schlang ich schnell meinen Mantel um mich. Als ich dann meine Zustimmung geben wollte, brachte ich nur ein heiseres Murmeln heraus.

Haggo nickte nur, atmete dabei aber so schwer, als sei er eine lange Strecke gelaufen. Ich schloß daraus, daß uns wohl beiden die Furcht im Nacken gesessen hatte, als die Feinde vorbeigezogen waren.

Es kam uns viel leichter vor, diese angemalten, verunstalteten Wesen zu töten als die munteren Jungen, die nur ausgezogen waren, um ihren Eltern und Geschwistern Fleisch für die Suppe zu verschaffen. So wie wir es in unseren Heimatwäldern auch taten, vielleicht auch, ohne zu ahnen, daß wir von bösen, mordlüsternen Blicken verfolgt wurden.

Diese scheußlich bemalten Krieger konnte man vielleicht ebenso bedenkenlos wie einen Berglöwen mit dem Pfeil durchbohren ...

Kitomacken, der einen fast unhörbaren Ruf vernommen hatte, lauschte nun so angestrengt, daß sich sein ganzer Körper spannte.

»Das ist doch nur eine Spottdrossel«, flüsterte Haggo, »ein Vogel hier aus der Gegend.«

Doch mit einer fast drohenden Handbewegung brachte ihn Kitomacken zum Schweigen. Wir sahen, daß er völlig durcheinander war, so als habe er für etwas, das seine Sinne schon lange verwirrt hatte, eine unglaubliche Erklärung gefunden. Eine Erklärung, die ihn mit solcher Freude erfüllte, daß er hin und herschwankte, tief atmete und ...

Seine Züge nahmen wieder die auf alles gefaßte Wachsamkeit an. Und wieder flötete die Spottdrossel. Diesmal anscheinend vom Himmel oder hoch oben vom Berg herab. Eine so klare Drosselstimme, die niemand von der einer gewöhnlichen Drossel hätte unterscheiden können, wenn sich nicht ihr Schlußtriller zu einem gellenden Angstpfiff, zu einem Warnschrei gesteigert hätte!

Als ich zu dem Steilhang hinaufblickte, wurde alles dunkel. Ich sah einen Haufen von Männern und Waffen, der sich zu uns herunterstürzte. Ich sah in *pauguks* vernichtenden, haßerfüllten Todesblick!

Flöte aus Adlerknochen

7. Kapitel

Wie ein tosender Wirbel war es. Tausend Dinge passierten gleichzeitig. Von der Felswand stürzte ein Durcheinander von scheußlich bemalten Gestalten mit erhobenen Waffen. Darunter sah ich auch die beiden Jünglinge ihre Blasrohre schwenken. Aber mein rechter Arm rührte sich nicht, wollte nicht den Bogen spannen! Kitomacken brüllte seinen fürchterlichen Kriegsruf, wobei seine Stimme aber merkwürdig erstickt klang. Eine glänzende Pfeilspitze steckte unter seiner linken Schulter . . .

Ein Riese warf mich rücklings in das Schneidegras, dessen Schärfe ich jedoch nicht spürte. Seine Augen wurden immer größer, während er mich mit offenem Mund anstaunte. Der Anblick meiner hellen Haut hatte ihn so verwirrt, daß er mit einem jähen Schrei erst vornüber auf mich gefallen war und nun den Felshang hinunterstürzte. Pajakok konnte ich nicht sehen. Haggo schwang sein leichtes Beil wie eine wirbelnde Stahlspindel nach allen Seiten, verlor dabei aber den Halt und sauste rückwärts über die Felskante in den Bach hinein. Obwohl er am ganzen Körper blutete, war mir klar, daß ich es ihm nachmachen mußte, wenn ich meinen Skalp nicht verlieren wollte.

Kitomackens Keule schlug zwei der Angreifer zu Boden, während er sich den Pfeil aus dem Körper zu ziehen versuchte. Ein Katavber-Krieger stürzte sich auf ihn, fiel aber; von irgend woher hatte ihn ein Pfeil mit einer gelbbraunen Feder getroffen. Diese Feder hatte ich früher schon einmal gesehen . . .

Als ich in Windeseile durch das Schneidegras kroch, sah ich Pajakok still auf seinem Gesicht vor meinen Füßen liegen. Ich sprang in den Bach. Mit einem brennenden Schmerz schlug das Wasser über mir zusammen. Ich sank und sank, es wurde kühl, und alle Schmerzen verschwanden. Während ich der Strömung folgte, überlegte ich mir, daß ich bald bei der Stromschnelle sein müßte. Mit meinen Beinen und meinem linken Arm, der mir noch gehorchte, versuchte ich, an das gegenüberliegende Ufer zu steuern.

Ich keuchte und schnappte nach Luft. Oben auf dem Abhang sah ich die heimtückischen Katavber im Sonnenschein umherspringen. Sie schossen ihre Pfeile ins Wasser und rannten zum Bach herunter. Als ich wieder untergetaucht war, begegnete ich einer Gestalt, die mir wie in einem verzerrten Spiegelbild mit aufgelöst wehendem Haar, weit aufgerissenen Augen und Blasen vor der Nase entgegengeschwommen kam und sich in die Kleine Tante Simudaikain verwandelte. Sie zog etwas Großes und Schweres hinter sich her. Dann streckte sie ihren Arm aus und drehte mich um, worauf ich auch gehorsam in die andere Richtung schwamm. Ich hatte nämlich sofort begriffen, daß dies ein Vorzeichen aus dem Reich des Todes war. Ihre starke Seele war uns hierher gefolgt, um von unserem Untergang zu erfahren. Sie hatte uns im Halbschlaf in der Hütte ihres Geistes so deutlich vor Augen gehabt, daß ich sie in meinem Todestraum jetzt auch sah.

Dann prallte ich auf die Steine und hörte die Stromschnellen tosen. Ich versuchte, mich festzuklammern und an Land zu ziehen, wobei mich jemand stützte und schob. Endlich stand ich trotz des lahmen, schmerzenden Armes am Strand.

Ich starrte auf die Hand, die mich stützte. Kupferbraun mit schmalen, kräftigen Fingern und einer weißen Narbe auf dem Daumen! Es war Simudaikains Hand, die mich in meinen Kinderjahren sooft getragen hatte.

Hinter ihr lag etwas Zusammengesunken im Sand. Ich erkannte erst nicht, was es war. Doch das traurige Bündel mußte Kitomacken sein. Simudaikain kniete sich neben ihm nieder und griff nach dem Pfeil, der sich tief in seine Brust gebohrt hatte. Während sie den Schaft festhielt, nagte sie mit ihren scharfen Zähnen Splitter für Splitter von dem zähen, dünnen Holz direkt hinter dem Widerhaken ab.

Stöhnend wurde Kitomacken wach. Seine Fäuste krampften sich um ihren Arm. Ich half, ihn festzuhalten. Endlich hatte sie den Pfeil losbekommen und zog den langen Schaft aus seiner Brust. Die Spitze steckte sie sich vorn in den Gürtel. Dann sah sie mich mit einem fragenden Blick an.

Ich zeigte wortlos auf meine Schulter. Es war keine Verletzung zu sehen, aber in mir bohrte ein scharfer stechender Schmerz. Sie schüttelte jedoch nur ihren Kopf. Nachdem sie mich dann auf die Füße gestellt hatte, hörte ich zum erstenmal ihre vertraute Stimme: »Wir müssen uns beeilen! Die werden bald an beiden Ufern nach uns suchen. Wir müssen da hinauf und so schnell und weit wie möglich von dem Haufen fort. Kannst du laufen?«

Als ich nickte, spürte ich, wie mir die Tränen kamen. Über dem Lärm der Stromschnellen hörten wir jetzt das Gejohle, als die Feinde die Körper unserer Freunde entdeckten. Haggo und Pajakok! Haggo hätte einer der geschicktesten Holzschnitzer des Dorfes werden können. Und Pajakok war ein guter Ratgeber gewesen, der nur zu stark auf seine guten Träume und seinen mächtigen Schutzgeist vertraut hatte. Beide hatten ihn im Stich gelassen. Wir würden ohne ihn wie wehrloses Wild gejagt werden, bis uns ein ähnlich schwerer Tod ereilte.

Simudaikain bewegte sich so schnell und leicht wie ein

Hirsch, obwohl sie fast die ganze Zeit den schwerverwundeten Kitomacken schleppte. Blut kam aus seinem Mund, doch er war bei Bewußtsein und schluckte es hinunter, damit es nicht auf den Boden tropfte. Ich blutete nicht. Dafür waren aber meine Schulter und mein Arm lahm, und mir war vor Angst ganz übel. Die uns verfolgenden Gefahren gaben uns jedoch Kraft, und so blieb ich den beiden dicht auf den Fersen, als wir die enge Bergschlucht emporstiegen.

Schon hörten wir sie direkt unter uns vor Siegesfreude wie ein ganzer Krähenschwarm krächzen. Vielleicht hatten sie uns ja erspäht, dann würden sie schnell hier oben nach uns suchen! Simudaikain schaute sich verzweifelt um, ehe sie uns weiter zog. Etwas höher lag eine kleine Höhle, über die Wasser herabströmte. Mit ihrer ganzen Kraft drückte sie uns zwischen die Steine dort hinein.

»Liegt still«, befahl sie dann flüsternd, »ich werde mich jetzt zeigen, damit sie hier vorbeirennen. Von diesen kurzbeinigen Plattköpfen kriegt mich keiner zu fassen. Also rührt euch nicht, bis ich zurückkomme.«

»Nein!«

Kitomacken wollte sie zurückhalten, aber sie war schon an ihm vorbeigeglitten und mit ein paar Sprüngen außer Sicht. Stöhnend streckte er sich aus, um einen Felsblock zu packen, den er mit seiner früheren Stärke, die für einen Augenblick in ihn zurückgekehrt war, als Schutz vor unserem Versteck aufrichtete. Dann brach er röchelnd zusammen.

Wir hörten Simudaikains trotzigen Schrei vom Berg gellen und sahen große Steine den Abhang hinunterrollen, die andere Steine mit sich rissen. Von unten kamen Antwortrufe und das Sirren abgeschossener Pfeile. Wir hörten die Plattköpfe an uns vorbeisausen, um oben auf Simudaikain Jagd zu machen. Kurz darauf drang ein lauter Schmerzensschrei zu uns, der sich mit kläglichem Gejammer abwechselte. Kitomacken wollte auffahren, fiel aber kraftlos zurück, und es schien, als hätte der Tod seinen Blick ausgelöscht.

So blieben wir wie gelähmt liegen, während um uns herum die Katavber brüllten. Wären ihre Blicke nicht von der Gestalt, die ihnen oben vom Berg ihren gefährlich donnernden Steinschlag entgegenschleuderte, abgelenkt gewesen, dann hätten sie unser Versteck nie übersehen können.

Ich spannte meinen Arm an, um mich mit meinen Fingernägeln zu verteidigen. Denn nicht einmal ein Messer war uns nach unserer verzweifelten Flucht geblieben.

Die Stimmen brüllten um uns herum – unmittelbar vor uns . . . Aber dann entfernten sie sich schließlich!

Und wieder hörten wir den Klang der breiten Bögen, deren Pfeile Simudaikain verfolgten. Trotz ihrer Verwundung versuchte sie offenbar zu entkommen.

Von meiner Verletzung ermattet, lag ich hilflos da. Kitomacken keuchte ab und zu. Und ich konnte nichts weiter tun, als ihm Wasser aus meiner Hand zu geben und ihn an meine Brust zu drücken. Was draußen vor unserem Versteck passierte, konnten wir nicht erkennen. Die Zeit stand still. Und das grüne Licht, das zwischen dem hängenden Moos und den Zweigen in die Schlucht hineinschien, verdunkelte sich allmählich. Unsere Körper wurden in dem engen Raum immer steifer, doch ich konnte nichts tun. Kitomacken versuchte, flüsternd Manitou anzurufen, der ihm Kraft geben sollte, die Todespein zu ertragen. Dann verschwamm sein Bewußtsein. Er murmelte etwas von Simudaikain, die er im Wald getroffen hatte und die eben noch an seiner Seite gewesen wäre. Er ermahnte sie zu fliehen, als wäre sie unverletzt.

Draußen war jetzt schwarze Nacht.

Nichts war mehr zu hören oder zu sehen.

Als ich mich endlich aufzurichten wagte und über den

Bach spähte, war niemand in unserer Nähe. Dort, wo der Kampf getobt hatte, flammte jetzt ein großes Feuer. Doch es drang kein Laut von ihrem Siegesfest zu uns herüber. Aber ich weinte bei dem Gedanken, daß zwei bei den Katavbern gefangene Lenapeseelen, deren Skalpe nun dort in den Hütten hingen, das einzige sein sollte, was wir mit unserem Rachezug erreicht hatten. Die Übermacht der Katavber war um so größer geworden, und ich schämte mich noch mehr, weil ich meine Freunde in den Tod gelockt hatte.

Kitomacken kämpfte mit dem Tod. Und Simudaikain, die unserer Spur gefolgt war, um uns zu warnen und zu helfen, hatte ihr Leben ebenfalls weggeworfen.

Ich war übel verletzt und besaß weder Waffen noch Werkzeug. Und von meiner Heimat trennte mich ein ganzer Mondumlauf!

Das alles war aus meinem Rachedurst entstanden, aus meinem Wunsch, Tanganoans Seele aus der Gefangenschaft bei den Katavbern zu befreien.

Warum hatte ich nicht alles mit meinen bleichhäutigen Verwandten besprochen, warum war ich nicht mit ihnen an die Küste gegangen? Jetzt schämte ich mich wegen dieses Kriegszugs und bereute, ihn geschworen zu haben. Weshalb hatte ich nicht lieber den Mund gehalten und dem Rat unserer weisen Männer gehorcht? Wir hätten unsere Klage den »Schwarzhüten« in Philadelphia vortragen und sie entscheiden lassen sollen.

Kitomacken keuchte, als könnte jeder Atemzug der letzte für ihn sein. Während ich ihn stützte, warteten wir, ob die Nacht ihm das Ende bereiten oder noch Schrecklicheres folgen lassen würde.

8. Kapitel

Als endlich der Morgen zu uns hereinschimmerte, schlich ich mich vorsichtig hinaus und schaute mich um. Ich lahmte zwar noch, doch meine alten Kräfte waren wieder zurückgekehrt. Ich konnte durch die Moosgardine feststellen, daß es in der ganzen Gegend still war und nur ein paar Vögel vertrauensselig umherhüpften. Nicht einmal vom Kampfplatz drang ein Lebenszeichen herüber.

Kitomackens Blick war wieder klar, und nachdem er meinen Bericht gehört hatte, entschied er: »Das beste wird sein, wir bleiben noch ein bißchen hier, wenigstens bis zum Abend. Denn wenn es Simudaikain gelungen ist, sie von uns abzulenken, wird sie mit der Rückkehr solange warten, bis sie ganz sicher ist, daß sie ihre Spuren nicht zurückverfolgen können.«

Während ich ihn verblüfft anstarrte, fragte ich mich, ob seine Sinne noch vom Fieber verwirrt seien.

»Glaubst du denn, daß sie frei ist und lebt? Wir haben doch ihren Notruf gehört . . .«

Er zuckte mit den Schultern, und eine leichte Unruhe kam in seinen Blick, doch dann meinte er kopfschüttelnd: »Den habe ich zwar auch gehört, aber wenn ich es mir jetzt überlege, dann hat er nicht echt geklungen. Und hätte ich so wie sie die Verfolger auf mich lenken wollen, dann hätte ich auch getan, als wäre ich getroffen worden, um damit ihre Begierde auf meinen Skalp anzustacheln. Nein, Simudaikain ist viel zu geschickt. Die läßt sich nicht einfach ermorden, wo sie doch immer auf der Hut ist. Möge Manitou ihr Stärke und Gewandtheit geben!«

»Hast du denn auch geahnt, daß sie uns auf der Spur gewesen ist? Und die Bärin im Todesschattenwald verwundet hat?«

»Wer denn sonst?« murmelte er matt. »Natürlich habe ich das geahnt. Ich hatte nämlich schon lange gespürt, daß da jemand sein müßte. Aber nicht als Bedrohung, wie sonst, wenn Manitou einem ins Ohr flüstert, daß jemand in der Nähe ist. So ganz verstanden habe ich es ja auch nicht, fühlte mich nur Tag und Nacht von ihrer Nähe beunruhigt.«

Als wieder Blut aus seinem Mund floß, verstummte er. Dann drückte er, um Kraft zu bekommen, den heiligen Beutel gegen sein Gesicht.

»Ich habe für ihre Rettung gebetet«, flüsterte er. »Und daß sie schon weit fort ist. Jetzt, wo alles still geworden ist, mußt du auch gehen. Die Katavber sind mit ihrer Siegesbeute heimgezogen und veranstalten heute ihren großen Skalptanz. Aber morgen suchen sie jeden Grasbüschel nach uns ab und folgen jeder Spur, bis sie wissen, wohin wir entkommen sind.«

Er machte noch eine leichte Handbewegung, dann trübte sich sein Blick.

»Nach Westen . . . Südwesten . . . Dort spähen sie am wenigsten herum. Über den kahlen Berg in das Land des Blauen Schilfs hinunter und danach nordwärts zum Ohio-Fluß . . .«

Ich lag bewegungslos da und mußte einsehen, daß er recht hatte. Wenn ich mein Leben retten wollte, mußte ich sofort aufbrechen. Doch das schaffte ich nicht. Die Lähmung in meiner Schulter wurde durch die Hitze immer schlimmer, und in meinem Kopf drehte es sich.

Ich brachte es auch nicht übers Herz, meinen guten Oheim und Beschützer zu verlassen.

»Simudaikain!«

Der dünne Spottdrosseltriller mit seiner leichten Hebung am Schluß verriet, wer die Vogelstimme nachgeahmt hatte. Wir erkannten das Mädchen. Sie hatte ihren ganzen Körper grünfleckig bemalt und sah in dem hängenden Moos draußen wie ein Schatten aus. Als sie in der strahlenden Sonne auf uns zukam, wirkte sie so beruhigend und tröstend wie Mutter Shuntaka.

Doch sie war sehr müde. Den ganzen Tag und die ganze Nacht war sie wie ein Hirsch davongestürmt. Aber bis auf eine Pfeilschramme am Rücken und blutige Kratzer von Schneidegras und Dornen war sie unverletzt. Nach einem ganzen Tageslauf nach Norden meinte sie, die Katavber lange genug mit ihren Spuren irregeführt zu haben, und war nach einer endlosen Klettertour in westlicher Richtung langsam hierher zurückgekehrt.

Nun strich sie mir bekümmert über die Stirn.

»Kleiner Bruder, was ist bloß mit dir los? Ich sehe keine Wunde, aber du hast Wundfieber.«

Während ich ihr alles berichtete, untersuchte sie meine Schulter von vorn bis hinten. Sobald sie sie dabei vorsichtig berührte, durchzuckte mich ein solcher Schmerz, daß mir am ganzen Körper der Schweiß ausbrach. Dann nahm sie die Pfeilspitze, die sie aus Kitomackens Wunde gezogen hatte, aus ihrem Gürtel und befahl mir, die Augen zu schließen.

Sie stieß die Spitze in meine Schulter, und ich schrie, obwohl ich den Schmerz erwartet hatte. Als sie ihren Mund auf die Wunde legte und anfing zu saugen, breitete sich ein eisiger Schmerz in meinem ganzen Körper aus. Schließlich klemmte zwischen ihren Zähnen ein dünner, schwarzer Holzsplitter, den sie mir aus dem Fleisch gezogen hatte. Er war fast quer durch meine Schulter hindurchgegangen. Es war einer der abgebrochenen Blasrohrpfeile, die die Jünglinge verschossen hatten.

Als er jetzt heraus war und Blut aus der Wunde floß, fühlte ich mich bereits erleichtert.

Ich erzählte, was Kitomacken gesagt hatte. Sie nickte und zog mit der Pfeilspitze Streifen aus ihrem Gürtel. Damit verband sie meine Wunde, nachdem sie vorher Moos darauf gelegt hatte.

Dann nahmen wir Kitomacken in unsere Mitte und stiegen vorsichtig aus unserer Schlucht heraus. Als wir nach Westen und Südwesten über die Berge kletterten, stand die Sonne schon ziemlich niedrig. Doch vor Anbruch der Dunkelheit erreichten wir einen anderen Hohlweg, den wir uns entlangtasteten.

Ich brauchte meine ganze Kraft, um vorwärts zu kommen. Und auf unseren sinnlosen Kriegszug und unsere Wehrlosigkeit verschwendete ich keinen Gedanken mehr. Auch Simudaikain hatte alle ihre Waffen und Habseligkeiten verloren. Sie war ja, um uns zu retten und den feindlichen Angriff abzuwehren, in den Fluß mitten in den Haufen unserer Gegner gesprungen.

Als wir schließlich nicht mehr weiterkonnten, versteckten wir uns in einer Felsspalte. Simudaikain sammelte Moos von den Bäumen und breitete es unter uns aus. Mich plagte jetzt Schüttelfrost, meine Schulter schmerzte und klopfte, und ich war vor Hunger ganz matt. Seit vierundzwanzig Stunden hatten wir keinen Bissen mehr zu uns genommen, außer ein paar Grashalmen und Nüssen, die Simudaikain im Vorbeigehen abgepflückt hatte. Um Kitomacken und mich zu wärmen, legte sich sich mit ihrem schmalen Körper zwischen uns. Dankbar dafür, daß ich leben durfte, lehnte ich meinen Kopf an ihre Schulter. Und dann fragte ich sie, warum sie uns gefolgt sei.

»Ich bin Simudaikain«, murmelte sie tief atmend und stolz, »und zum Teil ist es meine Schuld gewesen, daß Tanganoan auf den Todespfad gezogen ist. Denn ich wollte nicht seine Frau werden, sondern Die im Walde bleiben, die einsam in den Wäldern jagt. Und da konnte ich euch beide doch wohl nicht in Todesgefahr ziehen lassen, die ihr mir als meine Verwandten und Freunde am allernächsten steht. Darum bin ich euch durch die Wälder nachgezogen, obwohl ihr eure Spuren immer gut verborgen habt und Kitomackens Manitou spürte, daß jemand hinter euch her war. Ein paarmal hat er nämlich versucht, mich zu überlisten.

Das schlimmste war, als ich im Hohlweg die Bärin traf und euch dicht hinter mir wußte. Ich mußte schießen, um an ihr vorbeischlüpfen zu können, aber sie blieb dann vor Schmerzen stehen und fiel euch sofort an. Ich hatte solche Angst, ihr würdet meinen Pfeil wiedererkennen. Aber zum Glück waren seine Federn abgebrochen ...

Später habe ich eure Spur verloren. Denn Kitomacken versteht es ausgezeichnet, andere irrezuführen. Aber ich kenne ja seine Gedanken und wußte daher, daß ihr den Kriegspfad nach Süden einschlagen würdet. Deshalb eilte ich einfach voraus und legte mich dann hin, um euer Auftauchen abzuwarten.

Ich sah, wie ihr euch in dem Hinterhalt verstecktet, aber ich sah auch die Katavber kommen. Und dann, wie die Jünglinge die Krieger anhielten und ihnen zeigten, wo ihr wart. Und wie sie dann alle auf den Fels geklettert sind, unter dem euer Schlupfwinkel lag.

Ich habe versucht, euch zu warnen. Doch mein Pfiff muß euch nicht erreicht haben oder ihr habt ihn nicht erkannt. Darauf habe ich einem Krieger einen Pfeil durch den Leib geschossen, der dann auch direkt vor euch niedergestürzt ist. Offenbar glaubten die anderen aber, er sei nur ausgeglitten und sprangen hinterher ... Und immerzu wollte ich schießen, um euch zu helfen, aber ihr wart so mittendrin, daß ich nur zwei Katavber getroffen habe. Die beiden sind nicht gefährlich verletzt worden, aber einen habe ich umfallen sehen.«

»Du hast Tanganoans Geist aus der Knechtschaft befreit«, flüsterte ich und drückte meine Stirn an ihre Schulter. »Denn du hast einen von den Plattköpfen getötet . . . Aber Haggo und Pajakok sind nun tot. Vergeltung für sie müssen wohl andere fordern und nicht wir. Wie sollten wir das denn auch noch schaffen?«

Darauf beugte sie sich über den bewußtlosen Kitomakken und lauschte auf seine gequälten, schweren Atemzüge.

»Du hast Kitomacken nicht kämpfen sehen. Zwei Männer, die sich auf ihn stürzten, hat er mit seiner Keule niedergestreckt. Dabei steckte der Pfeil schon in seinem Leib. Und einer davon ist auch nicht wieder aufgestanden. Ich habe auch gesehen, daß Haggo einen Krieger mit sich in die Tiefe gerissen hat. Wenn wir einmal heimkommen, können wir also sagen, daß alle gerächt sind.«

»Aber dann werden wieder neue Männer Rache nehmen für die, die wir getötet haben«, fügte sie mit einem tiefen Seufzer hinzu. »Die Toten fordern eben immer mehr Tote.«

Während sie schweigend dalag, versank ich in einen unruhigen Schlummer. Als ich im Schlaf stöhnte, schüttelte mich ihr Arm wach, und ich schlief erleichtert wieder ein.

Pulverhorn

9. Kapitel

Als wir unsere Augen öffneten, schauten sie ins helle Licht. In der Nacht hatten wir nicht gemerkt, wo wir eigentlich gelandet waren. Jetzt sahen wir eine Felsenkette mit niedrigem Buschwerk. Unter uns lag ein blaues Tal, umgeben von himmelhohen Bergen. Wälder zogen sich in kleine Talsenken hinunter, und aus dem Westgebirge kam ein großer Fluß.

Aber wir sahen keine bestellten Felder. Die Täler und die Hänge waren dicht mit Unterholz bewachsen. Vor uns hatten wir die Quellen des Katavber-Flusses und die Berge um das Land der Cherokee, Gebiete, über die wir schon etwas gehört hatten. Zuerst erschreckte uns die Verlassenheit, aber dann nahm ich sie als gutes Zeichen. Schließlich waren weit und breit keine feindlichen Dörfer zu sehen.

Simudaikain versuchte seufzend, einen besseren Moosverband für Kitomacken zu flechten. Mir machte meine anschwellende und klopfende Wunde angst, daß der Pfeil vergiftet gewesen sein könnte.

Als wir Kitomacken auf die Füße stellten, schien er aufzuwachen, jedenfalls legte er seinen Arm um unsere Schultern, so daß wir uns weiterschleppen konnten. Das Felstal verbarg uns vor Spähern. Die einzige Gefahr war, daß wir einem Jäger begegneten oder unsere Verfolger Spuren entdeckten.

Je weiter wir kamen, desto besser bewegte sich Kitomacken. Er war wieder ein bißchen zu Kräften gekommen und stützte sich auf einen dicken Ast. Aber manchmal schüttelten ihn Fieberschauer, und dann mußten wir ihn hinter uns herziehen. Als seine Gedanken wieder klar waren, sagte er uns, daß wir nicht dem Fluß folgen dürften, weil wir dann den Handelspfad der Katavber zu den Völkern im Landesinnern kreuzten. Denen verkauften sie nämlich Salz und Meeresschnecken für Pelze und Tabak.

Je weiter der Tag fortschritt, desto elender fühlten wir uns. In uns nagte und bohrte der Hunger. Wir hatten keinerlei Vorräte, nicht einmal ein Messer, nur Simudaikains Pfeilspitze. Wir besaßen auch keine Kleider außer unseren Lendenschurzen und Ledersocken, auch Simudaikain nicht. Ihre Bluse hatte sie beim Kampf verloren, und ihren Rock hatte sie in Streifen zerrissen, um damit unsere Wunden zu verbinden.

Aber wir lebten noch, und die Feinde hatten uns nicht entdeckt. Wir waren auf dem Weg nach Kentucky, in das Land des Blauen Schilfs. Nur wenn wir unterwegs etwas zu essen fänden, würden wir unser Ziel nach langem Marsch erreichen. Unser Weg wurde immer schlechter, weil wir uns nicht mehr an den Fluß hielten, sondern mühsam solange in einer Bergspalte hochkletterten, bis wir einen Absatz gefunden hatten, der uns in den Buschwald führte. Bei Einbruch der Dunkelheit entdeckten wir ein kleines Tal, das nach Südwesten ging. Dort schlugen wir unser Lager auf und legten uns schlafen.

Schaudernd träumte ich, wie mich böse Katavbergeister verfolgten, in meine Schulter bissen und an ihr zerrten, bis mich Simudaikains Stimme in die Wirklichkeit zurückholte.

Als sie unten im Tal eine Lichtung entdeckte, meinte sie, daß dort Bruder Biber sein Heim haben müßte. Am Ufer fand sie an den Dämmen jungen Stinkkohl, und außerdem wuchsen da fieberstillende Tulpenbaumwurzeln. Und mit Steinwürfen konnte sie ein paar Frösche erlegen.

Nachdem sie dann auch noch trockenes Holz gefunden und sich mit den Zähnen einen Feuerbohrer zurechtgenagt hatte, gelang es ihr, eine kleine Glut zu entfachen.

Dann legte sie Steine ins Feuer und fertigte aus Rinde einen Napf, in den sie die heißen Steine tat. Das brachte das Wasser zum Kochen. Aus den Tulpenbaumwurzeln bereitete sie dann einen Aufguß, der Kitomackens und mein Fieber linderte. Dann röstete sie in der Glut die Frösche, hob aber die kleinen krummen Knochen als Angelhaken und die Froschhaut für Angelschnur auf. Weil wir die trockene Mahlzeit nicht herunterkriegen konnten, kochte sie auch noch eine Suppe aus Stinkkohl und Froschfleisch, die sich leichter schlucken ließ.

Doch mir ging es immer schlechter. Der böse Krankheitsgeist schüttelte mich, daß ich zitterte und jammerte. *Pauguks* Finger machten meine Wunde schwarz und ließen sie immer stärker anschwellen. Erst als Simudaikain wieder in sie hineingestochen und Blut und Eiter abgesaugt hatte, verließ mich allmählich der böse Manitou. Eine Reihe von Tagen war ich aber noch so schwach wie ein Kind.

Langsam konnte ich mich wieder aufrichten, selber essen und dies und das besorgen. Und wenn ich auch nur das Feuer am Leben erhielt oder mit meiner linken Hand und den Füßen Simudaikain dabei half, langfaseriges Moos als Kälteschutz zu Mänteln für uns zusammenzuflechten. Oder Kitomacken seinen Fiebertrank gab, wenn sie zur Jagd war und er unruhig wurde ...

Simudaikain war zwar zerkratzt, verschrammt und mager, aber leicht und stark, und in ihrem Blick lag so etwas Glückliches, was ich früher nie an ihr gesehen hatte. So als machte es ihr Spaß, mit den beiden zusammen zu sein, die ihr auf der ganzen Welt am nächsten standen.

»Wie ist man doch elend hilflos, wenn man nicht alles zur Hand hat, an das man gewöhnt ist«, klagte sie. »Was haben wir doch mit unseren Feuersteinen, Stahlmessern und den Kochtöpfen für ein bequemes Leben geführt. Und dann die Eisenspitzen und die Eisenbeile ... Wie vergessene Märchen hat es geklungen, wenn unsere Eltern uns erzählt haben, wie sie sich Beile und Waffen aus Steinen zurechtgehauen haben. Tamenund konnte sich übrigens noch ganz schwach aus seiner Kindheit daran erinnern.«

Sie hatte am Bach Steine mit geeigneten Schneiden gefunden, die sich dann aber als so erbärmlich brüchig erwiesen, daß sie beim Schärfen zersplitterten. Und bei unserer einzigen Pfeilspitze hatte sie Angst, daß sie zerbrechen würde, wenn sie Holz damit schnitt.

Darum versuchte Simudaikain, sich eine Art Speer aus einem jungen Zweig zu machen, den sie abgebrochen und von seinen Blättern befreit hatte. Er wurde im Feuer gehärtet und mit einer scharfen Steinspitze versehen. Außerdem bewaffnete sie sich mit brauchbaren Wurfsteinen. Ein Schilfrohr spaltete sie zu einem Messer, umwickelte ein Ende mit Bast, so daß es sogar einen Griff hatte. Zum Holzschneiden taugte es zwar nicht, doch Haut und Fleisch ließen sich gut mit ihm zerkleinern. Auch konnte man sich damit verteidigen.

Wild gab es hier wenig. Trotzdem erbeutete Simudaikain mit einem Steinwurf ab und zu ein Murmeltier oder ein Eichhörnchen. Ich lernte allmählich, mit der neuen Angel umzugehen, und konnte Barsche und Katzenfische fangen.

Trotzdem hatten wir nach wie vor Schwierigkeiten mit unserer Ernährung. Im größeren Umkreis nach Wild zu suchen, wagte Simudaikain nicht. Sie mußte sich ja um uns kümmern, und wir fürchteten immer noch, entdeckt zu werden.

Da fielen mir auf einmal wieder die Geschenke meines Schutzgeistes ein. Zuerst traute ich mich nicht recht, dann dachte ich aber, daß Manitou sie mir ja als Hilfe in der

Not, vielleicht gerade für Situationen wie diese, gegeben hatte.

Als ich meinen Beutel geöffnet und den Biberkiefer mit dem Nagezahn herausgeholt hatte, stieß Simudaikain einen Freudenschrei aus. Dann brach sie schnell einen passenden grünen Zweig ab und schnitzte mit dem Zahn einen Stiel, den sie an dem Kiefer festband. Jetzt hatte sie ein Beil, das beinahe ebenso scharf zubiß wie Stahl. Damit schabte sie sich einen Wurfspeer und schnitt im Wald Holz für Löffel und Keulen.

Kitomacken lag noch immer im Dämmerschlaf. Alle Versuche Simudaikains, ihn mit Suppen und heilenden Aufgüssen zu stärken, wollten nichts fruchten. Seine Haut war grau, die Brust eingefallen, und aus seiner Wunde kam ein scheußlicher Gestank, obwohl sie täglich saubergesaugt, mit Harz verklebt und mit einem Verband aus geflochtenem Lindenbast belegt wurde.

Manchmal war er aber auch ganz wach und redete mit uns. Und dann warnte er uns, noch länger hierzubleiben. Wir waren zu dicht an den Jagdgründen der Katavber. Jeden Augenblick konnten sie unser Feuer entdecken oder im Wald auf Simudaikain stoßen. Wir mußten weiter nach Westen ziehen, bis wir jenseits der Blauen Berge waren.

Wenn wir uns nicht um ihn kümmerten, lag er still und schwieg. Aber etwas wie Traum und schwerer Entschluß kam jetzt in seine Züge. Da beugte sich Simudaikain vor, um das Schilfrohrmesser wegzunehmen, mit dem wir sein Essen zerkleinerten. Sie legte es so weit fort, daß er es nicht mehr erreichen konnte. Sie hatte Angst, daß er lieber tot sein wollte, als uns ein Hindernis zu sein.

Dann sah sie ihm tief in die Augen.

»Du gehst noch nicht in die Jagdgründe des Himmels ein – es sei denn, ich komme mit«, flüsterte sie leise. Darauf schaute er sie still an und antwortete mit einer neuen, starken Stimme: »Wenn wir weiterkommen wollen, mußt du mir helfen. Mindestens ein paar Tagesmärsche, eher sind wir nicht sicher.«

Er nahm alle seine Kräfte zusammen, erhob sich tatsächlich und sah an einen Stein gelehnt zu, wie wir alle Spuren unseres Lagerplatzes verwischten.

Er ging recht langsam, doch jeder Schritt zeigte frischen Mut. Sein Husten war schlimm, und er war immer noch schwach. Zum Schluß mußte Simudaikain ihn stützen, während ich hinter ihnen ging und mit meinem gesunden Arm alle unsere Mäntel und Werkzeuge trug. Und so arbeiteten wir uns Stück für Stück voran, drei Tage lang, bis Kitomacken endlich kraftlos liegenblieb und verkündete, daß wir an diesem Platz eine Zeitlang ziemlich sicher seien.

Messerscheide

10. Kapitel

Von den Bäumen um uns herum hing langes Moos, das uns in unserem neuen Versteck gut verbarg. Überall standen die merkwürdigen Bäume der Südhänge, die keine Zweige haben, sondern nur ein mannslanges, wippendes Blatt an der Spitze. Und fremde, bunt glänzende Vögel mit großen, krummen Schnäbeln flogen auf und stießen gellende Schreie aus.

Im dichten Unterholz hatten wir an einem Bach einen gut geschützten Platz gefunden. Eine Schlucht, in die wir entkommen konnten, sobald jemand in dem kleinen Tal auftauchte, bildete seine Rückwand. Von einem großen, geraden Ulmenstamm hatten wir Rinde abgelöst und sie auf dem Dach einer kleinen Hütte ausgebreitet, in der unser Feuer brannte. An den Ufern wuchs viel Stinkkohl. Und Simudaikain hatte aus einem dreigabeligen Eschenast eine Fischgabel geschnitzt, mit der wir große Fische in der Glut rösten konnten. Direkt unter uns waren mehrere Biberdämme, günstige Plätze für Fisch- und Vogelfang und zum Wurzelsammeln.

Mit unserer Ernährung ging es hier zwar viel besser, doch Kitomacken lag immer noch im Dämmerschlaf. Seine wenigen Kräfte hatte er für den Weg hierher aufgebraucht. Aber er war nicht mehr so unruhig und schlief auch besser.

Simudaikain hatte im Unterholz einen großen Walnußbaum mit einem geraden, glatten Stamm entdeckt und sich mit ein paar Steinkeilen und einer schweren Steinkeule vor ihm niedergekniet. Nachdem sie der Baumwurzel wilden Tabak geopfert hatte, bat sie mit erhobenen Armen: »Schöner Baum! Sei mir nicht böse, wenn ich ein Stück aus deinem Stamm nehme. Wir sind in schwerer Not und brauchen, um leben zu können, Holz für einen guten Jagdbogen. Du siehst ja, daß zwei von uns verwundet sind und ich sie mit Fleisch füttern muß, damit ihre Kräfte wiederkehren. Sei nicht böse, schöner Baum! Ich werde deine Rinde heilen, und du wirst deinen Schmerz schnell vergessen haben.«

Wir lebten wie Manitous Kinder in den Wäldern und mußten darum behutsam mit allem Lebenden umgehen. Ganz anders als die hartgesottenen Bleichgesichter, die mit ihren Stahläxten ganze Wälder umlegten, ohne sich auch nur ein bißchen um die Verwüstung zu kümmern, die sie damit anrichteten.

Nach ihrem Gebet ritzte Simudaikain mit Bruder Bibers Geschenk die Rinde von der höchsten Stelle, die sie erreichen konnte, bis zu den Wurzeln auf und bog sie auseinander. Mit ihren Steinkeilen und der Keule stemmte sie dann Zentimeter für Zentimeter einen langen Holzstreifen aus dem Stamm heraus, länger als sie selbst und mindestens so dick wie ihr Arm. Danach schloß sie die Rinde über der Wunde wieder und versiegelte sie mit Harz, so daß von ihrer Tat kaum noch eine Spur sichtbar war. Und mit einem Dankesspruch opferte sie dem Baumgeist dann noch einmal Tabak.

Span für Span formte sie die Gestalt des Bogens. Als sie müde wurde, legte sie das Holz neben sich auf ein paar Steine ans Feuer, damit es gerade und trocken lagern konnte. Anschließend nahm sie ihren Speer und ihre Wurfsteine und zog aus, um uns etwas zu essen zu verschaffen.

Es fiel mir schwer, hier als Feueraufpasser und Krankenpfleger herumzusitzen, während ein Mädchen uns mit Wild versorgte. Aber das konnte sie mit so einfachen Werkzeugen viel besser als ich. Fast jeden Tag brachte sie Eichhörnchen, Murmeltiere und Wildenten, ganz abgesehen von Schildkröten, Fröschen, Fischen, frischen Wurzeln und Eiern.

Meine Schulter war noch immer steif und angeschwollen, doch es kam kein Gestank mehr aus ihr, und die schwarzen Todeszeichen von meiner Haut waren auch verschwunden.

Auch Kitomacken befreite sich allmählich aus *pauguks* Griff. Wenn auch sein Gesicht noch ausgemergelt und grau war, so blickten seine Augen doch nun oft klar, und die Fiebergeister schickten sich an, seinen Scheitel zu verlassen. Seine Wunde stank hingegen nach wie vor, und er hustete wie ein Greis, aber es kam kein Blut mehr dabei, was ein sehr gutes Zeichen war. Wir wußten, daß es allein an der Stärke seines Manitous lag, daß er sich bis hierhin hatte schleppen können.

Nun begannen seine Hände, schon wieder kleine Dinge zu erledigen. Er konnte sich sein Essen selber zerschneiden, den Kamm ohne Hilfe führen und Schlingen aus frischen Tannenwurzeln drehen, die wir dann auslegten. Wilder Tabak, Sumach und auch Süßkräuter wuchsen hier, aus denen wir uns Rauchopfer mischten. Doch Kitomacken konnte diesen heilenden Rauch nicht einatmen, ohne von einem scheußlichen Husten geschüttelt zu werden. Und er beklagte sich, daß ihm ein böser Manitou die Kraft, seinen Schutzgeist anzurufen, gestohlen habe.

Wir besaßen einen ganzen Beutel voll Steine, die sich gut schärfen ließen. Und Kitomacken erinnerte sich noch, wie man sich steinerne Werkzeuge zurechtklopft. In seiner Kindheit hatten zumindest die Kinder noch Steinschneiden benutzt, weil die Geräte der Weißen viel zu teuer waren.

»Wir müssen wieder wie in der Urzeit ganz von vorn anfangen, wo die Allmutter die Weltschildkröte aus der Tiefe des Meeres aufsteigen ließ und aus ihrem Schoß die ersten Menschen geboren wurden«, murmelte er müde. Er achtete darauf, daß wir alle Sehnen und Häute von unserer Beute aufbewahrten und aus den Knochen der Tiere und den Fischgräten einen Leim kochten. Mit diesem Leim und mit den Sehnenfäden befestigten wir nämlich die Steinspitzen am Schaft des Pfeils, die Schneiden an den Messern und die Stacheln an den Speeren.

Gegen die kalten Nächte besaßen wir inzwischen Dekken und Mäntel aus geflochtenem Hängemoos. Simudaikain nähte sich auch mit Sehnenfäden und einer Nadel aus der Rippe eines Murmeltiers ein neues Schultertuch aus Eichhörnchenhäuten.

Kitomacken sprach nicht viel. Er betrauerte unser Mißgeschick. Denn wenn ein Kriegsführer heimkehrt und zwei aus seiner Schar gefallen sind, dann bereitet er seinem Volk keine Freude, wenn er von drei Getöteten und mehreren Verletzten spricht, und schon gar nicht, wenn er keine Skalpe von ihnen aufweisen kann.

Es grämte ihn, wie ein hilfloser Greis herumzuliegen, obwohl er einmal zu den stärksten und ausdauerndsten Männern gezählt hatte. Simudaikain, die ihn zu trösten versuchte, saß stundenlang flüsternd an seiner Seite, und es war, als wollte sein Blick von ihr Stärke erlangen.

Jeden Tag kratzte sie ihren Bogen dünner und plattete ihn seitlich ab, damit er an der richtigen Stelle Spannkraft bekam. Zwischendurch schabte sie an Pfeilschäften aus Eschenschößlingen, die sie irgendwo abgebrochen hatte. Und täglich gab es etwas Neues für uns. Stöcke mit gehärteten Spitzen, um Wurzeln auszugraben, und geflochtene Moostaschen für Fische, Muscheln, Eier und Wild oder was Simudaikain sonst auf ihren Streifzügen durch die Gegend erbeutete.

Immer neidischer wurde ich auf den Bogen, den Simudaikain mit Sand solange rieb, bis er glänzte. Und dann befestigte sie mit nassen Sehnen und Leim die Steinspitzen an den Pfeilen, die Kitomacken für sie gemacht hatte, fiederte sie mit den Schwanzfedern eines Habichts und breitete sie behutsam nebeneinander zum Trocknen aus.

Während ich meinen Arm und meine Schulter geschmeidig machte, blickte ich sehnsuchtsvoll auf die prächtige Waffe.

»Bald wird mein Arm wieder so stark sein, daß ich einen Bogen auf Großwild spannen kann«, sagte ich und legte schon meine Hand auf das glatte Holz. Doch da zog sie ihn an sich.

»Mit meinem Bogen schieße nur ich allein.«

»Vergiß nicht, daß du ein Mädchen bist und es das Recht des Mannes ist, Jäger zu sein«, erwiderte ich gereizt.

Darauf wurden ihre Augen vor Erbitterung riesengroß, und ehe ich überhaupt ahnte, was sie tun wollte, hatte sie sich schon über den Bogen gekauert, ließ ihr Wasser auf ihn ab und hielt ihn mir tropfnaß vors Gesicht.

»Jetzt darfst du ihn mir wegnehmen, nun wo . . . Mann! Ich bin Simudaikain und eine bessere Jägerin als ihr alle zusammen.«

Beschämt wich ich zurück. Denn so büßt die Waffe eines Mannes ihre Fähigkeit zu töten ein, während sie bei Frauen dadurch keinen Schaden erleidet. Die Frau ist die Mutter des Lebens, und alle sind ihr Achtung schuldig. Ich wandte mich schweigend ab.

Stumm schnitzte ich an einer Ahornwurzel, die das zäheste und beste Holz für Kriegskeulen liefert. Aus einem Augenwinkel beobachtete ich dabei, wie Simudaikain ihren Bogen polierte und etwas Murmeltierfett hineinrieb, damit er geschmeidig wurde. Dann umwickelte sie eine Stelle mit dünnen Bastfäden und leimte Sie, so daß daraus ein handfester Griff wurde. An seinen beiden Enden verzierte sie den Bogen mit roten Samen und Rückenwirbeln von Katzenfischen, die so glänzten wie Perlmutt. Dann band sie noch Fischblasen und kleine Schnüre mit roten und schwarzen Samen daran. Außerdem schnitt sie sich ein paar dicke Haarsträhnen ab, die sie zu einer Bogensehne zusammendrehte.

Wenn sie den Bogen so schön ausschmückte, so tat sie dies, um mehr Jagdglück zu haben und ihren Manitou zu stärken, gleichzeitig wollte sie aber auch zeigen, was sie für eine prächtige Waffe besaß, die ihr kein Mann wegnehmen durfte.

Als sie ihre Pfeile schließlich lange genug bearbeitet hatte, steckte sie alle acht sorgfältig in ihren Köcher, den sie aus Ulmenrinde genäht und an den Rändern rundherum mit kleinen Perlmuttstücken und weißen Birkenrindenstreifen verziert hatte. Nachdem sie dann noch ein langes Röhrichtmesser in ihren Gürtel gesteckt hatte, erhob sie sich so leicht wie ein Vogel und sagte, zu mir herunterschauend: »Paß auf, daß das Feuer nicht zu groß wird und an zu rauchen fängt. Und vergiß nicht, ihm seinen Kräutertrank zu geben, sobald er aufwacht.«

Dabei deutete sie mit dem Bogenstiel auf einen aus einem großen Blatt gefalteten Becher, der von einem Dorn zusammengehalten wurde und immer bereit stand für den Fall, daß der Kranke aus seinem Schlaf erwachte.

Und wie ein Fisch im Wasser oder ein Vogel in den Wolken verschwindet, so tauchte sie im Buschwerk unter.

Ich schnitzte seufzend an meiner Keule weiter, was aber recht mühsam war, weil ich nur meine linke Hand benutzen konnte und die Wurzel mit meinen Füßen festhalten mußte.

Wenn ich da an die Tischlerbänke der *voapsits* mit ihren vielen Stemm-, Hau- und Schabeisen dachte ... Wie dankbar mußten wir doch für unser einziges Stemmeisen aus Biberzähnen sein, das uns schon so viele brauchbare Sachen geschenkt hatte!

Plötzlich zuckte ich zusammen. Blitzschnell stand auch Kitomacken auf den Beinen, hatte seinen Mantel über dem Arm, den Stock in der Hand und die Tasche mit unserem Steinvorrat über der Schulter.

Hoch vom Berg tönte ein wohlbekannter Pfiff, der uns mit seinem gellenden Schlußtriller vor einer nahen Gefahr warnte. Wie ein Eistaucher aus dem Wasser aufsteigt, so stand Simudaikain wieder vor uns. Ergriff ihre Sachen, zeigte mit der Hand zu den Bergen, legte mehrere Holzstücke auf das Feuer und rollte unsere Decken zu Betten zusammen, damit es so aussah, als schliefen dort Menschen. Kitomacken war schon ins Tal vorausgeeilt. Ich kam mit meiner halbfertigen Keule und dem kostbaren Biberzahn hinterher. Wenn er auch manchmal erstickt hustete, so leitete er doch unsere Flucht wie ein Häuptling. Er bewegte sich so leicht, als habe die Macht seines Manitous alle Kräfte wieder in seinen Körper zurückgezaubert. Um keine Spuren zu hinterlassen, wählte er für uns entweder Wasser oder steinigen Boden. Und immer Schatten oder Gebüsch, so daß wir fast unsichtbar vorankamen.

Obwohl es schon ziemlich dunkel und ganz still war, fühlten wir um uns herum die Todesgefahr lauern . . .

Weiter unten, ganz dicht am Katavber-Fluß, lebten und wohnten unsere Feinde. Aber ich sah ein, daß uns die Flucht nach Westen oder Norden, wie wir es vorgehabt hatten, abgeschnitten war, denn eine Gruppe von Jägern und ein paar hartnäckige Verfolger hatten uns aufgespürt. Aber Simudaikain hatte sie in letzter Minute bemerkt und uns zur Flucht angetrieben.

Und nun hörten wir einen Schrei enttäuschter Wut. Denn all die Pfeile, Wurfspeere und die kostbare Zeit waren nur auf unsere Felle verschwendet worden.

Kitomacken röchelte zwar, bewegte sich aber sonst wie ein Hirsch. Als wir uns den Biberdämmen näherten, fühlte ich plötzlich den Biberzahn in meine Haut beißen, als wollte er mich anhalten. Da wußte ich sofort, daß mein Schutzgeist mir etwas zu sagen hatte.

»Wir müssen uns hier verstecken«, keuchte ich. »Mein Manitou sagt, daß es richtig ist.«

Kitomacken schaute sich um. Denn auch ihm war klar, daß wir nicht alle Spuren mehr verbergen und unseren Verfolgern nicht mehr entkommen konnten. Hinter den fliehenden Bibern kräuselte sich die Wasserfläche. Ich drückte meinen Beutel, bat um Geleit und watete dann zu den Bauen der Biber hinaus. Das Wasser wurde so tief, daß wir schwimmen mußten. Und auf einmal verstand ich, was mein Schutzgeist mir zugeflüstert hatte.

Wir schwammen zu den Biberdämmen hinüber, die so alt waren, daß das Holz schon teilweise unter dem Wasser verfault war. Als wir uns in die Bauten hineindrängten, bogen wir Zweige über die Eingänge. Schließlich hatten wir uns so gut versteckt, daß unsere Scheitel von den trokkenen Ästen der obersten Biberburg verdeckt wurden.

Unser Atem ging keuchend, unsere Herzen hämmerten, und wir hörten die wilde Jagd mit Hundegekläff immer näher kommen. Sie hatten unsere Spur entdeckt, die so frisch war, daß man sie noch über den Teich verfolgen konnte.

Fackeln flammten über den Wasserspiegel, der von unzähligen Speerspitzen zitterte. Im Schilf und zwischen den Seerosenblättern suchten die Katavber nach uns, und überall stießen sie ihre Speere hinein. Plötzlich tobten sie auch über unseren Köpfen auf dem Biberbau herum, sprangen auf den Dächern umher, rissen sie auf und stießen mit ihren Speeren ins Wasser hinunter. Ich hatte vor Kitomackens Husten Angst, aber er bezwang ihn mit einem Stück Holz zwischen den Zähnen. Und endlich, endlich zog der Haufen weiter, nachdem ein paar erst noch mit ihren Fackeln Feuer an die Biberburg gelegt und das vorjährige Schilf und Unterholz verbrannt hatten. Hunde und Männer hatten es auf einmal eilig, weiterzukommen, um flußabwärts die Suche nach uns fortzusetzen.

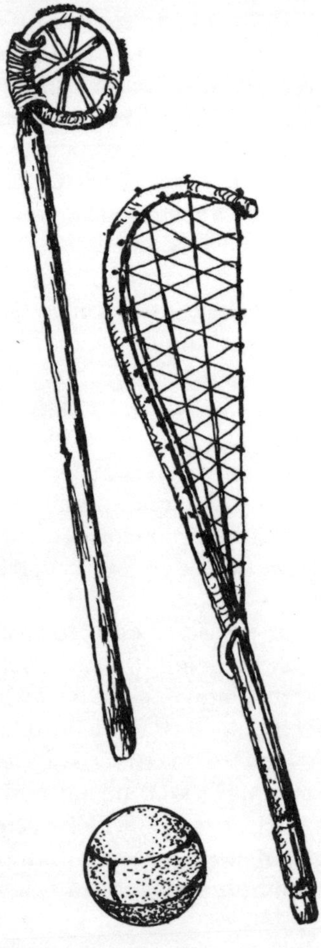

Schläger und Ball

11. Kapitel

Dann brach über dem einsamen Teich der Morgen an. Als wir Bruder Biber zurückkommen und erbittert über sein zerstörtes Heim schnauben und fauchen hörten, fiel mir mein Anrufungslied wieder ein. Ich flüsterte es so leise vor mich hin, daß nur die Biber mich verstanden.

»Ich darf Bäume fällen!
Der Große Zahn schwimmt emsig.
Er gab mir einen Zahn, um Holz zu nagen,
das ich für Haus und Hof brauche.
Er verscheuchte den Bluttrinker von meinem Weg,
so daß ich sicher wandern kann . . .«

Darauf kamen die Biber langsam näher und beobachteten mich furchtlos. Wahrscheinlich spürten sie, daß ich einer aus ihrer Sippe war, und zeigten deshalb keine Angst. Mit ihrem plötzlichen Untertauchen warnten sie mich vor ein paar Katavbern, die noch im Ufergebüsch lauerten und hofften, wir würden zu guter Letzt doch noch unvorsichtig werden und uns verraten, falls wir uns hier versteckt haben sollten. Schließlich machten sie sich aber auf den Weg, und ich hörte Bruder Biber wieder arbeiten, was dafür sprach, daß die Gegend nun vor allen Feinden sicher war.

Allmählich wurde es heller, und wir konnten uns wieder erkennen. Simudaikain war es geglückt, den Bogen zwischen den Zweigen über dem Wasserspiegel zu verstecken, und er schien auch nicht gelitten zu haben. Wenn wir auch die Vögel sorglos im Ufergebüsch umherflattern sahen, fanden wir es doch klüger, uns hier noch eine Weile auszuruhen. Wir teilten uns ein paar geröstete, wilde Rüben, die wir in einer Tasche gefunden hatten, und aßen eine frisch geschossene Wildente so roh wie sie war. Kitomacken schien zu schlafen. Ich vermutete, daß er wieder Fieber hatte. Denn er lag bebend auf den Stämmen des Damms, und seine Hände zitterten. Doch schließlich hustete er vorsichtig und flüsterte: »Der Teich setzt den Fluß fort und erreicht dann ziemlich ruhig den Katavber-Fluß. Wenn wir uns ein Binsentau drehen und trockene Äste aus dem Damm ziehen, dann können wir uns ein Floß bauen. Das setzen wir, sobald es dunkel ist, unterhalb des Damms ins Wasser und lassen uns dann zum Katavber-Fluß und in das Land des Südens tragen. Ohne uns zu überanstrengen, können wir so dorthin kommen. Und da sind wir endlich sicher. Die Katavber werden natürlich annehmen, daß wir nach Hause ziehen und vorhaben, uns im Norden an ihnen vorbeizuschmuggeln. Außerdem glauben sie, daß wir weder ein Boot noch Werkzeuge besitzen, um uns eins zu bauen. Daß Bruder Biber uns hilft, damit rechnen sie nicht.«

Wir fanden den Plan gut. Simudaikain tauchte und holte Binsen, und wir halfen, ein Tau daraus zu flechten.

Dann entdeckten wir noch lange Ulmenstangen am Ufer, die die Biber zwar gefällt, aber zur Weiterverarbeitung noch nicht auf die richtige Länge genagt hatten. Sobald es dunkel geworden war, holte Simudaikain sie, während wir Stämme aus dem Damm herauszogen und lautlos ins Wasser senkten. Nachdem wir sie quer über den Stangen befestigt hatten, besaßen wir ein Floß – zwei Manneslängen lang und eine halbe breit –, das uns sicher tragen würde.

Spät in der Nacht stießen wir ab und stakten in die Strömung, die hier unten nicht mehr so stark und reißend war.

Die ganze Nacht reisten wir recht bequem. Der scheinbar schlafende Kitomacken warnte uns immer rechtzeitig, gerade so, als ob er alle gefährlichen, bewohnten Strecken im Schlaf erkannte.

An der Flußmündung trafen wir auf ein großes Dorf, das von Äckern umgeben war. Die Häuser waren aus aufgerichteten Baumstämmen gebaut und mit Blättern gedeckt. Als ein Hund anschlug, blieben wir bis zur Morgendämmerung still im Wasser liegen. Dann erst gab Kitomacken das Zeichen zur Weiterfahrt.

Diesmal versteckten wir uns in einer schlammigen Bachmündung. Mehrmals hörten wir Menschen reden, doch es waren friedliche Frauenstimmen. Und als der Rauch von ihrem Essensfeuer uns erreichte, da krampften sich unsere Bäuche zusammen, denn wir hatten nur noch ein paar Entenknochen zu nagen.

Als es dunkle Nacht geworden war, erlaubte uns Kitomacken, auf den Fluß hinauszustaken, der hier mehr als einen Pfeilschuß breit war. Vor Morgengrauen erreichten wir einen flachen Fluß aus dem Süden, den wir nun hinaufstakten. Als er zu reißend und unsere Arme zu lahm wurden, landeten wir an seinem Kiesufer. Dort waren keine Spuren zu sehen. Wir montierten unser Floß auseinander und ließen einen Stamm nach dem anderen von der Strömung davontragen. Nachdem wir unser Binsentau mit Steinen auf den Grund versenkt hatten, wandten wir uns nach Süden, zu den Bergtälern, in die vielleicht noch niemand aus dem Volk der Lenape seinen Fuß gesetzt hatte. Nicht einmal Kitomacken hatte gehört, daß jemand so weit im Süden gewesen war.

Unsere Arme waren müde, unsere Beine dafür aber ausgeruht. Ja, sogar Kitomacken war bei Kräften, trotz seiner eiternden Wunde und seines röchelnden Hustens. Und er führte uns in die neue Wildnis, wo wir uns drei Tage versteckten.

Nachdem Kitomacken von einer Bergspitze Ausschau gehalten hatte, erklärte er, daß wir die Jagdgründe der Katavber nun verlassen hätten. Vor uns lag das Schneegebirge, wo viele Manitous ihre strahlenden Hütten haben, die wir hoch am Himmel sehen konnten. Und wenn wir uns über den Bergpaß wagten, würden wir dort Völker treffen, von denen nicht einmal er etwas gehört hatte. Yamasis, Tuscarora und Muskogea, starke, mächtige Stämme, die sogar von den *voapsits* in Frieden gelassen wurden.

Ausgehungert und am Ende unserer Kräfte, wagten wir, uns endlich Ruhe zu gönnen. In einem geschützten, kleinen Tal bauten wir uns ein Regendach. Simudaikain paßte auf, daß wir uns auch wirklich ausruhten, während sie die acht Pfeile in ihrem Köcher betrachtete und ihnen Tabak opferte. Besonders den einen, der eine Stahlspitze trug und Kitomackens Körper durchbohrt hatte.

»Kleine Tante«, bat ich flehend, während ich das Feuer bediente, »näh mir doch einen Grasrock! Und warum vertauschst du deinen eigentlich nicht mit einem *kuivan?* Du bist unser Jäger und Versorger. Wir kleinen Krieger kümmern uns um dein Wild, sind deine Köche, deine Gerber und Holzsammler . . . Darf ich mir deine Nadel ausleihen und mir einen Rock nähen?«

Zum Zeichen, daß unser Streit um den Bogen vergessen war, klopfte sie mir freundlich lächelnd auf die Schulter. Sie versprach, sobald sie Zeit hätte, neues Bogenholz für uns zu holen und mit mir gemeinsam noch viel mehr Pfeile anzufertigen. Meine Keule war recht gut gelungen, eine brauchbare Waffe für meinen gesunden Arm. Und mir ging es jetzt viel besser. Meine Wunde juckte und heilte, aber der Arm war noch so kraftlos, daß ich ihn nur ab und zu ein bißchen gebrauchen konnte.

Wir hatten Simudaikains Bogen nicht gehört. Plötzlich stand sie mit zwei Truthähnen vor uns, die so kräftig mit den Flügeln schlugen, daß es aussah, als sei sie selber aus dem Gebüsch aufgeflogen. Endlich konnten wir wieder ein richtiges Feuer für unser Essen machen und die herrlichen Fleischscheiben in Eichenglut braten. Zwei Tage später kam Simudaikain tatsächlich mit einem Reh an! Jetzt hatte jeder sein Bogenholz und schnitzte. Bald würden wir auch scharfe Dolche aus den Schenkelknochen des Rehs haben, Bogensaiten aus seinen Sehnen, neue Ledersocken aus seiner Haut und Kämme aus dem Geweih. Und Simudaikain konnte einen kurzen Mantel für Kitomacken schneidern und ihn an den Rändern mit schönen Federn besticken. Sie war überhaupt wie verwandelt, wenn sie abends im Feuerschein saß und wie jede Jungfrau nähte und vor sich hinsummte. Sie trug ein breites Fellband um ihre Stirn, das sie mit roten Samenkörnern und kleinen blauen Muschelschalen verziert hatte.

Auch Kitomacken hatte sich erholt. Seine Wunde eiterte nicht mehr, seine Haut hatte wieder ihre frische Farbe bekommen, und er schaffte beim Essen genausoviel wie wir. Jetzt schnitzte er behutsam an einer Kampfkeule herum, der er ein so scheußlich grinsendes Gesicht gab, daß einem das Grauen kommen konnte. Nur wenn er zu rauchen versuchte, bekam er Erstickungsanfälle und mußte die Pfeife weglegen.

Deshalb blickte er schwermütig ins Feuer und drückte seine Hand auf die schmerzende Seite.

»Ich werde langsam ein leerer Sack, den man nur noch mit Essen vollstopfen kann. Tauge ich noch zum Jagen? Werde ich jemals wieder fischen? Kann ich mich verteidigen oder fliehen? Was ist denn das noch für ein Leben!« murmelte er zornig.

»Du hast uns auf unserer Flucht so klug wie kaum einer zu diesem sicheren Platz geführt«, erklärte Simudaikain und hob umsichtig seine Pfeife auf. »Ohne dich wären wir schon lange tot. Du schnitzt dir Waffen, und du knüpfst uns feine Schlingen, sogar solche, die ich vorher noch nie gesehen habe.«

Als sie uns dabei eine Schlinge zeigte, wurden Kitomakkens Augen immer größer, und er packte sie am Handgelenk.

»Wo hast du die gefunden?«

Sie deutete erstaunt nach Westen.

»Keine drei Pfeilweiten von hier . . .«

Wir ahnten es beide und starrten sie voll Angst an.

»Hast du nur eine solche Schlinge gefunden?«

»Ja, ganz zufällig. Eigentlich hatte ich nicht vermutet, daß ihr so dicht bei unserem Lager Schlingen auslegt. Glaubst du denn . . .?«

Er brauchte gar nicht zu nicken, wir begriffen es auch so. Ein Unbekannter hatte die Schlinge ausgelegt, bevor wir hierher gekommen waren. Wir waren also in dieser Wildnis, die wir für so sicher und abgelegen gehalten hatten, nicht allein. Vorsichtig nahmen wir unsere Waffen und sonstigen Habseligkeiten und wanderten, nachdem wir das Feuer gelöscht hatten, in die Dunkelheit hinein. Erst als wir etliche Pfeilschüsse weit von unserem Lager entfernt waren, wechselten wir wieder ein paar Worte.

»Vielleicht ist es ja auch nur eine von der Winterjagd liegengebliebene Schlinge«, überlegte ich, doch Simudaikain schüttelte ihren Kopf.

»Darauf können wir nicht setzen. Sie ist nämlich aus Tannenwurzeln von diesem Jahr geknüpft. Und hat auch noch nicht lange gelegen. Das sah man an den Gräsern rundherum.«

»Es kann doch auch ein einsamer Jäger gewesen sein, der sich hier aufgehalten hat, aber als wir gekommen sind, geflohen ist. Wenn es mehrere gewesen wären, dann hätten sie versucht, uns zu überrumpeln.«

»Dann ist der einsame vor mehreren Tagen geflohen, um Hilfe zu holen und uns zu töten. Wir müssen also mit unseren Sachen ein paar Tagesmärsche weiterziehen. Erst wenn die Gipfel des Schneegebirges hinter uns liegen, sind wir sicher.«

»Pst!«

Ohne Atem zu holen, blieb Simudaikain stehen, während wir uns ins Gras duckten. Nichts zu hören, nichts zu sehen, doch ihr starker Jagdmanitou mußte ihr etwas zugeflüstert haben. Als ich schließlich meinen Kopf vorsichtig nach hinten wandte, um zu sehen, ob uns die Kleine Tante vielleicht ein Zeichen gab, war der Platz, wo sie eben gestanden hatte, plötzlich so leer, als hätte sie sich in Luft aufgelöst.

Pfeifenkopf

12. Kapitel

Wir hielten den Atem an, machten die Augen zu und blinzelten ein paarmal, um unsere Sinne zu schärfen. Sicher verfluchte Kitomacken unsere erbärmliche Hilflosigkeit genauso wie ich. Zwar konnte ich meinen rechten Arm wieder gebrauchen, doch er hatte keine Kraft, und Kitomacken . . .

Ich hörte einen erstickten Schrei, wollte auffahren, doch seine Hände hielten mich mit ihrer alten Kraft zurück.

»Aber sie hat doch geschrien . . . Ist überfallen!«

»Ruhig! Das war nicht ihre Stimme!«

Und mit seiner steinbewehrten Keule in der Hand glitt er so lautlos vorwärts, als hätte er allein durch Willenskraft seine Schwäche bezwungen. Auf der anderen Talseite pirschten wir im Schatten zwischen Grasbüscheln und Gestrüpp vorsichtig weiter. Plötzlich erhob sich Kitomakken und rannte. Ich hatte den hellen Triller auch gehört, der uns rief. Keine Warnung vor Gefahr, nur maßlose Erregung.

Im Gebüsch raschelte und wogte es. Keuchen, knakkende Zweige, miteinanderringende Körper. Dann ein gellender Schrei, den wir nicht wiedererkannten. Zornig und drohend tönte Simudaikains Stimme! Mit erhobenen Steindolch kniete sie im Gebüsch und hatte etwas gepackt, das unter ihr wühlte und zuckte. Der Tragriemen, den sie aus ihrem Gürtel gelöst hatte, hielt Hände gefesselt. Jetzt begann ein lautes Geheul.

Hoher, spitzer Scheitel mit schwarzen Haaren und eine merkwürdig nach hinten geneigte Stirn, die direkt in die Nase überging. Ein Mädchen! Der Körper glänzte vor Öl, war fast nackt, nur mit einem dünnen Moosrock bekleidet. Außer einem Stahlmesser am Gürtel, das es bei Simudaikains blitzschnellem Angriff gar nicht mehr hatte ziehen können, trug das Wesen keine Waffen. Simudaikain riß das Messer flink an sich und öffnete zugleich die kleine Felltasche, die das Mädchen an einem Riemen über seiner Schulter hängen hatte. Feuerstein, Farbdosen zum Bemalen, Kräutermedizin, ein paar Schlingen, ein Tabaksbeutel und Schmuck aus Flußperlen und Nüssen.

Als wir das Mädchen aufgerichtet hatten und mit ihm sprachen, wandte es sich, ohne Antwort zu geben, ängstlich hin und her. Kitomacken, der ein paar Worte aus der Katavbersprache kannte, versuchte es immer wieder. Doch wenn er wissen wollte, woher unsere Gefangene käme und wer sie sei, schielte sie ihn nur erschrocken an.

»Ich zwinge eine Frau nicht gern zum Reden«, sagte er kopfschüttelnd, »vor allem nicht, wenn sie möglicherweise nichts versteht. Das darf nur auf Beschluß des Frauenrats geschehen. Sonst erzürnen wir die Allmutter.«

»Sicherer ist es schon, sie zum Schweigen zu bringen. Schließlich können noch andere in der Nähe sein«, fiel ihm Simudaikain ins Wort und steckte ihr einen Knebel in den Mund. Und dann brachten wir unsere Gefangene zu unserem alten Versteck. Dabei erzählte Simudaikain, daß sie im Gebüsch einen Schatten bemerkt hätte, der über unser verlassenes Lager spähte.

Als sie sich heranschlich, entdeckte die Schattengestalt sie und wollte fliehen, doch meiner kleinen Tante entkommt man nicht. »Sie ist an der Bergwand hochgeklettert, als hätte sie dort ein Versteck und wollte Hilfe holen. Das müssen wir im Auge behalten.«

Nachdem wir den Morgen abgewartet und nichts weiter

bemerkt hatten und die Vögel auch keinerlei Unruhe zeigten, schlich sich unsere Führerin mit schußbereitem Bogen auf den Berg hinauf. Kurz darauf rief uns ihr heller Spottdrosseltriller.

Aus einem immergrünen Lorbeerwäldchen sprudelte eine Quelle. Tief drinnen stand eine kleine Hütte aus fest aneinandergefügten großen Palmblättern, so daß kein Regen eindringen konnte. Aus Zweigen und Gräsern war ein Bett gebaut und mit Murmeltier- und Kaninchenfellen zugedeckt. Mitten im Raum stand ein kleiner Herd. Kürbisflaschen und -schalen, Tonkrüge, Körbe und Taschen aus feinen Wurzelfasern waren reichlich vorhanden. An den Wänden hingen Taschen mit getrocknetem Fleisch und wilden Wurzeln. Dann gab es noch einen Krug voll Honig und einen Ledersack mit Wildreis. Zwischen Weidenruten ausgespannt trockneten frische Häute, und auf dem Bett lag ein Mantel aus geflochtenen Kaninchenfellstreifen und eine Menge anderer Dinge.

Außer einem Eisenbeil und einem langen Blasrohr mit einem fußlangen Köcher mit dünnen Pfeilen, die statt der Steuerfeder einen Flausch aus Wildbaumwolle trugen, waren keine Waffen zu sehen.

Daß außer dem Mädchen hier noch jemand anders lebte, davon war keine Spur zu sehen. Wir fanden nur noch ein zweites Paar Bastschuhe, das an ihre kleinen Füßen paßte, einen Napf und einen Löffel, ferner eine Tabakspfeife und einen Bisambeutel mit einer Wildtabakmischung.

Als wir um die Hütte herum alles absuchten, entdeckte Simudaikain einen Pfad, der über den Berg in ein zweites Tal führte.

»Sie scheint hier ganz allein zu leben«, meinte Kitomacken, als er die Hütte und alle Spuren genau untersucht hatte. Dann setzte er sich aufs Bett und gab uns ein Zeichen, daß wir neben ihm Platz nehmen sollten.

»Aber warum?« fragte er schließlich, nachdem er das Mädchen eingehend betrachtet hatte.

Unsere Gefangene war noch nicht erwachsen. Ihre Brüste begannen sich erst zu wölben. Sie trug nichts weiter als einen dünnen Moosrock und viele Perlenbänder um den Hals. Sie war feingliedrig, aber wohlgenährt und duftete angenehm nach den Süßgräsern, die sie sich ins Haar geflochten hatte. Das Gesicht war gar nicht so häßlich – schmal, mit großen Augen, doch vom Weinen völlig verquollen. Sie sah nur merkwürdig verunstaltet aus mit ihrem gerade zum Scheitel aufsteigenden Nacken. Und auch Nase und Stirn bildeten eine Linie. Als wir ihr den Knebel herausnahmen, zitterte sie vor Angst, und ihre Zähne schlugen aufeinander. Aber sie antwortete auf keine Frage, schien nicht einmal unsere Zeichen zu verstehen. Dicke Tränen kullerten aus ihren Augen, und heftiges Schluchzen erschütterte den ganzen Körper. Seltsam, daß solch ein heimtückisches Wesen, das einem Gefangenen womöglich brennende Harzstücke in die Haut und glühende Kohle in die Nase steckte, überhaupt weinen konnte . . .

Aber der Gedanke, diesen Scheitel aufzuschlitzen und das glänzende Haar abzureißen, war mir einfach unvorstellbar, obwohl ich fand, daß sie als unsere Gefangene für alle Scheußlichkeiten, die Tanganoan und andere aus unserem Volk erlitten hatten, büßen mußte.

Überrascht zeigte Kitomacken auf den Bauch des Mädchens, wo glänzende Brandnarben zu sehen waren. Als es dann in sich zusammenkroch, schüttelte er mitleidig seinen Kopf.

»Das ist wieder so ein armes Ding, das vor seiner Reinigungszeit davongelaufen ist. Die Plattköpfe sind viel grausamer gegen ihre eigenen Leute als alle anderen Völker. Sie sperren ihre Jugendlichen in große Häuser ohne Türen und Fenster ein. Und ohne Feuer lassen sie sie da den ganzen Winter in der Finsternis leben. Maskenmänner, die zu ihrer Versorgung da sind, bringen ihnen verdorbenes Essen, in das sie das Gift des schwarzen Tranks gemischt haben, wonach sich die jungen Leute in Krämpfen winden. Danach nehmen sie sie sich einzeln vor und zwingen sie zu tanzen, wobei sie sie immerzu quälen. Wenn sie Manitou zuletzt leid tun, nimmt er sie unter seinen Schutz. Doch vorher wird noch manchmal kochendes Wasser über sie gegossen, oder man reißt ihre Rücken mit Hechtzähnen auf, schlägt mit brennenden Zweigen auf sie ein oder denkt sich andere Grausamkeiten aus . . . Einigen bekommt das so übel, daß sie entweder ihren Verstand verlieren oder sterben. Und viele, die meinen, den Winter nicht zu überstehen, fliehen schutzsuchend zu anderen Völkern. So habe ich einmal einen Jüngling getroffen, der geflohen war und unsere Sprache gelernt hatte. Der hat mir erzählt, was mit ihm geschehen war. Genau das, was wir hier sehen.«

Nachdem er sich noch einmal gründlich in der Hütte umgeschaut hatte, räusperte sich Kitomacken und löste die Keule von seinem Gürtel. Sie war zwar noch nicht ganz fertig, doch mit dem Biberzahn und scharfen Steinen war es ihm gelungen, ein schauerlich grinsendes Gesicht in die Schlagseite der Keule zu schneiden. Als er uns eine Weile angeblickt hatte, hielt er sie mir mit dem Griff entgegen.

»Vor uns liegt eine Gefangene aus dem Volk unserer Feinde. Und wir müssen entscheiden, ob sie sterben oder weiterleben soll. Du, Amisko, hast einen Bruder verloren und kannst darum als erster das Todeszeichen geben. Wir müssen hier zu einem Entschluß kommen, denn sie kann uns zu einem lebensgefährlichen Hindernis werden.«

Wir fragten uns, ob das Mädchen uns wohl verstanden hatte oder ob unsere Gesten so leicht zu durchschauen waren. Am ganzen Körper zitternd, stürzte es nämlich vornüber.

Als ich die Keule nahm und an meinen Bruder Tanganoan dachte, fühlte ich ihre tödliche Kraft. Doch solange Kitomacken seinen Arm ausstreckte, konnte ich sie nicht auf den Boden schlagen zum Zeichen, daß die Gefangene sterben sollte.

»Denk daran, daß sie vielleicht davonläuft, wenn wir sie leben lassen, und daß wir dann zu Hause kein Siegeszeichen vorweisen können. Der Skalp eines Feindes läßt sich leicht mitnehmen. Er behindert uns nicht, selbst wenn wir verfolgt werden. Außerdem schreit er nicht, noch verrät er uns in einem unbewachten Augenblick.«

Ich schaute auf den verunstalteten Schädel, den mein Schlag treffen sollte, auf seine dünne, durchscheinende Haut. Und obwohl ich einsah, daß Kitomacken recht hatte, zögerte ich, während er noch immer seine Hand schützend über unsere Gefangene hielt. Er fuhr fort:

»Doch eine Frau ohne das Urteil des Frauenrats zu töten, ist eine schwere Sünde gegen die Allmutter. Wenn es uns gelingt, die Gefangene lebend nach Haus zu bringen, dann ist das eine viel größere Ehre und ein nützlicherer Erfolg. Sie kann unserem Stamm viel besser dienen, als ein Skalp das vermag. Eine schwere Entscheidung, und ich weiß nicht, wie ich an deiner Stelle handeln würde, muß dich aber darauf hinweisen, was aus deiner Wahl alles entstehen kann.«

Als ich meinen Kopf schüttelte, senkte er seinen Arm.

»Ich will nicht, daß sie sterben soll. Drei von uns getötete Katavber liegen am Bergpaß. Unsere Toten sind also gerächt. Wenn es sein muß, kann sie immer noch sterben. Aber ersteinmal soll sie leben. Denn das Leben einer Frau ist heilig. Sie ist ein Stück von der Allmutter.«

Damit legte ich die Keule in Simudaikains Hand. War es Einbildung, oder versiegten die Tränen des Mädchens wirklich nach meinen Worten? Es hob jedenfalls seinen Kopf und schielte zu uns herauf.

Kitomacken wandte sich jetzt an die Kleine Tante: »Dein Herz erinnert sich an Tanganoans Tod. Und als Frau sitzt du mit in der Versammlung des Frauenrats, wenn darüber entschieden wird, ob sie in unser Volk aufgenommen oder getötet werden soll. Aber dein Wort gilt auch hier schon mehr als unseres, denn du bist eine Frau.«

Nachdem sie die Keule einen Augenblick in ihrer Hand gewogen hatte, legte sie sie kopfschüttelnd in die Kitomackens zurück. »Wir Frauen tragen die Lebenskraft in uns. Wir sind nicht zum Töten da, nicht einmal eine Simudaikain. Ich glaube, daß Tanganoans Geist durch die von uns getöteten Krieger jetzt seine Ruhe gefunden hat. Viele Nächte hat er meine Träume nicht mehr gestört, schon seit wir uns nach jenem Kampf wiedergetroffen haben. Sein Geist hat sich von dem Skalp in dem Katavberdorf gelöst und wandert nun durch die Nächte, um den Sternenweg der Geister über den Himmel zu finden. Laßt uns ein kleines Feuer zu seinem Geleit anzünden und Essen hinstellen, damit wir sicher sein können, daß er seinen Weg zu den guten Jagdgründen findet. Das ist viel besser, als auch noch ein kleines Mädchen in unseren Träumen zu sehen. Schließlich sind wir nicht so grausam wie die Katavber und *voapsits*, oder?«

Kitomacken nickte hustend und befestigte die Keule wieder an seinem Gürtel. Dann legte er seine Hände übereinander. »Damit haben wir eine schwere Aufgabe übernommen, jetzt, wo wir von allen Pfaden nach Hause so weit entfernt sind. Aber von einem höheren Standpunkt aus betrachtet, haben wir wohl richtig gehandelt. Denn ich möchte die Allmutter auch nicht gern erzürnen, indem ich einer Frau etwas antue.«

Langsam richtete sich das Mädchen auf. Sein Gesicht war noch immer voller Angst, doch es weinte nicht mehr.

Noch schluckend und zitternd, doch über alle Maßen

erleichtert, holte es Atem und äugte durch sein Haar zu uns hinüber.

»Komisch«, murmelte Kitomacken, »man könnte meinen, daß sie alles verstanden hat, was wir eben verhandelt und beschlossen haben.«

Das Mädchen schluckte und schluckte, und sein Mund bewegte sich, als wollte es sich an etwas erinnern. Es schüttelte seinen Kopf hin und her, versuchte wohl auf etwas zu kommen, was schon lange zurücklag, senkte schließlich demütig den spitzen Scheitel und begann zum erstenmal zu sprechen:

»*Keene*«, flüsterte es. »*Keene*!«

»Aber . . . Aber das klingt ja wie unsere eigene Sprache. Vielen Dank hat sie gesagt.«

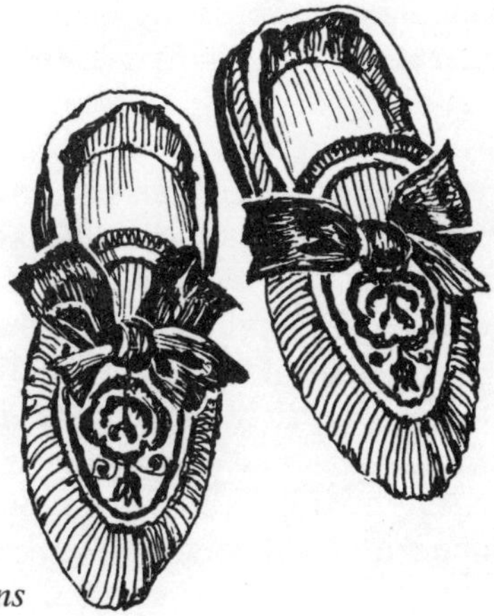

Squaw-Mokassins

13. Kapitel

Mit großen, erschrockenen Augen schaute das Mädchen uns an, sagte jedoch erst wieder etwas, nachdem Kitomakken es an der Schulter geschüttelt hatte.

»Hast du verstanden, wovon wir gesprochen haben?« fragte er barsch und machte dazu erklärende Handbewegungen. Unsere Gefangene blickte ihn furchtsam an und nickte dann langsam. »Ja, ich habe alles verstanden«, sagte sie in einem fremden Dialekt, der aber unserer Sprache so ähnelte, daß wir ihre Worte verstanden. Außerdem hatte sie jetzt ja die Hände frei und konnte sich noch mit Zeichen helfen.

»Vielen Dank, daß ich leben darf!«

»Das hängt von dir ab«, erklärte Kitomacken. »Wir nehmen dich als Gefangene mit. Was dann später geschieht, dafür ist der Frauenrat verantwortlich. Doch nun erzähl uns, wo du herkommst und von wem du diese Sprache gelernt hast. Denn du bist doch ein Plattkopf. Oder gehörst du zu den südlichen Völkern, deren Sprache wie unsere klingt?«

Sie schüttelte ihren Kopf, hatte offenbar nichts verstanden. »Ich bin bei den Pikvas geboren. Wir wohnen weiter im Süden, sind aber einmal aus dem hohen Norden gekommen, viele, viele Winter, bevor meine Mutter mich geboren hat. Seid gut zu mir! Ich bin keine Katavbe. Aber sie haben meine Mutter gezwungen, mich zu einer zu machen. Sie ist als Gefangene vor vielen Wintern bei den Katavbern aufgenommen worden. Und da hat sie zulassen müssen, daß mein Kopf in die Klemmzwinge gesteckt wurde, weil ich wie die anderen Kinder aussehen sollte. Doch meine Mutter hat mir heimlich ihre Sprache beigebracht. Sie wollte nämlich eines Tages mit mir zu ihrem Volk zurückkehren, heim zu dem Fluß, der den Namen ihres Stammes trägt, dem Savanna-Fluß.«

»Shawnee!« rief Kitomacken, sich auf die Knie schlagend, aus. »Also lebt ein Stamm von diesem Volk da unten im Süden! Eine größere Gruppe ist einmal aus dem Land des Blauen Schilfs zu uns gekommen und wohnt nach einem Friedensvertrag schon viele Winter bei uns. Ja, jetzt erkenne ich auch die Sprache wieder, obwohl du manchmal Worte hineinbringst, die ich nicht verstehe, doch die stammen vielleicht aus der Katavbersprache . . .«

Während wir sie anschauten, dankte ich im Innern meinen Manitou, daß er mir zur Schonung geraten hatte. Aufatmend fragte ich: »Bist du gerade auf dem Weg zu dem Volk deiner Mutter?«

Doch sie schüttelte ihren Kopf, fast so, als fürchtete sie, wir könnten ihr wegen ihrer Unwissenheit böse sein. Dann deutete sie mit einer unbestimmten Handbewegung nach Süden oder Südosten.

»Ich weiß nicht, wo mein Volk lebt. Meine Mutter hat immer gesagt, wir könnten erst dorthin fliehen, wenn ich groß bin, weil es so weit ist. Man muß nämlich an den Manitouhütten im Schneegebirge vorbei, und das ist gefährlich. Die bösen Manitous wollen nicht, daß man über ihre Berge zieht. Aber bevor ich groß war, ist meine Mutter gestorben. Und jetzt, wo wir es versuchen könnten . . . Ja, und dann mußte ich in das verschlossene Haus! Und hatte keine Familie, die den Maskenmännern Geld gibt, damit sie ihre Kinder besser behandeln. Als wir klein waren, haben wir im Dorf die Eingeschlossenen manchmal wie verwundete Tiere schreien hören. Ab und zu haben wir die Männer nachts auch ein Mädchen bringen sehen, das heimlich begraben werden mußte, weil sie es nicht ausgehalten und nicht dazu getaugt hatte, eine richtige Frau zu werden. Jede Nacht sind die Maskenmänner wie böse, schwarze Geister gekommen, als sie dann selbst im verschlossenen Haus war. Brennende Zweige und Dornenruten haben sie gehabt, und wir mußten aufstehen und mit ihnen tanzen. Oft sind wir krank geworden und mußten uns nach dem verdorbenen Essen übergeben. Sie haben uns gedroht, daß dies erst der Anfang sei, und noch anderes, viel Schlimmeres zu uns kommen würde. Andere Mütter weinten um ihre Kinder und beteten für sie, daß sie Kraft bekämen, bis zum Frühling durchzuhalten. Und sie haben den Maskenmännern Geld gegeben, damit sie mit ihren Kindern ein bißchen behutsamer umgingen. Aber für mich hat niemand gebetet, weil ich ja als eine Pikva geboren bin und keine Familie habe.

Eines Abends habe ich mich vor der Luke, durch die die Geister hineinschlüpften, auf die Lauer gelegt. Als der letzte vergaß, sie zuzumachen, bin ich hinausgesprungen und davongelaufen. Zwanzig Abende hatte ich schon vergebens darauf gewartet. Mir war nämlich klar, daß ich es nicht solange aushalten würde, bis mir Manitou seine Gnade erwies. Deshalb habe ich meine Sachen genommen und bin in den Wald gerannt. Das haben schon viele vor mir gemacht, wenn sie es nicht länger ertragen konnten. Wenn man sich, bis der Schnee vom Boden geschmolzen ist, verborgen halten kann, dann ist man bis zur Mitte des nächsten Winters frei. Aber dann wird man Tag und Nacht bewacht, damit man nicht noch einmal davonläuft . . .«

Die Erinnerung ließ sie vor Angst zittern, und sie kratzte sich blutige Stellen auf die Stirn, während sie ihre Augen weit aufriß.

»Nein, ich hätte es nicht länger ausgehalten. Am liebsten wäre ich nie geboren worden. Dabei wollte ich doch so gerne leben und eine angesehene Frau werden.«

»Bei unserem Volk«, erklärte Simudaikain mit weicher Stimme, »da leitet und berät einen die eigene Mutter, ehe man in den Wald hinauszieht, um sich einen Schutzgeist zu suchen. Man muß selber entscheiden, wie lange man beten und fasten kann. Und wenn es zu schwer wird, dann kehrt man eben nach Haus zurück, um sich Kraft für das nächstenmal zu holen. Wenn du mit mir in das Haus meiner Mutter kommst, dann zeige ich dir, wie du dir einen Manitou gewinnen kannst, ohne durch solche scheußlichen Prüfungen zu gehen.«

Aber dann unterbrach sie sich, als fürchtete sie, sich der Gefangenen gegenüber als zu weichherzig gezeigt zu haben. Sie stieß sie mit dem Fuß an.

»Los, steh auf und koch uns Essen! Wir bleiben solange hier. Wie lange lebst du hier denn schon so allein?«

»Seit ich im Schneemonat geflohen bin. Zuerst habe ich gehungert und war auch krank, aber nichts hat mich so gequält wie die Angst, entdeckt zu werden. Hier gibt es keine Spuren von Menschen, dafür aber soviel wilden Reis, daß die Vögel ihn nicht auffressen können, und da habe ich mir Vorräte gesammelt. Und ich habe auch mein Blasrohr, meine Schlingen und meine Angelschnur bei mir. Wenn ich auch ausgehungert war und mich fürchtete, so ist es doch schön gewesen, hier in Frieden zu leben. Denn nichts war so schlimm wie das verschlossene Haus.«

»Ist eigentlich jemand aus deinem Volk in der ganzen Zeit hierhergekommen?«

»Keine Menschenseele. Niemand, bevor ich euch gesehen habe. Und da habe ich zuerst geglaubt, die Maskenmänner seien gekommen und wollten mich holen. Doch dann hörte ich euch eine ganz andere Sprache sprechen, eine, die ich ein bißchen verstand. Ich hab mir überlegt, ob ihr vielleicht Shawnee wärt und mir helfen könntet. Aber ihr tragt ja nicht solche Federhauben, die nur dieses Volk hat. Darum habe ich lieber abgewartet und gelauscht, um ganz sicher herauszubekommen, wer ihr überhaupt seid. Als ihr mich dann entdeckt und gefangengenommen habt und ich hörte, daß ich vielleicht sterben müßte, da fand ich das immer noch besser, als für einen ganzen Winter in das verschlossene Haus zurückgebracht zu werden.«

Während sie sprach, bemühte sie sich eifrig, den Herd in Gang zu bringen, legte Kochsteine zum Wärmen zusammen und setzte einen mit Harz abgedichteten, großen Birkennapf mit Wasser, wildem Reis, Eichhörnchenfleisch und Gewürzkräutern auf. Mit einer langen Holzgabel griff sie dann die heißen Steine und legte sie in den Napf, worauf das Wasser schnell zu sieden und zu blubbern anfing und ein herrlicher Dampf aufstieg.

Nachdem wir unsere Löffel und Schalen hervorgeholt hatten, setzten wir uns, und Simudaikain forderte das Mädchen mit einer Handbewegung auf, mit uns zu essen. Was es dann auch so bescheiden tat, daß es kaum etwas herunterkriegte. Es hieß Jay, das bedeutet Blauhäher.

Simudaikain nahm Jays Hand und drückte sie ganz leicht.

»Nachdem, was du erzählt hast, hoffe ich, daß wir dich ohne Fesseln herumlaufen lassen können, jedenfalls solange du nicht aus unserer Sichtweite verschwindest. Aber denke immer daran, daß ich Die im Walde bin, und nie eine Spur, egal ob von Mensch oder Tier, verliere. Wenn du uns davonzulaufen versuchst, dann hole ich dich lebendig zurück und binde dich an den Todespfahl. Denn es reicht auch, wenn wir nur deinen Skalp mit nach Hause bringen.«

Als das Mädchen vor Schreck zu weinen begann, räusperte sich Kitomacken.

»Wenn wir dir vertrauen können, dann darfst du gehen

wie wir. Ich habe gedacht, daß wir uns hier solange ausruhen, bis wir stark genug sind, zu den weißen Hütten der Manitous am Himmelsrand emporzusteigen und dann hinunter in das Tal deines Volks. Denn ihr seid immer unsere Freunde gewesen. Vor langer, langer Zeit sollen wir sogar einmal ein Volk gewesen sein, sagen die gelehrten *medaer*. Bei euch können wir dann ausruhen und uns mit allem versorgen, was wir für unseren Heimweg brauchen. Was meint ihr dazu?«

Wir saßen in Gedanken versunken da. Unsere Mägen waren mit der herrlichen Suppe gefüllt, der Jay einen für uns fremden Geschmack gegeben hatte. Denn sie kannte viele Kräuter und Gemüse, die in unserem nördlichen Land nicht wachsen. Als niemand Einwände gegen seinen Vorschlag machte, zündete sich Kitomacken eine Pfeife mit ihrem Tabak an. Ganz vorsichtig, damit kein Rauch in seinen Hals gelangte, nahm er ein paar Züge, legte die Pfeife dann fort und atmete erleichtert auf, weil kein Hustenanfall kam. Dann nahm ich die Pfeife, um dem Allmächtigen meinen Tabakgesang darzubringen, während er fortfuhr:

»Wir tun gut daran, wenn wir uns Zeit lassen. Denn es wird noch lange dauern, bis ich wieder ein richtiger Mann bin, wenn ich überhaupt je wieder so werde wie früher.«

»Du bist schon jetzt stärker als alle anderen«, erwiderte Simudaikain leise und kniete sich neben ihn, um sich seine Wunde anzuschauen.

Kitomacken streckte sich auf Jays Bett aus. Wir legten uns in unsere Mäntel gehüllt auf den Fußboden. Jay hatten wir zwischen uns genommen, damit wir sofort aufwachten, falls sie versuchen sollte, sich davonzuschleichen. Wir lagen lange unruhig wach und grübelten, ob sie wohl die Wahrheit gesprochen hatte oder ob sich ein Haufen mit Todesfarben bemalter Plattköpfe schon an uns heranpirschte. Ich stellte mir auch vor, wie stolz wir zu Hause mit einem gefesselten Gefangenen einziehen konnten, noch dazu mit einer Frau, die doppelt soviel wert ist wie ein Mann, der nur sein eigenes Leben besitzt, während eine Frau unserem Volk auch alle ihre Kinder schenkt.

Doch plötzlich fiel mir ein, daß Jay ja als eine Shawnee und nicht als Katavbe geboren war. Und wenn sie zu dem Volk ihrer Mutter kam, dann konnte es sie in seinen Schutz nehmen und sie bei ihrer Sippe bleiben. Doch ich war zu müde, um länger über die Sache nachzudenken und beschloß, daß wir darüber einmal sprechen müßten, wenn Jay uns nicht hören konnte.

Keule

14. Kapitel

Weit im Südosten erblickten wir die steilen Gipfel des Schneegebirges wie ferne, glänzende Hütten – unvorstellbar groß. Im Tal dahinter sollte der südliche Fluß fließen, wo vermutlich die Heimat von Jays Mutter war. Woher Jay ihren Namen Blauhäher hatte, verstand man, wenn man ihr einen Augenblick zuhörte. Denn nachdem sie sich sicherer fühlte und in Simudaikains Gesellschaft aufgelebt war, wagte sie nun, nach unserem nördlichen Land zu fragen. Und sie berichtete, was sie noch von ihrem eigenen Volk und seinen endlosen Märschen durch das Land des Blauen Schilfs und über die Berge der Cherokee wußte.

Es war, als hätten wir eine neue Heimat gefunden. So geborgen fühlten wir uns in dieser einsamen Gegend, wo wir obendrein noch in einer ordentlichen, dichten Hütte wohnten, die uns vor allen Winden und selbst vor den kältesten Nächten schützte. Wir hatten auch so viel Nahrung, daß wir uns um die tägliche Jagd keine Sorgen zu machen brauchten. Jay, die sehr geschickt mit ihrem langen Blasrohr umging, schoß Eichhörnchen, Murmeltiere und Wildenten. Auch besaß sie genügend Wildreis für uns alle. Die Eicheln aus ihren Vorräten hackten Simudaikain und sie klein, begossen sie mit Bitterwasser, trockneten sie auf einer Steinplatte in der Glut und siebten sie anschließend durch einen dünnen Bastkorb. Daraus konnten sie dann Eichelgrütze kochen oder Brotfladen backen.

Mit Bogen und Köcher unternahm Simudaikain häufig

Streifzüge in die Bergtäler, von denen sie mit einem Waschbären, einem Truthahn oder einem Reh wiederkehrte.

Jetzt saß ich am Herd und schnitzte mit einem scharfen, wenn auch abgenutzten Stahlmesser an einem neuen Bogen herum, der meinen bewährten Biberzahn als Waffe ersetzen sollte. Nachdem ich meinen Schutzgeist andächtig gedankt hatte, lag er nun nämlich wieder in meinem heiligen Beutel.

Als Jay gemerkt hatte, welche Schmerzen ich hatte, setzte sie sich nach Frauenart mit untergeschlagenen Beinen hinter mich und begann, mit ihren festen, warmen Fingern meine verletzte Schulter durchzukneten. Und um das Gift aus meinem Fleisch zu vertreiben, dehnte sie ihre Massage nach allen Seiten aus. Dazu summte sie leise ein Heillied, das sie von den weisen Eulenfrauen der Katavber gelernt hatte. Ihre Behandlung half meiner Schulter besser als alles andere vorher. Und während sie mir half, den Arm zu strecken und zu beugen, erklärte sie mir unaufhörlich, was für ein Glück ich doch gehabt hätte, daß ich einen Jüngling mit einem Pfeil für Kleinwild begegnet sei. Denn die Vergiftung, die solch ein Pfeil hervorruft, ist für einen erwachsenen Mann selten lebensgefährlich. Ganz anders als die, wenn man von einem für den Kampf mit Menschen bestimmten Blasrohrpfeil getroffen wird.

Auch Kitomacken erholte sich gut. Zwar hustete er noch manchmal schlimm, doch wir besaßen inzwischen genügend lösende Säfte, für die Jay Kräuter sammelte und die sie viel besser zu mischen verstand als Simudaikain. Sie wusch seine Wunde mit Wasser, in dem sie Birkenrinde abgekocht hatte, und bereitete ihm Tees aus Tulpenbaumrinde und verschiedenen Kräutern, die wir nicht kannten. Da beklagte sich Simudaikain bitter über ihr unstetes Jägerleben, das ihr nicht erlaubte, die alten Heilkünste der Frauen zu erlernen.

Doch als Kitomacken ihre Hand drückte, verstummte sie.

Jays Blick wanderte fragend zwischen den beiden hin und her. Doch sie gaben ihr keine Erklärung für ihr Verhalten.

Jay war jetzt munterer, vielleicht weil es ihr Spaß machte, wieder die Sprache ihrer Mutter zu sprechen und nicht mehr so einsam leben zu müssen. Aber oft fanden wir sie auch irgendwo zusammengekauert sitzen, und wenn wir sie ansprachen, zuckte sie erschrocken zusammen.

Doch sosehr sie sich auch bemühte, uns alles recht zu machen, vertrauten wir ihr doch nicht ganz. Dabei hätte sie genug Gelegenheiten gehabt, uns davonzulaufen. Sie dachte wohl an unsere Warnungen und kehrte stets von ihren Ausflügen zum Fluß, wo sie Heilkräuter sammelte und nach den Schlingen sah, und aus dem Wald, indem sie Brennholz sammelte, zurück.

Nach jedem ruhig verlaufenen Tag und mit dem heranrückenden Sommer stiegen unsere Hoffnungen. Kitomakken konnte nun allein umherspazieren und sich irgendwo in die Sonne setzen. Er schnitzte an einem zweiten mannshohen Bogen aus Walnußholz, das Simudaikain ihm geschnitten und grob vorgeformt hatte.

Sein Husten klang leichter, seine Wunde war fast geheilt, und er konnte sich viel besser bewegen.

Aber die Furcht saß uns immer noch im Nacken. Und ich wachte manchmal nachts auf und lauschte, ob meine Biber-Schutzgeister mir etwas von ihren fernen Dämmen zuflüsterten. Dann ging ich hinaus und opferte Tabak, den ich mit einem Blatt Zwergsumach und Süßwurzelstücken vermischt hatte, um meinen Manitou einen angenehmen Duft darzubringen. Dabei bat ich, daß die Biber uns nicht vergessen, sondern in allen drohenden Gefahren helfen möchten.

In meinen Träumen erlebte ich oft noch einmal die Angst des Überfalls und die Flucht mit dem gelähmten, schmerzenden Arm. Von Unruhe gepackt, sprang ich dann mitten in der Nacht auf. Wahrscheinlich waren aber nur Kitomackens Gekeuche und sein Husten im Schlaf daran schuld. Simudaikain legte sich dann leise an seine Seite, und ich bewachte unsere Gefangene allein.

Jay war weder groß noch stark, dafür aber schnell und gewandt. Wie leicht hätte sie eine der vielen Waffen, die überall in der Hütte herumlagen, nehmen und uns alle drei niederstrecken können, ehe wir überhaupt zur Verteidigung wach geworden wären.

Eines Nachts erwachte ich angstzitternd aus dem Halbschlaf. Kein Laut, aber Jay war nicht mehr an meiner Seite. Furcht vor einer tödlichen Bedrohung packte mich, und ich tastete nach meiner Keule, fand sie aber nicht. Simudaikain lag bei Kitomacken und gab ihm mit ihrer Lebenswärme Stärke, weil seine Brust wieder von den Geistern der Krankheit geplagt wurde.

Auf einmal entdeckte ich auch Jay. Sie saß zusammengekauert im Eingang neben dem Bogen und ihrem eigenen gefährlichen Blasrohr. Vor ihr lag ein Beil.

Mit angehaltenem Atem suchte ich immer noch meine Keule. Da sah ich, wie sich die dünne Gestalt da draußen zum Angriff spannte! Ich wollte mich zusammenrollen, da entdeckte ich endlich meine Keule. Sie lag fast unter meinem Körper. Jetzt war ich bereit, das Mädchen niederzuschlagen, aber da . . .

Da lief ein Zittern durch ihren Körper, sie sank in sich zusammen, und ich hörte ein ersticktes Schluchzen. Von plötzlicher Erleichterung war ich wie gelähmt. Ich streckte meinen Arm aus, strich über ihren merkwürdigen Scheitel und fragte: »Was hast du?«

Sie zitterte am ganzen Körper, schluckte, und es dauerte eine Weile, bis sie etwas Verständliches herausbrachte.

»Ich hab nur solche Angst im Schlaf gehabt. Hab geträumt, daß die Maskenmänner gekommen sind und mich mitnehmen wollten. Und da hab ich solche Angst gekriegt . . .«

Damit verstummte sie, duckte sich und zog den Kopf ein. Doch ich verstand auch ohne Worte, was sie noch mehr fürchtete. Sie wußte ja, daß wir überlegt hatten, ob wir sie töten und nur ihren Skalp mitnehmen sollten. Sie hatte Angst, daß wir unsere Meinung geändert haben könnten und sie im Schlaf erschlagen würden, wie man das tut, wenn das Opfer schmerz- und angstfrei sterben soll. Aber weil sie ihr Leben bedroht fühlte, bestand da nun nicht die Gefahr, daß sie zuerst zu töten versuchte? Ich blickte sie mißtrauisch an. Wie klein und zart sie doch war, sicher noch keine vierzehn Winter. Ich mußte einfach noch einmal ihren Scheitel berühren und ihr versichern:

»Du kannst ruhig schlafen. Wir haben beschlossen, daß du lebend mit uns nach Haus kommen sollst. Du brauchst nicht zu glauben, daß wir dich deinen Feinden ausliefern. Da muß es erst einen Kampf auf Leben und Tod geben. Und du stehst den Katavbern nicht mehr allein gegenüber. Wir sind jetzt vier.«

Still vor sich hinweinend, kroch sie ein bißchen näher an mich heran, und ich fühlte, wie ihre Hand mich vorsichtig berührte. So als müßte sie den anfassen, der ihr versprochen hatte, sie zu verteidigen, und der sie ruhig schlafen ließ. Ich legte wieder meine Hand auf ihren Scheitel, einmal, damit sie nicht aufstehen konnte, ohne daß ich wach wurde, aber auch, weil sich ihr dickes Haar so warm und weich anfühlte.

Ich lauschte noch eine Weile in die Nacht hinein, doch alles war still. In der Ferne arbeitete Bruder Biber, meldete aber keine Gefahr. Dann schlief ich auch ein und hatte keine bösen Träume mehr.

15. Kapitel

Ich hatte eine Spur gefunden, die mir bisher noch nie begegnet war. Sie sah aus, als sei jemand auf dem Bauch und mit großen Krallenfüßen über den Sumpf gekrochen. Die Breite ließ mindestens auf den Bauchumfang eines erwachsenen Mannes schließen.

Als ich durch das Schilf auf das Wasser spähte, entdeckte ich längere Zeit überhaupt nichts, nahm nur einen scheußlichen Dunst wahr, dort, wo die Spur verschwand . . . Plötzlich fuhr ich zusammen und machte große Hasensprünge nach hinten! Etwas, was ich zunächst für einen großen, vermoderten Baumstamm gehalten hatte, dieses Etwas lebte und atmete. Ein gewaltiges Untier, doppelt so lang wie ein Mann, mit einem unglaublichen Rachen und dem Schwanz einer ungeheuren Eidechse! Vorsichtig kroch ich auf das trockene, sichere Land und mochte mir nicht einmal vorstellen, was geschehen wäre, wenn ich meinen Steinspitzenpfeil auf dieses Wild losgelassen hätte. Denn es trug auf seinem Rücken eine knotige Borkenschicht, die bestimmt mindestens so unverwundbar wie der Panzer einer Schildkröte war. Als mir dann einfiel, daß wir vielleicht in der Gesellschaft solcher Bestien durch die Flüsse geschwommen waren, wurde ich noch nachträglich vor Entsetzen ganz rot. Da mußte ja Manitou seine schützende Hand über uns gehalten haben.

Innerlich sehnte ich mich danach, mein Glück als Jäger

wieder einmal zu probieren. Denn wegen meiner Wunde hatte ich mehrere Mondumläufe, nämlich seitdem wir die Wälder verlassen hatten, kein Wild mehr getötet.

Endlich entdeckte ich einen riesigen Stelzvogel, so ähnlich wie ein Kranich, doch größer als alle, die ich je gesehen hatte. So vorsichtig, wie ich nur konnte, spannte ich meinen Bogen, wobei ich mich gegen einen Baumstamm lehnte, weil meine verletzte Schulter noch immer nicht ihre volle Kraft hatte. Meine Schultersehnen brannten, bis ich den Vogel endlich so vor meiner Pfeilspitze hatte, daß ich den Schuß abgeben konnte. Darauf schlug der Riese mit seinen Flügeln, flatterte noch ein paarmal und stürzte dann in das Schilf.

Ich hatte kaum Hand an ihn gelegt, als ein lautes Brüllen mich zusammenzucken ließ. Durch das Schilf wälzte sich diese furchtbare Riesenechse auf mich zu! Sofort versuchte ich, meinen Bogen zu spannen. Doch mein Arm schmerzte zu sehr und ich mußte aufgeben. Also ergriff ich nur schnell den Vogel mit meinem gesunden Arm und rannte davon! Und jetzt bewegte die Bestie sich wahrhaftig vorwärts. Und fast so schnell wie ein laufender Bär, trotz ihrer kurzen Beine! Aber als ich höheres Gelände erreichte, blieb sie zurück und kehrte schließlich um.

Meine Schulter schmerzte so, daß ich mich nur mit allergrößter Mühe weiterschleppen konnte. Aber ich hatte nach drei Mondumläufen zum erstenmal wieder Wild erlegt! Ich mußte schwer schuften, bis ich unser verborgenes Tal erreichte und auf Jay stieß, die mit frischen Wilderbsen gerade aus den Sumpfwiesen kam. Als sie meine Plackerei sah, nahm sie mir sofort meine Bürde ab und massierte behutsam und geschickt meine Schulter. Langsam ließen die Schmerzen nach, und ich fühlte mich wieder besser.

Das Mädchen versicherte mir, in ihrer jetzt immer leichter fließenden Sprache, was für ein Glück wir doch mit diesem frischen Vogel hätten, der obendrein noch so prächtig fett sei. Und wie schön es sei, daß ich wieder gesund sei und Beute nach Hause bringen könnte. Fast hätte ich über die wohlbekannten Lobsprüche gelacht, die Mütter und Schwestern stets auf ihre heranwachsenden Söhne und Brüder verschwenden, wenn sie ihre erste Jagdbeute erlegt haben. Oder auch auf einen Kranken, der wieder jagen kann und sein erstes Wild heimbringt.

Doch da verstummte Jay plötzlich und starrte mit einem langen Seufzer westwärts über das Tal . . .

In weiter Ferne stieg ein dünner, weißer Rauch aus dem Wald! Ein Irrtum war ausgeschlossen, Nebel konnte es nicht sein. Nur ein Lagerfeuer, das eine Gruppe von Jägern angezündet hatte. Denn Krieger, die auf unserer Spur waren, hätten sich gehütet, am hellichten Tag einen Rauchstreifen sichtbar werden zu lassen.

Das war eine tödliche Bedrohung für unser sicheres Versteck, in dem wir in aller Ruhe und mit Hilfe von Jays Vorräten Kräfte gesammelt hatten.

»Ich muß Simudaikain warnen!« flüsterte sie erschrokken. »Sie jagt bestimmt unten bei den Biberteichen!«

Ehe ich mich besonnen hatte, war sie schon aufgesprungen und verschwunden. Ich rief ihr befehlend nach, sofort stehenzubleiben, doch zu spät. Da befiel mich die scheußliche Angst, sie sei durch das Unterholz den Berg hinauf zum Lagerfeuer gelaufen. Und schnell würde der Stoßtrupp eines Katavberhaufens hier ankommen . . .

Ich rannte zur Hütte und warnte Kitomacken, der Jays Flucht kopfschüttelnd zur Kenntnis nahm. Dann steckte er die Finger in den Mund und stieß seinen durchdringenden Falkenruf aus, der im Umkreis von mehreren Pfeilschußweiten durch die Luft hallte und mit seinem gellenden Ende vor einer Gefahr warnte. Vor Anstrengung faßte er sich hinterher an die Brust, stand aber sofort mit seinem Gepäck auf dem Rücken, dem Bogen in der Hand und Keule und Messer am Gürtel abmarschbereit da.

Nachdem wir auch die Sachen der Mädchen aufgeteilt hatten, schlüpften wir ins Gebüsch, wo wir jeden hätten sehen können. Mein Herz klopfte wild, und über der Aufregung hatte ich fast vergessen, wie schwach mein Arm noch war. Ich merkte es erst wieder, als ich meinen Bogen spannen wollte.

Wohin mochte Jay geflohen sein?

Und wie weit entfernt war Simudaikain?

Kitomacken gab mir ein Zeichen, daß wir nicht länger warten konnten, und so flohen wir im Flußbett, wo uns keine Spuren verrieten.

»Aber Simudaikain?« fragte ich.

Mit gefaßter Sorge schaute er kopfschüttelnd an mir vorbei, ging aber weiter. Erst nachdem wir viele Pfeilweiten zurückgelegt hatten, blieb er stehen und balancierte über einen umgefallenen Baumstamm aufs Trockene. Dort bewegte er sich vorsichtig vorwärts, bis wir auf einen Bergrücken einen großen Walnußbaum erreicht hatten. Von hier aus konnten wir das Tal überblicken und jeden sehen, der uns folgte.

Er ließ sich im Schatten nieder, wo ihn auf zehn Schritt niemand entdecken konnte, und lächelte übers ganze Gesicht. »Lange können wir hier aber nicht bleiben«, flüsterte er dann aufatmend. »Simudaikain versteht meine Gedanken zu lesen und weiß, wohin wir gehen. Es wäre eine große Dummheit gewesen, wenn wir da unten geblieben wären, wo man uns so leicht entdecken kann. Wir müssen eben darauf vertrauen, daß sie sich von niemandem überraschen läßt.«

Damit lehnte er sich bequem zurück und versuchte, seinen Husten zu unterdrücken. Doch er wandte seinen Blick nicht von dem Weg, den wir gekommen waren. Als die Sonne unterging, schüttelte er enttäuscht seinen Kopf und erhob sich. Er brach einen Zweig aus der Krone des Walnußbaums und steckte ihn zwischen ein paar andere

Zweige. Dann schlug er die Richtung südwärts zum Schneegebirge ein. Bis unser kleines Tal in der Dämmerung verschwunden war, vermieden wir alle einsehbaren Plätze und Bergrücken. Erst als er beim Luftholen röchelte, verringerte Kitomacken sein schnelles Tempo. Schließlich ließ er sich auf einem kleinen Hügel in einem dichten Gebüsch nieder.

»Die Kleine Tante wird uns hier nie finden«, murmelte ich traurig, als ich mich neben ihm niederwarf. »Sie weiß ja nicht einmal, in welche Richtung wir gelaufen sind. Und in der Finsternis entdeckt man hier niemanden.«

Er warf mir einen fast feindseligen Blick zu, als wollte er nicht an das erinnert werden, wovor er selber Angst hatte. Als Antwort bekam ich nur ein Knurren zu hören. Er murmelte, daß er hätte vorauseilen müssen, um uns auf der Flucht nicht zu behindern. Und sie würde schon wissen, wo sie uns zu suchen habe.

Die Dunkelheit wurde größer, und Kälte stieg auf. Hinter uns verschwammen die hohen, weißen Bergspitzen im schwarzen Himmel. Aus der Ferne leuchtete der Mond, als hätte jemand oben am Himmel, in der Heimat der Kälte, ein Lagerfeuer angezündet, zu dem wir irgendwie hinaufgelangen sollten.

Ich hatte keine Hoffnung mehr, Simudaikain je wiederzusehen. Die Kleine Tante würde uns nie finden, wenn nicht ein wunderbarer Glücksfall . . . Wenn sie jetzt nicht zu uns stieß, dann war sie in einen Hinterhalt geraten, angelockt von der heimtückischen Jay, mit der ich einmal Mitleid gehabt hatte und die so freundlich Leben in meine Schulter geknetet hatte, daß ich meinen Bogen einfach nicht auf sie spannen konnte. Ich besaß nur vier Pfeile mit Knochenspitzen, doch die waren gut genug geschärft, um mein Leben verteidigen zu können. Außerdem hingen die Schlagkeule und ein Schilfrohrmesser an meinem Gürtel.

Die Dunkelheit verdichtete sich zur Nacht, und Kitomacken seufzte fast lautlos vor Sorge und Enttäuschung, als begänne nun langsam seine feste Hoffnung zu schwinden. Nachdem er sich noch einmal nachdenklich mit der Hand über seine Stirn gefahren war, legte er sich zur Ruhe, doch ich sah seine Augen leuchten und unentwegt spähen.

»Wollen wir nicht weiter?« fragte ich. »Jetzt in der Finsternis kann uns keiner sehen. Vielleicht errät sie, welchen Bergpaß wir gewählt haben, und holt uns dort oben ein. Aber hier, wo wir jetzt sind, findet sie uns bestimmt nicht.«

»Sie weiß, wo wir sind«, knurrte er. »Wenn sie am Leben ist, dann kommt sie hierher. Tut sie das nicht . . .«

Er schluckte plötzlich, sprang auf, und der dünne Vogelpfiff hallte zwischen seinen Fingern. Aus der Nacht antwortete eine Spottdrossel, schon ziemlich nah, oben von dem Bergrücken mit dem großen Walnußbaum. Da wurde mir auf einmal klar . . .

Ein Walnußbaum vor der Hütte, in der wir gewohnt hatten! Und ein Walnußbaum auf dem Bergrücken, wo wir gerastet hatten und die Hütte noch gut sehen konnten. Der Zweig, der von dort in die Richtung wies, die wir eingeschlagen hatten!

Dann war Simudaikain bei uns, und hinter ihr erschien Jay. Kitomacken nahm Simudaikains Hand, zog sie zu sich herunter und flüsterte mit ihr. Er wollte wissen, ob sie etwas bemerkt habe, doch sie schüttelte ihren Kopf.

»Ich habe erst durch Jay von dem Rauch gehört, den ihr gesehen habt. Und da sind wir im Kreis um das Lager herumgegangen, um nicht in einen Hinterhalt zu fallen. Dann sind wir deinen Spuren gefolgt.«

Sie schien nicht einmal erhitzt von ihrem langen Marsch, obwohl sie noch einen Truthahn auf der Schulter trug. Jay keuchte dagegen vor Erschöpfung.

Wegen der Kälte lagen wir so dicht zusammengedrängt

wie möglich. Die Nächte hier oben in den Bergen waren nämlich sehr frisch. Während ich Wache hielt, hörte ich Jay mit den Zähnen klappern, und weil ich selber nicht fror, legte ich meinen Mantel über sie. Ihr Schlaf wurde darauf auch sofort ruhiger. Erst in der Morgendämmerung, als die anderen aufwachten, sich reckten, streckten und sich enttäuscht umschauten, weil sie nicht mehr in der trockenen, warmen Hütte waren, nahm ich meinen Mantel wieder.

Wir spähten durch das klare Morgenlicht in der Richtung, wo wir den fernen Rauch vermuteten. Er war aber nun verschwunden. Damit wußte ich also immer noch nichts über das Feuer, das wir gesehen hatten und das uns von dem Platz hatte aufbrechen lassen, an dem wir uns fast einen ganzen Mondumlauf ausgeruht hatten.

Wir wandten uns dann zu dem gewaltigen Schneegebirge und opferten den dort lebenden mächtigen Geistern Tabak. Danach suchten wir uns einen Pfad, der dicht unter dem Himmelsrand an ihren Wohnungen vorbeiführte.

Schachtel aus Birkenrinde

16. Kapitel

Rings um uns erhoben sich die steilen Wände der weißen Berge. Es war fast unmöglich weiterzuklettern. Es gab weder Weg noch Steg, nur einen Bergpaß, über den wir hinwegzukommen hofften. Alles war unheimlich verlassen, nichts als schwarze Felsen, die über uns hingen, und hoch oben Manitous weiße Wohnungen. Kein einziger kleiner Busch, nirgends ein Grasbüschel zum Feuermachen, nur Moos und hier und da Flechten. Der Wind fuhr uns eiskalt in die Mäntel. Dazu dröhnte es so merkwürdig in unseren Ohren, als wären sie verstopft, und das Atmen fiel uns schwer, als wäre die Luft hier in der Heimat des Allmächtigen Geistes scharf und gefährlich.

Wenn wir zum Atemholen stehenblieben, opferten wir Tabak und baten unsere Schutzgeister um Fürsprache bei dem mächtigen Beherrscher dieses Bergs. Überall spürten wir unsichtbare Wesen um uns. Manchmal klangen ihre hallenden Stimmen von den Bergwänden zu uns herunter. Sie konnten auch die Gestalt eines riesigen, weißen Wirbels annehmen, der sich auf uns herunterstürzte und ein Stück vom Berg mit sich riß, um das wir dann herumklettern mußten. Und hin und wieder schwebten Wald- und Berggeister grün und leibhaftig in der Luft. Aus Kitomakkens Brust keuchte es manchmal, als müßte er ersticken. Doch er schwieg und schleppte sich mit erbitterter Kraft weiter, wie einer, der sich nicht besiegen lassen will. Dabei trug er genauso Gepäck wie wir.

Jay hatte am meisten Angst. Sie besaß ja noch keinen eigenen Schutzgeist und war dem Manitou ihres Volkes davongelaufen. Nun fürchtete sie, daß man sie hier oben, wo alles so feindselig war, daß sogar die Luft stach und die Berge in den engen Schluchten wie Donner grollten, holen könnte.

Hier gab es weder Holz für ein wärmendes Feuer noch Wild. Was wir an Nahrung mitgeführt hatten, war aufgegessen. Zähneklappernd machten wir Rast und krochen eng zusammen, um nicht zu erfrieren. Unsere Glieder waren schon erstarrt. Es war der »Wurmmonat«, den die Weißen März nennen, und in dem in unserem Land der Schnee schmilzt und an den Bächen der Stinkkohl blüht und die Würmer und Fliegen wieder hervorkommen. Im Süden ist nie richtiger Winter, nicht einmal im »Dunklen Monat«. Dafür scheint hier in den Bergen mitten im Sommer die böseste Kälte zu herrschen.

Simudaikain kletterte an einem Seil die Bergwand empor. Dann ließ sie es herunter, damit wir uns daran hochziehen und oben weiterklettern konnten. Doch unser Pfad wurde immer dunkler, und so mußten wir schließlich oben auf dem Berg, geschützt zwischen ein paar Felsblöcken, unser Lager aufschlagen und dort versuchen, wenigstens ein bißchen zu schlafen.

Die Sterne glänzten ganz nah, und der Weg der Geister war wie ein Strom heller Kieselsteine, durch die der Mond schien. Kleine Schattenwesen wanderten nach Westen in die Heimat der guten Geister. Schließlich erstarben die Erscheinungen in der Dunkelheit. Schwarze Wolken zogen wie heimtückische Gespenster zwischen den Bergen, ballten sich zusammen, bedrohten uns jedoch nicht.

Endlich konnte ich einschlafen, wachte aber plötzlich wieder auf! Jay hatte neben mir gelegen, so daß ich im Schlaf ihre Wärme fühlte. Nun schreckte ich hoch, weil es an meiner Seite kühl wurde.

Jay war geflohen!

Auf mein Rufen wachten auch die anderen auf, und Simudaikain stürzte davon. Ich bin zwar flink auf den Beinen, doch sie rannte wie ein Hirsch, ohne sich überhaupt nach den Spuren umzusehen. Sie sauste den glatten Pfad entlang, der zu dem Hohlweg führte, den wir hochgeklettert waren. Und kehrte kurz darauf schon mit dem weinenden Mädchen zurück. Jay gestand, daß sie nur aus Angst vor dem Allmächtigen Geist hier oben geflohen sei. Denn sie besaß ja keinen Manitou wie wir. Und war noch ein Kind.

Wir überlegten, ob wir sie nicht lieber töten sollten, wenn wir ihr nicht vertrauen konnten. Doch das mochte keiner von uns tun. Sie war so lange bei uns, daß sie trotz dieses Vorfalls schon ganz zu uns gehörte. Simudaikain erzählte, daß, als sie sie entdeckt habe, Jay zwar das Blasrohr auf sie gerichtet habe, aber nicht die Luft habe sammeln können, um den Pfeil abzuschießen. Statt dessen sei sie weinend zusammengesunken. So begnügten wir uns damit, sie zu fesseln.

Jay schluchzte vor Angst vor den schrecklichen, schwarzen Wolken, die immer näher kamen. Ich schauderte auch und legte mich schließlich zu ihr, damit wir uns unsere Wärme teilten. Darauf wurde sie schnell ruhiger. Ich ließ sie noch meinen heiligen Beutel berühren, dessen Macht sich ja als so groß erwiesen hatte, daß er ihr ein bißchen Schutz abgeben konnte. Beruhigt schlief sie ein, und es war schön, in der bitterkalten Nacht an ihrer Seite zu liegen.

Als wir erwachten, war die Dunkelheit fort, doch uns umhüllten so dichte, weiße Nebel, daß wir nur ein paar Schritte weit sehen konnten und nicht wußten, ob wir unseren Weg fortsetzen sollten. Überall konnten Schluchten lauern und Abgründe gähnen, und wir konnten uns nicht an der Sonne orientieren.

Doch Kitomacken erklärte, er habe es satt, hier noch länger still herumzuliegen und sich krank zu frieren. Er wollte weiter, irgendwohin, wo wir ein Feuer machen konnten. Außerdem mußten wir bald dort sein, wo der Berg wieder abfiel.

Langsam vorausgehend, tastete er sich mit seinem Bogen vorwärts. Die Bewegung machte warm, und als wir merkten, daß wir allmählich die abschüssigen Steilhänge erreichten, gingen wir schneller.

Allmählich hellte sich der Himmel auf. Die Nebel sanken, um uns herum wurde es immer klarer, bis wir schließlich mitten im hellen Sonnenlicht standen und die mächtigen Hütten der Manitous auf den verschneiten Bergen hinter uns sahen. Nachdem wir ihnen Tabak geopfert hatten, sanken die Nebel noch tiefer und lagen nun wie ein wolliges Land zu unseren Füßen. Es leuchtete so stark, daß unsere Augen schmerzten. Vor uns entdeckten wir jetzt eine Stelle, von der wir absteigen konnten. Simudaikain übernahm die Führung. Jetzt wagten wir auch, Jay wieder frei laufen zu lassen, und gaben ihr ihr Gepäck und ihre Waffen zurück.

Beim Abstieg verflüchtigte sich das vor uns liegende Wolkenland, und wir gerieten wieder in leichte Nebelschwaden, doch wir konnten beim Klettern genug sehen. Zur Mittagszeit entdeckten wir in den Bergspalten die ersten Grasbüschel und Büsche.

Und dann erblickten wir ein düsteres, graues Land mit langen Bergrücken und kleinen Tälern fast so wie bei uns im Norden.

Wir hungerten immer noch. Bevor es jedoch Abend geworden war, hatte Jay mit ihrem Blasrohr eine große Taube erlegt, auch Simudaikain hatte eine getötet. In einem geschützten Hohlweg konnten wir endlich ein Feuer anzünden und uns wärmen und satt essen.

Bisher hatten wir keine Feinde gesehen. Auch der Himmelsgeist des Berges hatte uns nichts Böses antun können. Unten in den Wäldern konnten wir uns wieder Nahrung verschaffen.

Zur Nacht fesselten wir zur Sicherheit Jays Füße. Ich nahm ihren Kopf in meine Arme, damit sie nicht so unbequem lag, und ich eventuell einen Fluchtversuch bemerkte, aber auch, weil sie so erleichtert seufzte und ihre Wärme so angenehm war.

»Ich mag mir gar nicht vorstellen, wie ich allein über diesen Berg hätte kommen sollen«, murmelte sie und rieb dabei ihren Kopf an meiner Schulter. »Ich hätte mich nicht auf ihn hinaufgetraut und wäre nie hier angelangt.«

Vom Feuer gewärmt und in unsere Mäntel gewickelt, schliefen wir, vor den eiskalten Bergwinden geschützt, ruhig ein.

Als ich aufwachte, saß Simudaikain am Feuer. Die Sonne schien ihr auf den Rücken, während sie aus den Taubenknochen und Kräutern eine Suppe kochte. Das war alles, was es gab. Es stärkte uns nicht sehr, aber es wärmte, und wir marschierten guten Muts weiter.

Die Wolken segelten davon und die gewellte Hügel- und Waldlandschaft sahen wir im hellen Tageslicht nun viel näher vor uns liegen. Sie hatte viel Ähnlichkeit mit unserer Heimat, nur daß die Wälder hier graugrün gefärbt waren. Einzelne hohe Palmen hoben sich heraus, und auf den Hängen wuchs gewaltiges Schneidegras, und in den Tälern standen Haine aus großen Laubbäumen, von denen dunkles Hängemoos herabhing.

»Seht mal, da . . .!«

Wir starrten wie verzaubert! Tief unten floß ein Fluß, und vor ihm, gar nicht weit entfernt – so schien es jedenfalls in der klaren Luft – war eine gerodete Fläche! Da stand eine Pfahlmauer um große runde Hütten, die denen unseres eigenen Volks so glichen, daß es uns den Atem verschlug.

Auch Simudaikain rief plötzlich: »Das ist ja wie zu Hause!«

Jay hob die Arme und schrie wie der Vogel, dessen Namen sie trug: »Genauso . . . genauso hat mir meine Mutter ihr Dorf beschrieben! Keine Wände aus Baumstämmen, nur gewölbte Rindenstreifen und Bastmatten. Da lebt die Sippe meiner Mutter.«

Und sie rannte los.

Kopfbedeckungen mit Federschmuck

17. Kapitel

Erst nach einer längeren Jagd hatten wir sie eingeholt. Sie fiel auf die Knie und flehte, daß wir sie doch nicht fesseln sollten! Denn sie habe uns ja gar nicht weglaufen wollen, sondern sich nur aus Freude, daß sie ihre Verwandten wiedersehen würde, vergessen. Als wir sie doch am Fangriemen festgebunden hatten, erklärten wir ihr, daß sie zur Sicherheit bei uns bleiben müßte, denn wir könnten ja auch von ihrer Sippe angegriffen werden. Obwohl wir so schnell gingen, wie wir konnten, verloren wir das Bild im Wirrwarr der vielen Bergtäler bald aus den Augen. Erst am Abend, als wir wieder auf einem Hügel standen und den Fluß glänzen sahen, meinten wir, den Hang zu erkennen, vor dem das Dorf lag.

Merkwürdig . . . Oder täuschten uns unsere Augen? Um diese Zeit wurde doch gekocht, da mußten doch Feuer leuchten und Rauchwolken in die Baumkronen ziehen, so daß man das Dorf schon auf die Entfernung von einem Tagesmarsch sah? Aber wir erblickten da vorn in der Lichtung nichts weiter als einen dunklen Schatten!

»Kann dein Volk seine Dörfer für Feinde und Fremde mit irgendeinem Zaubertrick unsichtbar machen und sich damit schützen?«

Jay schüttelte genauso verwirrt wie wir ihren Kopf. Darauf nahm Kitomacken einen Pfeil und schaute an seinem Schaft entlang, als ob er dadurch hinten in der Dämmerung einen bestimmten Punkt fester ins Auge bekommen wollte. Und dann schüttelte auch er verwundert den Kopf.

»Da ganz hinten scheint etwas zu sein, doch gespenstisch dunkel! Aber mit einem Dorf, wo abends keine Feuer zu sehen sind, stimmt etwas nicht. Am besten ist, wir pirschen uns ganz vorsichtig heran, damit wir nicht in eine Stammesfehde geraten und für Feinde gehalten werden.«

Nachdem wir uns in ein geschütztes Tal zurückgezogen hatten, zündeten wir uns zum Kochen ein kleines Feuer an. Wir hatten genug Stinkkohl und Wilderbsen gefunden und an den Bächen ein paar Schildkröten erlegt, so daß wir uns richtig satt essen konnten. Dabei erzählte Jay, was sie von ihrer Mutter über das Land ihrer Eltern wußte. Und ich war so gespannt, als sollte ich nach dem ewigen Umherziehen endlich wieder nach Hause kommen.

Der Morgen brachte wieder kalten Nebel, doch es war wärmer als in den Bergen. Wir gingen den rinnenden Quellen nach und wohin die Zweige der Bäume uns wiesen. Als wir noch gar nicht lange unterwegs waren, erreichten wir einen schmalen Pfad, dem wir ins Dorf folgten. Und dann entdeckten wir auch schon Schlingen im Gebüsch und Fischreusen in den Bächen. Kitomacken brach einen belaubten Zweig ab und trug ihn als Friedenszeichen vor sich her.

»Komisch, daß wir keinen Menschen und auch keine frische Spuren sehen.«

Jetzt tauchten die ersten Lichtungen auf. Mais, Bohnen, Melonen, Sonnenblumen und Tabak waren dort geerntet worden, Reste lagen noch auf großen, welken Haufen. Der Pfad war breit und festgetrampelt, schien jedoch lange von keinem Menschen mehr begangen zu sein. – Dabei war jetzt bald Tag, die ersten Dorfbewohner müßten schon bei der Arbeit sein!

Der *iila* hieß uns stehenbleiben, schwenkte seinen Zweig und faßte prüfend nach dem Bogengriff.

»Hier geht es nicht mit rechten Dingen zu! Vielleicht ein Hinterhalt oder ...«

Er befahl uns äußerste Vorsicht und schlich leicht wie ein Luchs von Versteck zu Versteck, von Schatten zu Schatten, fast unsichtbar für unsere Blicke, die ihm überallhin folgten.

So behutsam wir konnten, glitten wir hinter ihm her, bereit, bei jeder auftauchenden Gefahr in Deckung zu gehen. Als sich die Äcker zum Dorf hin öffneten, erblickten wir die Palisade aus dicken Baumstämmen, die es schützend umgab. Aber noch immer keine Menschen. Unten am Ufer standen in langer Reihe die Bootshäuser und die Hütten zum Dampfbaden. Die Häuser des Dorfes waren wie bei uns groß und gewölbt, nur die Dächer waren anders gedeckt.

Nicht einmal ein Hund schlug an!

»Seht!«

Da entdeckten wir – als hätten wir plötzlich neue Augen bekommen – daß das, was wir von weitem für einen großen Holzhaufen gehalten hatten, in Wirklichkeit erschlagene, skalpierte Männer waren, die übereinander lagen!

Wir standen lange wie gelähmt. Doch als dann ein gewaltiger, schwarzer Vogel angeflattert kam und sich mit ausgebreiteten Flügeln wie *pauguk* selber auf die Toten setzte, da schwirrte auf einmal Kitomackens Pfeil durch die Luft, und der Geier sank mit seinen weiten Schwingen über den Leichen zusammen.

Kitomacken befahl, daß wir uns verstecken sollten, während er im Schatten der Pfahlmauer vorwärts schlich. Mit seinem Pfeil berührte er einen der Körper, und nachdem er noch einmal ins Dorf gespäht hatte, sagte er:

»Das muß schon vor mehreren Tagen geschehen sein. Aber Feinde haben sich hier nicht versteckt! Denn dann würden keine Geier umherfliegen. Bleibt mit unserer Gefangenen hier und behaltet Wald und Fluß im Auge, damit wir nicht überrascht werden. Ich suche im Dorf nach einem Fluchtweg, ehe wir alle hineingehen. Wenn die Feinde das Dorf auch geplündert haben, so wird es da noch genug geben, was wir gut brauchen können.«

Darauf verschwand er mit erhobenem Bogen durchs Tor, und wir sahen die Geier mit gellenden Schreien auffliegen.

»Sie haben mein Volk ermordet . . .« flüsterte Jay und streckte flehend ihre gefesselten Hände zu uns empor. »Ach, darf ich mich denn nicht wenigstens verteidigen, wenn sie uns auch angreifen?«

Nachdem Simudaikain und ich einen Blick gewechselt hatten, lösten wir den Fangriemen von ihren Händen. Ich gab ihr Blasrohr und Köcher, Beil und Messer, und Jay atmete erleichtert auf. Wir versteckten uns zwischen den Bootshäusern. Dort konnten wir bei Gefahr Kitomacken rufen und ins Gebüsch fliehen.

Aber wir hörten nur die gequälten Rufe der Totenseelen, das Geiergeschrei und das schwere Flügelschlagen, als Kitomacken die Vögel verjagte.

Als uns dann sein Falkenruf rief, folgten wir ihm. Alle Häuser waren verlassen. Überall lagen erschlagene Menschen, selbst die Hunde hatten sie nicht leben lassen.

Kitomacken hielt sich im Schatten einer hohen Eiche verborgen, die ihre Zweige über das Pfahlwerk streckte. Von dort winkte er uns jetzt. Wir konnten bei Gefahr leicht in die Baumkronen klettern, uns von den Zweigen auf den Acker hinunterlassen und uns dann in den Büschen verstecken.

»Nirgends Leben?«

»Nein, aber fast sechzig Tote, meist alte Männer. Ein feindlicher Stamm hat das Dorf nachts überfallen, und kein einziger Bewohner scheint davongekommen zu sein. Die meisten Männer müssen wohl auf dem Kriegspfad gewesen sein. Denn es sind wenig Krieger unter den Toten.

Wenn sie lebend geflüchtet wären, dann wären sie bestimmt zurückgekehrt, um ihre Leute zu begraben. Hier am Baumstamm steht in Bilderschrift auf einer Rindentafel, daß die Sieger Yamasier aus dem Norden gewesen sind. Über hundert Gefangene hätten sie genommen, prahlen sie, junge Männer, Kinder und Frauen – und alle übrigen erschlagen . . . Und sie fordern die Shawnee auf, Rache zu nehmen, falls sie dazu fähig seien. Das würde ein Krieg auf Leben und Tod werden. Denn die Yamasier sind zwar ein großes Volk, doch ich weiß, daß kein Volk solche Krieger hat wie die Shawnee.«

»Paßt auf!«

Simudaikain, die am Dorftor Wache hielt, hatte den Warnruf ausgestoßen und zeigte auf die Toten. Wir wichen zurück und hoben unsere Waffen.

Eine der stillen, skalpierten Gestalten hatte sich bewegt . . . Jetzt wälzte sich der Mann mühsam auf dem Bauch heran und blickte uns an. Er versuchte, weiter zu kriechen, und hob dabei seine Arme zu der Bilderschrift am Baumstamm empor. Dann wollte er etwas sagen, doch ein Röcheln erstickte seine Worte, so daß wir nichts verstanden. Darauf streckte er seinen Arm aus, bekam die Rindertafel zu fassen und riß sie herunter. Er schob sie unter sich, als wollte er sie verstecken, und blieb dann still liegen. Für immer.

Die Geier, die bei unserer Ankunft in die Bäume geflogen waren, schlugen ihre schwarzen Flügel wie schwere Schatten über uns und schrien . . .

Schüssel

18. Kapitel

Wir hatten mitten auf dem Dorfplatz aus zwölf verschiedenen Holzarten ein Feuer vorbereitet, Schalen mit Suppe aufgestellt und rund um den Holzstoß Tabak gestreut. Als der Abendstern durch die Blätter der großen Eichen leuchtete, zündete Kitomacken das Feuer an und schleuderte die Flamme nach allen Seiten, um die bösen Manitous zu verscheuchen. Mit erhobenen Armen bat er dann den Allmächtigen um gutes Geleit für diese armen Toten, damit sie die Winterstraße, den Weg aller Verstorbenen, fänden und hinter dem Westhimmel in die Heimat der Seelen gelangten.

Er dankte den Toten für all das Gute, was wir uns aus ihren verlassenen Hütten genommen hatten. Sie brauchten es ja doch nicht mehr, während es uns auf unserem langen Heimweg vielleicht das Leben retten konnte. Zugleich erinnerte er daran, was wir für die Toten getan hatten. Wir hatten sie in ihre Hütten gelegt, ihnen Essen und Trinken hingestellt, dann alles gut abgeschlossen, um die Raubtiere fernzuhalten, bis die Angehörigen der Toten kommen und sich um ihre Grablegung kümmern würden.

Als der Holzstoß mit heller Flamme brannte und seinen Schein über das verlassene Dorf ausbreitete, brachen wir auf und zogen in ein abgelegenes Laubwäldchen unten am Fluß. Dort zündeten wir uns zum Kochen ein kleines Feuer an und getrauten uns endlich auszuruhen. Wir waren schnell satt und kamen uns unglaublich reich vor. Obwohl das Dorf geplündert worden war und alle Pelze, Wampums, Feuerwaffen und Silbersachen fehlten, so hatten wir doch gute Messer, Beile, Werkzeuge und eine Menge von Pfeilen mit Eisenspitzen gefunden.

Uns gehörten jetzt Kochtöpfe und mehrere Säcke Fleischmehl und anderes Gemahlenes, was wir solange entbehrt hatten. Wir hatten prächtige Kleider, warme Felle und Mäntel.

Außerdem besaßen wir noch ein ganzes Otterfell voll guten Tabak. Wir konnten also unseren Schutzgeistern Opfer bringen und ihnen danken, daß sie uns so gut geschützt und dorthin geführt hatten, wo wir diese wunderbaren Gaben gefunden hatten. Nun atmeten wir den heiligen Rauch in alle Himmelsrichtungen aus und bliesen ihn zum Himmelsgeist empor und zur Erdmutter in das Dämmerreich hinter den grauen Moosvorhängen hinunter. Ganz besonders dankten wir noch einmal den Toten und baten Manitou, daß er sie leicht und ohne Prüfungen über den Himmel wandern lassen möge.

Verwirrt und bekümmert fragten wir uns jedoch, was das Ganze bedeuten könnte. Jay schluchzte ab und zu. Wir wußten nicht, womit wir sie trösten sollten.

Kitomacken fing wieder an zu husten, doch der Husten war jetzt schon mehr Gewohnheit, als daß die verletzte Brust daran schuld gewesen wäre. Und während er den Rauch ausstieß, erklärte er: »Bei allem Unglück haben wir doch merkwürdig viel Glück gehabt. Erst einmal, daß du eingegriffen hast, Simudaikain, und dann, daß wir Jay gefunden haben, die uns hierher geführt hat. Aber wir stehen noch mitten in den Gefahren. Wir dürfen nicht glauben, einfach nach Nordwesten marschieren zu können. Dann würden wir wahrscheinlich diese Yamasier einholen und von ihnen wegen unserer Sprache für Shawnees gehalten werden. Vor knapp zwei Tagen haben sie das Dorf erst verlassen, und weit können sie noch nicht gekommen sein, denn sie haben hundert Gefangene bei sich und eine Menge schwerer Beute zu schleppen. Der Weg ins Land des Blauen Schilfs ist alles andere als gut, und weiter im Innern trifft man im Norden auf das Land des Unamivolks, also müssen sie dort doppelt vorsichtig sein.«

Während wir noch unschlüssig dasaßen, schaute Jay plötzlich auf und fragte: »Aber habt ihr denn nicht verstanden, was der Sterbende gesagt hat? Er hat in der Sprache meiner Mutter gesprochen . . . ›Nicht Yamasier, sondern *voapsits* und *saksusits*‹. Nur weiße und schwarze Gesichter, hat er gesagt, und dann ist er tot umgefallen.«

Zuerst starrten wir sie verblüfft an, dann schauten wir uns gegenseitig an, und schließlich sagte Kitomacken kopfschüttelnd: »Nein, im ganzen Dorf war kein einziger Abdruck von den Absätzen der weißen Männer. Und keine einzige Spur von einem *chingtagve*, dem Stahlfuß, von dem sich die Weißen tragen lassen. Nur Spuren von den Ledersocken der roten Männer und den Bastsohlen des Volks aus dem Süden. Du mußt seine Worte falsch verstanden haben!«

»Aber ich hab seine Worte so verstanden«, beharrte sie, »und er hat doch auch das Bild mit dem Schuldbekenntnis der Yamasier heruntergerissen.«

Wie um einen so unsinnigen Gedanken von sich abzuschütteln, machte Kitomacken mit seinem Kopf eine abwehrende Bewegung in ihre Richtung, aber dann räumte er ein: »Warte einmal . . . Da waren natürlich ungewöhnlich viele mit Feuerbüchsen getötet. Weitaus mehr als durch Pfeile. Ja, und manche waren von Pfeilen getötet, die ich vorher noch nie gesehen hatte. Aber das waren nicht viele. Dafür waren aber viele mit den langen Messern der *voapsits* erstochen. Und der eine und andere trug Verletzungen von den scharfen Steinkeulen des Volks aus dem Südland, die so böse Fleischwunden schlagen . . .«

Nach kurzem Grübeln schüttelte er dann wieder verwirrt seinen Kopf: »Wenn du das nicht gesagt hättest, Mädchen, hätte ich keinen Gedanken auf die Sache verschwendet.

Im Herzen des weißen Mannes ist viel Schlechtigkeit. Geiz, Verlogenheit, Grausamkeit und Dummheit. Aber niemals so schwarze Bosheit! Keins der Bleichgesichter, das ich kenne, würde so etwas tun können. Erst solch ein heimtückischer Überfall und dann Spuren hinterlassen, die ein anderes rotes Volk mit der Schuld beladen und zwei Völker in einen Krieg treiben. Nein, so etwas kann kein Volk begehen!«

Sorgenvoll und verwirrt schüttelte Jay ihren kleinen Kopf. Sie konnte es genausowenig fassen wie wir. Zum Trost bot ich ihr meine Pfeife an, die sie auch nahm.

Die Nacht um uns war voller furchterregender, fremder Geräusche und Laute. Die heimtückischen Riesenechsen brüllten unten im Sumpf, und aus dem Wald kamen Vogelschreie, die wir nicht kannten. Aber als ich flußabwärts von weither das Krachen gefällter Bäume hörte, da wußte ich, daß Bruder Biber arbeitete, und das war ein gutes Zeichen. Wir sehnten uns nach unserer Heimat am ruhigen Delaware-Fluß, und wir wollten aus diesem Land mit seinen tödlichen Gefahren und Rätseln heraus. Aber dann fielen mir die Menschen im Dorf wieder ein, die jetzt im Feuerschein des für ihre Todesfahrt angezündeten Scheiterhaufens lagen. Vor ein paar Tagen hatten sie noch geglaubt, sicher und geborgen zu leben und vielleicht auch von allen gefährlichen, langen Märschen heil heimzukommen.

Nun waren die Dorfbewohner erschlagen, oder sie gingen als Gefangene einem unbekannten Schicksal entgegen.

Plötzlich überlief es mich eiskalt. Denn von weither aus den Wäldern des Westens ertönte das dumpfe Brüllen eines jagenden Berglöwen. Ich bekam eine Gänsehaut – gerade dieses Gebiet hatten wir uns für unseren Heimweg ausgesucht.

»Woher kam die Spur der Feinde?«

Simudaikain wies mit ihrem Arm flußaufwärts.

»Sie sind mit Booten vor dem Dorf gelandet. Und ihre Spuren führen vom Fluß fort und wieder zurück. Wasser hinterläßt ja keine Spuren. Aber es ist sehr unwahrscheinlich, daß sie flußabwärts hierher gekommen sind. Sie wären zu leicht gesehen worden, als sie vorbeiruderten, um oberhalb des Dorfes zu landen. Das Land der Yamasier liegt ja auch im Norden. Also sind sie wohl auf einem nördlichen Nebenfluß gekommen, dann in der Dämmerung herübergerudert und haben das Dorf überfallen.«

Nachdem sie eine Weile nachgedacht hatte, schüttelte sie jedoch zweifelnd ihren Kopf.

»Doch das sind nur Vermutungen. Sie haben ihre Boote nicht aufs Ufer gezogen, sondern sie im Wasser bewacht. Entweder wollten sie schnell fliehen können, falls sie zurückgeschlagen wurden, oder aber . . .«

Und als sie dann fortfuhr, leuchteten ihre Augen: »Oder aber, die Boote mit denen sie gekommen waren, sind zu schwer gewesen, um sie an Land zu ziehen. Sie hätten Spuren hinterlassen, die ganz anders ausgesehen hätten als die der leichten Einbäume des roten Mannes.«

Während wir verwirrt grübelten, wandte sich Kitomakken an Jay, streckte ihr seine Pfeife hin und fragte: »Kannst du bei dem heiligen Rauch dieser Pfeife schwören, daß du genau diese Worte von dem Sterbenden gehört hast? Nur diese Worte und nichts anderes?«

Sie nickte und umfaßte gleichzeitig zitternd ihren Kopf.

»Gewiß . . . Nein. In seiner Todesqual hat er ja nur noch geröchelt, aber ich habe seine Worte und seine Absicht so verstanden, als er das Bild herunterriß, das die

Schuld der Yamasier zeigte. Meine Mutter hat auch nie davon gesprochen, daß wir Krieg mit ihnen gehabt hätten. Wir haben uns mit den Katavbern oben im Norden geschlagen und mit den Muskogees im Süden. Auch mit den *voapsits* sind wir immer befreundet gewesen, hat sie erzählt. Die sind immer in das Dorf meiner Mutter gekommen und haben dort viele kostbare, prächtige Sachen verkauft.«

Ich blies meinen Rauch nach Osten, wo ich Bruder Biber arbeiten hörte.

»Aber wohin wollen wir uns nun eigentlich wenden?« fragte ich dann. »Im Norden sind die Katavber, flußaufwärts die Yamasier, im Süden die Muskogees, die den spanischen Papisten gehorchen und von denen meine weiße Familie immer soviel Schlechtes erzählt hat. Und mein Schutzgeist flüstert, daß uns im Westen Gefahr droht.«

»Da unten am Meer wohnen auch die Bleichgesichter«, murmelte Kitomacken zögernd. »Und denen zu mißtrauen, hat man ja gelernt, besonders nach dem letzten Ereignis. Du weißt das ja auch, denn du bist doch von ihnen weggegangen. Wie wir wissen, gibt es Shawnees, die nicht mehr am Leben sind. Außerdem ist das Land sumpfig, und zu Fuß kommt man schwer durch. Aber nehmen wir uns aus dem Dorf eins von den Booten, so sind wir, sobald es Tag wird, so leicht zu sehen wie alle Blauhäher zusammen.«

»Dann rudern wir eben nachts«, antwortete Simudaikain und legte ihre Hand liebevoll auf sein Knie. »Du besitzt zwar noch nicht wieder deine volle Kraft, doch wenn wir rudern, kannst du sie leichter zurückgewinnen, als wenn wir uns mit unserem Gepäck durch den Buschwald quälen.«

Ich schwieg, hätte zwar gern zugestimmt, doch . . . Doch jetzt hörte plötzlich Bruder Biber Genage im östlichen Wald auf. Und von weither ertönte dafür das dumpfe Brüllen eines zweiten Berglöwen ... Als darauf ein Geheul antwortete, wurde mir richtig schlecht. Dazu flüsterte dann noch mein Schutzgeist, daß unter Bruder Bibers Fittichen eine doppelt so schlimme Gefahr auf uns lauere als im fernen Westen.

Aber ich hatte meine Meinung gesagt und mußte nun zu ihr stehen. Und wenn mein Schutzgeist so widersprüchliche Warnungen von sich gab, so konnte ich nichts dafür, wenn ich einen Fehler machte ... Außerdem besaß ich ja das Versprechen, daß Bruder Biber mich retten würde, wenn mir von einem Löwenrachen Böses drohte.

Ein Boot aus dem Dorf hatten wir uns schon besorgt, damit wir unsere Ausrüstung mitnehmen konnten. Nachdem wir unser Feuer gelöscht und mit einem nassen Laubzweig Sand über die Stelle gefegt hatten, stiegen wir ein. Dabei fiel mir auf einmal ein, daß wir Jay ja gar nicht nach ihrer Meinung gefragt hatten, aber dann dachte ich, daß sie eigentlich doch nichts weiter als unsere Gefangene sei. Sie kam auch widerspruchslos mit und nahm dort Platz, wo wir sie leicht im Auge behalten konnten. Dann stießen wir auf den nächtlichen Fluß hinaus, und Sterne und Strömung übernahmen die Führung. Wir ruderten das geschmeidige Boot aus Zypressenholz mit voller Kraft und freuten uns, wie schnell wir mit all unserem Gepäck vorankamen.

Als Kitomacken uns anhalten ließ, graute der Morgen. Der Fluß war jetzt etwas über eine Pfeilweite breit, und dort... Dort drüben auf der anderen Seite lag ein Dorf!

»In diesem Land muß ein böser Manitou herrschen«, murmelte Kitomacken. »Oder ewiger Krieg wie einstmals in dem mächtigen Reich des Volks der Susquehanna, die jetzt vom Erdboden vertilgt sind.« Auf sein Zeichen ruderten wir so schnell wir konnten hinüber, um vor dem

Sonnenschein da zu sein, der uns spähenden Augen verriet.

Zusammengefallene Häuser und wildes Gras, das mannshoch zwischen den Pfählen der Palisade wuchs! Hier hatte der Tod auch gewütet, aber schon vor mehreren Wintern.

Trotz der Gefahr, auf bösen Zauber zu treffen, wollte Kitomacken sich dort umsehen. Um seinen Atem gegenüber allem Heimtückischen, dem er begegnen konnte, zu reinigen, kaute er erst eine rohe Wurzel. Dann sprang er schnell an Land. Als er kurz darauf zurückkehrte, opferte er für alle Toten hinter sich Tabak und bat sie um Verzeihung. Denn wir seien doch nur Flüchtlinge und hätten keinesfalls vor, sie in ihrem Dorf zu stören.

Wir ruderten im Uferschatten zügig weiter. Dabei erzählte er uns flüsternd, als hätte er Angst, die Toten könnten ihn hören: »Hier sind alle Toten begraben. Und auf ihren Gräbern sind Sippenzeichen aufgerichtet. Doch alles deutet darauf hin, daß ein schwerer Kampf das Dorf verwüstet hat. An den Wänden und Baumstämmen sind viele Löcher, wie die Feuerbüchsen der *voapsits* sie machen. Es muß hier in diesem Land einen alles zerstörenden Manitou geben, vor dem wir uns in acht nehmen sollten.«

»Ja«, flüsterte Simudaikain, »wenn es nur nicht schon so spät für ein Entkommen ist . . . Paßt auf!«

Als sie mit dem Paddel nach hinten zeigte, sahen wir, wie flußaufwärts im Sonnenschein die Strömung pfeilartig um ein halbes Dutzend Boote zusammenschlug. Sie steuerten mit so schnellem Schlag auf uns zu daß es nur feindliche Verfolger sein konnten.

Löffel

19. Kapitel

Ohne ein Wort zu sagen, warfen wir uns in die Ruder und trieben unser Boot noch schneller voran. Es kam uns so vor, als flöge es durchs Wasser. Doch ich spürte bald im Rücken und in den Armen, daß wir schon die halbe Nacht gepaddelt hatten und müde waren. In den Booten unserer Verfolger saßen viele Männer, und die Boote trugen sonst keine Last. Es waren Erwachsene, starke Männer, während zwei von uns ja noch nicht ganz erwachsen waren. Jay war fast noch ein Kind, wie geschickt auch immer sie mit ihrem Ruder umzugehen verstand. Simudaikain war natürlich unvergleichlich. Und Kitomacken konnte sich trotz seines Hustens mit jedem anderen Mann messen.

Wir hielten den Abstand, doch die Angst, daß sie allmählich aufholen könnten, stieg.

Kitomackens Blick glitt von Ufer zu Ufer. Er suchte nach einem Platz, wo wir uns gegen eine fünfmal stärkere Übermacht verteidigen konnten. Ich merkte, wie er den Takt unseres Ruderschlags zu steigern versuchte, und wir folgten ihm auch dabei. Gleichzeitig spürte ich jedoch, daß unsere Kräfte diese Anstrengung nicht lange durchhalten würden. Aber noch jagten wir mit peitschendem Schlag über den in der Sonne glitzernden Fluß, während mehrere Pfeilweiten hinter uns der schweigende, haßerfüllte Kriegertrupp immer näher rückte.

Ich versuchte zwar, mir einzureden, daß sie nicht näher kämen, doch als ich wieder nach hinten schielte, konnte ich ohne Schwierigkeit die Männer in ihren Booten zählen. Und als sie um die nächste Flußwindung bogen, hatten sie noch mehr aufgeholt. Sie wagten sogar, das Schilf zu streifen, ohne Angst zu haben, auf Grund zu stoßen. Offenbar kannten sie sich hier in der Gegend gut aus und wußten, daß sie dabei kein Risiko eingingen.

Kitomacken röchelte jetzt beim Atemholen, doch seine Arme kämpften unermüdlich weiter. Ich selber fühlte wieder den lähmenden Schmerz des nadelfeinen Blasrohrpfeils in mir bohren. Und Jay keuchte vor Müdigkeit, obwohl sie tapfer unseren Takt hielt. Nur Simudaikain schien unberührt von allem, wenn auch ihr Körper vor Schweiß glänzte.

»Da!«

Weit vor uns, wo ein Zufluß aus dem Norden mündete, war durch einen Windbruch eine große, vorspringende Halbinsel aus umgestürzten und entwurzelten Bäumen entstanden. Das bot Schutz und Raum zur Verteidigung ... Als unsere Verfolger erkannten, wohin wir flohen, da hörten wir sie zum erstenmal böse Drohungen ausstoßen. Gleichzeitig schlug eine Kugel in unser Kielwasser ein, wir schauerten unwillkürlich zusammen. Aber dann waren wir schon aus ihrer Schußweite heraus und arbeiteten uns weiter voran. Immer näher sahen wir den Windbruch kommen, viele große Stämme kreuz und quer übereinander auf der hohen Sandbank.

Obwohl wir todmüde waren, peitschten wir das Wasser immer noch mit der gleichen Geschwindigkeit und hörten dabei die Meute unserer Verfolger näher und näher kommen. Dann krachte wieder eine Büchse, doch die Entfernung war noch zu groß. Am Ufer krochen große Echsen, wir ruderten geradewegs auf sie zu. Wir schrien aus Leibeskräften und konnten sie damit vertreiben.

Als wir an Land gesprungen waren, zog Kitomacken unser Boot quer auf die Landzunge, so daß es unseren

Schutz an der niedrigsten Stelle verstärkte. Dann baute er sich davor auf und befahl uns an seine Seite. Wir mußten ihm dabei helfen, unsere Säcke und Mäntel in die Lücken neben dem Boot zu stopfen. Nach einer gewissen Zeit sahen wir dann Boot für Boot vorbeifahren, wobei sie Büchsen und Pfeile auf uns abfeuerten. Doch alles flog in hohem Bogen über uns hinweg in die Uferböschung.

Dann bereiteten wir uns vor. Steckten Pfeile vor uns in den Boden, um sie schnell zur Hand zu haben und nicht umständlich in dem Köcher hantieren zu müssen. Ich dankte meinem Manitou, daß wir uns in dem verlassenen Shawnee-Dorf so gut mit Pfeilen und Waffen versorgen durften. Kurz darauf sahen wir die Boote landen. Die Männer, alles Katavbe, sprangen heraus und rannten brüllend auf uns zu . . .

Das Gute an einem Bogen ist, daß er viermal schneller als eine Büchse schießt. Und so hatte der Flintenschütze der Katavber keine Chance gegen uns. Unsere Pfeile brachen wie der Tod in ihren Haufen ein. Ja, sogar Jays Blasrohr ließ einen Krieger schreiend nach hinten taumeln und auf die Böschung stürzen.

Eine Woge von Männern quoll auf uns zu. Als die ersten uns erreicht hatten, stolperten die nächsten schon über die eigenen Gefallenen, rollten übereinander und verletzten sich gegenseitig. Ein einziges großes Ziel für unsere Pfeile. Alle, die zu dicht an uns herankamen, traf entweder Kitomackens oder meine Keule, oder sie wurden von Simudaikains kleinem Beil niedergestreckt. Bald zogen sie sich mit einem halben Dutzend Verwundeten, die sie mit sich schleppen konnten, zurück. Wir keuchten erschöpft, doch Kitomacken zwang uns, Sand zwischen die Stämme zu streuen und alle feindlichen Pfeile zu sammeln und ordentlich aufzustellen. Dann knallte wieder eine Büchse, kurz darauf noch eine zweite, und Kugeln pfiffen über uns hinweg oder bohrten sich in die Stämme. Während wir noch nach Luft schnappten und uns nicht rührten, hörten wir die enttäuschten, wütenden Schreie der Krieger und das Jammern der Verwundeten. Jay lag auf dem Bauch und weinte.

»Ist das nicht das Volk, bei dem du gelebt hast?« fragte ich flüsternd. »Dann brauchst du doch keine Angst zu haben. Als unsere Gefangene läufst du keine Gefahr.«

Doch sie blickte nur kopfschüttelnd auf ihre Blasrohrpfeile.

»Nein, ich will eine Shawnee sein. Und lieber sterben, als daß ich mich noch einmal in das Verschlossene Haus bringen lasse ... Da mußt du mich vorher töten!«

Als sie dann meinen Arm packte, wußte ich nicht, was ich antworten sollte. Doch weil mich ihre Augen so fordernd ansahen, nickte ich schließlich, ohne zu wissen, was ich damit eigentlich gesagt hatte. Und dann wandte ich mich schnell ab.

Wir lagen ganz still und sammelten Kräfte. Von weither hörten wir die Rufe, und ab und zu sausten Pfeile und Kugeln in unsere Richtung. Kitomacken unterdrückte seinen Husten und lauschte. Er robbte zur Brustwehr hinüber, horchte wieder und winkte uns zu sich. Beunruhigt schüttelte er den Kopf.

»Unmittelbar vor uns höre ich keinen Laut. Nur frage ich mich, ob sich nicht ein paar hierherschleichen und sich dann plötzlich auf uns werfen, während die anderen uns solange mit ihren Schreien und Schüssen ablenken.«

Mit gespanntem Bogen standen wir bereit. Dabei hielten wir jetzt Abstand von unserem Schutzwall. Plötzlich waren sie da. Ein Haufen finsterer Gestalten sprang vor uns auf. Sie packten die Stämme und wälzten sich hinter die Brustwehr, wo sie uns vermutet hatten. Mehrere schafften es nicht und fielen mit Pfeilen im Leib wieder zurück. Aber anderen glückte es, doch Kitomackens Keule zerschmetterte einem den Schädel, während ein anderer mit einer gelbroten Pfeilfeder in der Brust liegenblieb. Die restlichen Krieger flohen so schnell, wie sie gekommen waren.

»Die Nuß war zu schwer für sie zu knacken«, keuchte der *iila*, als er sich hinsetzte. »Mit dieser List haben sie vergeblich versucht, uns zu überrumpeln. Nicht einen *iila* der Lenape. Jetzt haben sie es so dick bekommen, daß sie uns wohl nicht noch einmal von Brust zu Brust angreifen werden und dabei riskieren, noch mehr Männer zu verlieren. Ein halbes Dutzend ihrer Leute haben wir verwundet, vielleicht auch mehr. Ganz abgesehen von den beiden, die ihre Skalpe eingebüßt haben. Aber seid auf der Hut. Möglicherweise haben sie etwas anderes ausgeklügelt. Ja, seht . . . los . . . schnell in Deckung!«

Während er sich unter einen Stamm rollte, kratzte er mit den Händen den Sand weg, um so dicht wie möglich an die schützende Brustwehr heranzukommen. Ohne überhaupt etwa zu begreifen, machten wir anderen es genauso. In meinem Spann brannte es, und ich hörte Simudaikain aufschreien. Erst als ich dort im Schutz lag, sah ich, wie der Sand vor unserer Schanze mit Pfeilen gespickt wurde, die mit solcher Kraft aufschlugen, daß sie sich tief in den Boden bohrten. Die Katavber hatten sich auf den Rücken gelegt und schossen ihre Pfeile senkrecht in die Luft, damit sie uns innerhalb unserer Brustwehr trafen. Doch weil die Stämme viele Äste und Auswüchse hatten und teilweise übereinander lagen, hatten wir zu unserem Schutz eine richtige Höhle.

Wie Blumen in einem Beet ragten kurz darauf die Pfeilfedern aus unserer Wehrschanze. Als der Pfeilregen abzunehmen schien, lächelte uns Kitomacken schlau an und stieß dann einen entsetzlichen Schmerzensschrei aus. Die Geschosse kamen sofort wieder dichter angeschwirrt.

Wir warteten noch eine Weile, bis es ruhiger geworden war. Hörten verbitterte Stimmen und das Stöhnen der

Verwundeten, und hin und wieder kam auch noch ein Pfeil. Schließlich fragte ich den *iila*, was sie wohl nun noch ausprobieren könnten, doch er schüttelte seinen Kopf.

Dann starrten wir uns verwirrt an. Wir hörten nämlich, daß sich die Schreie zu ihrer Landestelle hin entfernten, und als wir vorsichtig über die Brüstung spähten, sahen wir sie ihre Verwundeten behutsam an Bord bringen.

Und dann sahen wir die ganze Flotte abstoßen und still nach Westen den gleichen Weg zurückrudern, den sie gekommen war. Ich schrie vor Begeisterung »Hurra«, doch Kitomacken packte mich am Fuß und warf mich auf den Bauch.

»Bist du denn verrückt geworden, Amisko? Wenn du so weiter machst, wirst du nicht mehr lange leben!« warnte er mich. »Du darfst doch nicht glauben, daß sie so leicht aufgeben. Da lauert bestimmt noch ein Haufen im Gebüsch, der nur darauf wartet, daß wir vorbeikommen und eine prächtige Zielscheibe für sie abgeben. Sammele lieber die Pfeile zusammen und stell sie ordentlich auf. Und du, Mädchen, setz dich an den Kessel, damit wir etwas zu essen kriegen. Seid ihr alle unversehrt?«

Als ich ihm meine Schramme zeigte, kam Jay jammernd herbei und legte mir einen Verband an, der das Blut stillen sollte.

Simudaikain, die sich ihre Verletzung an der Stirn selber verbunden hatte, half mir, die Pfeile zusammenzusuchen und schußbereit aufzustellen. Ganze Bündel brachten wir zusammen. Mit einem Beil spitzte Kitomacken dann alle Zweige an, die er erreichen konnte, und steckte sie zur Abwehr zwischen die Stämme.

Wir hielten abwechselnd Wache und ruhten uns aus. Es war, als wäre die Zeit stehengeblieben.

Plötzlich fuhren wir zusammen; denn es kamen wieder Pfeile angeschwirrt, und zwar diesmal schräg über die Brustwehr. Weil uns jetzt die Sonne im Westen blendete, hatten wir nicht gesehen, wie mehrere Männer auf einen Baum geklettert waren und uns von oben anzugreifen versuchten. Doch wir saßen so gut geschützt, daß sie bald aufgaben.

»Bis es dunkel wird, läuft alles recht gut für uns«, murmelte Kitomacken seufzend. »Aber dann müssen wir uns auf ein Wettrudern gefaßt machen oder uns mit unserem Boot heimlich absetzen. Dabei wird es um jede Sekunde gehen. Aber wenn wir unser Leben retten wollen, bleibt uns nichts anderes übrig. Ich möchte versuchen, das Boot auf der anderen Seite der Landzunge ins Wasser zu setzen und dann flußaufwärts zu rudern, was sie vielleicht irreführt . . .«

Wir verstummten. Denn jetzt kamen die Boote der Katavber zurück, und im Vorbeirudern schwirrten wieder Schwärme von Pfeilen auf uns nieder. Wir schossen zurück, doch sie kamen noch näher heran. Schließlich landeten sie wieder am Ufer oberhalb unserer Landzunge. Uns war natürlich klar, daß sie nur die Dunkelheit für einen neuen Überfall abwarten wollten. Darum banden wir inzwischen Reisig zu Bündeln zusammen, die wir anzünden und über den Schutzwall werfen wollten. Damit wollten wir ihren Angriff abwehren und gleichzeitig die andere Seite der Landzunge verdunkeln, um unser Boot unbemerkt zu Wasser lassen zu können.

Dahinten schien alles ruhig zu sein, doch plötzlich sahen wir die ganze Flotte wieder in voller Fahrt mitten auf dem Fluß.

»Halten die uns eigentlich für dumme Jungen«, schnaubte ich, »die man immer mit den gleichen blöden Tricks an der Nase herumführen kann?«

»Nein, sieh doch mal!«

Wir starrten gebannt auf den Fluß.

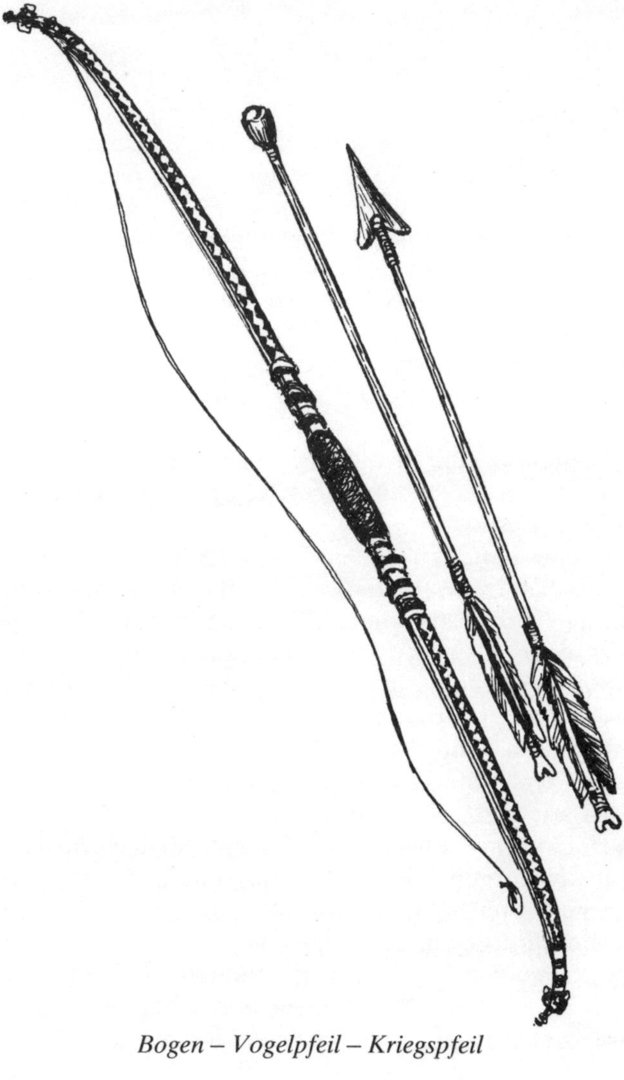

Bogen – Vogelpfeil – Kriegspfeil

20. Kapitel

Eine Menge von Booten kam den Fluß herauf, mindestens ein Dutzend! Aber die Männer an Bord waren keine Katavbe. Es waren hochgewachsene Männer, die auch nicht die Röcke der Völker des Südlands trugen, sondern einen *kuiwan* wie wir zwischen den Beinen hängen hatten. Und auf ihren Scheiteln saßen Federkronen, die sie noch größer machten.

»Nein, aber sind das nicht ... So schmückt sich kein Volk, das ich gesehen habe, außer den ...«

»Shawnees!«

Kitomacken, der näher ans Ufer getreten war, erhob die Friedenshand und zerbrach als Zeichen der Freundschaft einen Pfeil in seinen Händen. Dann rief er sie an. Zunächst sah es so aus, als ob sie die Jagd auf die Katavber fortsetzen wollten, doch dann siegte die Neugier. Sie musterten uns mißtrauisch, besonders als sie Jays spitzen Scheitel bemerkt hatten. Schließlich ruderte der Vornehmste von ihnen an Land und forderte uns mit einem Zeichen auf, näher zu kommen.

»Noch nie hat sich eins der Völker aus dem Norden hier auf unserem Fluß gezeigt. Kommt näher und beweist die Wahrheit eurer Worte. Einer von euch hat bleiche Haut und ein Mädchen einen Katavberscheitel.«

Nachdem Kitomacken seine Waffen abgelegt hatte, schritt er ans Ufer. Wir folgten ihm; denn gegen diese Horde war jeder Widerstand zwecklos. Die einzige Möglichkeit war, ihr Vertrauen zu erwerben. Mindestens fünfzig Waffen umringten uns. Und das Volk der Shawnee stand in dem Ruf, das hartgesottenste auf der ganzen Erde zu sein.

Der Kriegshäuptling, der Opessa hieß, streckte Kitomacken gemessen seine Hand entgegen. Er wirkte ungewöhnlich zart und feingliedrig neben seinen breitschultrigen, kräftigen Begleitern. Nach einem schmeichelnden Wortschwall berührte er die blaue Schildkröte und den großen Bären auf Kitomackens Brust.

»Ja, hier steht einer aus dem Volk der Lenapen vor uns. Lenape, die unsere Väter mit Ehrfurcht ihre ehrenwerten Oheime nannten und denen sie in ihrer Ratsversammlung den Ehrenplatz gaben . . .«

Dann wandte er sein Gesicht zu mir und schaute mich ohne Feindschaft an. Dabei berührte er auch meine Tätowierungen, die mich ebenfalls als Kind der Schildkröte auswiesen. Er nickte.

»Seit langer Zeit leben wir mit den bleichhäutigen *voapsits* in Frieden und Freundschaft, und jeder von ihnen hat freien Zugang zu unserem Land . . .«

Aber dann stieß er Jay, ohne sie anzufassen, mit einer Handbewegung zurück. Und eiskalt kam sein Urteil.

»Doch keinen Katavber, weder Mann noch Frau, dulden wir unter uns. Die unterstehen dem Richtspruch der Todesfrauen.«

»Ich bin als eine Shawnee geboren«, versicherte Jay in der Sprache ihres Volks. »Meine Mutter hat immer gesagt, ich sei eine Shawnee. Und ich bin mit meinen Freunden hier vor den Katavbern geflohen, um bei euch als eine Shawnee zu leben. Daß mein Kopf so aussieht, dafür kann ich nichts. Das haben die Katavber getan, nachdem sie mich und meine Mutter gefangen hatten.«

Als sie sie zweifelnd betrachteten, legte ich meine Hand schützend auf ihren Scheitel.

»Sie ist meine Frau und geht den gleichen Weg wie ich. Und darum sollte er ihr auch bei euch offenstehen.«

»Ja, genauso offen wie für meine Frau der Weg ist«, erklärte Kitomacken und faßte Simudaikains Hand. Worauf sie scheu und zweifelnd zu ihm hinaufsah. Ich staunte. Diese beiden hatten sich bestimmt ihr ganzes Leben lang gesucht. Und auf einmal verstand ich auch, warum Kitomacken unser Dorf verlassen und sich auf diesen törichten Kriegspfad begeben hatte. Und auch, warum Simudaikain, unbeugsam wie immer, seinen Spuren gefolgt war.

Opessa lächelte ahnungsvoll. Zum Zeichen der Freundschaft legte er seine Hand auf unsere Schultern und sagte: »Wir freuen uns, daß wir euch, die Freunde meines Volks, getroffen haben. Nehmt es nicht übel, wenn wir streng sind und alles genau prüfen. Wir folgen nämlich der Spur des Todes. Die Yamasier haben ein Dorf von uns ausgerottet. Und hundertundfünfzig von unserem Volk haben wir verloren, wo unsere Zahl ohnehin schon abnimmt und wir ständig verfolgt werden.«

Als Kitomacken mich ansah, nickte ich zustimmend. Es war bestimmt am besten, gleich die Wahrheit zu sagen.

»Wir kommen gerade aus dem überfallenen Dorf«, berichtete der *iila.* »Ihr werdet viele Dinge, die wir uns dort genommen haben, in unseren Booten finden. Denn wir sind nur mit dem nackten Leben den Katavbern entkommen. Aber wir haben eure Toten in ihre Hütten gelegt, um sie vor den Raubvögeln zu schützen. Wir haben ihnen als Geleit für ihre Himmelswanderung ein Feuer angezündet und ihnen Wegzehrung für ihre letzte Reise in die Heimat der Geister hingestellt.«

Der Shawneehäuptling stutzte, nickte dann aber nachdenklich. »Wir haben gesehen, daß jemand das getan hat, wovon du sprichst. Und zwar ein paar Tage, nachdem unsere Brüder gefallen sind. Wir wissen auch, daß das keine Feinde gewesen sein konnten. Wir waren sehr verwundert, doch jetzt verstehen wir es. Nehmt als Geschenk, was die Toten euch hinterlassen haben.«

»Und die beiden Katavberskalpe, die ihr genommen habt, und die Verwundeten, die wir in den Booten der Fliehenden gesehen haben, beweisen uns eure Freundschaft zu uns und zu den Toten. Wir hätten unsere Feinde bis in den Tod verfolgt, wie es die Sitte gebietet. Doch jetzt ist es unsere vornehmste Pflicht, Rache an den Yamasiern zu nehmen, die uns so übel mitgespielt haben.«

»Besser ist, ihr kundschaftet erst einmal aus, ob sich diese hundert Gefangenen tatsächlich in den Dörfern der Yamasier befinden, ehe ihr die Kriegstrommel schlagt«, erwiderte Kitomacken. »Einer der Toten hat euch eine Botschaft hinterlassen. Ein starker, älterer Mann mit mehreren Narben im Gesicht lebte noch, als wir kamen. Er behauptete, weiße und schwarze Männer hätten den Überfall begangen. Und mit seiner letzten Kraft hat er dann die Bilderschrift, die den Yamasiern die Schuld zuschreibt, heruntergerissen.«

Alle starrten uns verwirrt an und wiegten mißtrauisch ihre federgekrönten Scheitel, während Opessa berichtete: »Seit wir an diesen Fluß gekommen sind, also lange vor meiner Geburt, waren die Weißen unsere Freunde. Wie Brüder haben wir zusammen gekämpft und ihnen gegen die Spanier im Süden beigestanden. Warum sollten sie uns da Böses antun? Aber der Mann, von dem du sprichst, muß Spemikalavba, der Hirschfuß, sein. Er besitzt einen sehr starken Geist.«

»Kann ihn vielleicht ein böser Manitou so in seine Gewalt bekommen haben, daß er nicht mehr wußte, was er sagte?«

Nachdenkliches Schweigen. Kitomacken wies noch einmal darauf hin, wie merkwürdig ihm die Waffen vorgekommen seien, mit denen die Shawnees getötet worden waren. Da wurde das Schweigen noch drückender.

Schließlich fuhr Kitomacken fort: »Dieser Mann war tödlich verwundet, und nur sein starker Manitou hat ihn solange am Leben gehalten, bis wir gekommen sind. Denn er wollte es jemanden anvertrauen, bevor er starb. Ich habe nun seine Worte an euch weitergegeben. Vielleicht ist das ein Grund, erst einmal einen sicheren Beweis zu beschaffen, ehe ihr gegen die Yamasier auszieht. Wir sind alle Manitous rote Kinder. Und alle stehen wir unter der Bedrohung der Bleichgesichter, die ans Meer drängen, Wälder töten und nicht das heilig halten, was wir achten. Vielleicht ist das eine größere und bösere Gefahr für uns, als wir uns vorzustellen vermögen.«

»Ich werde alles Gouverneur Lawson vortragen, der ist immer ein freundlicher und zuverlässiger Mann gewesen«, erklärte Opessa. »Und wir werden nach Beweisen suchen. Aber jetzt laßt uns heimziehen. Wenn dies auch ein Trauertag war und unser Volk sich um ein ganzes Dorf verringert hat, so haben wir doch die Freude erlebt, unseren berühmten Verwandten aus dem Norden zu begegnen. Und aus ihrem Mund erfuhren wir, daß viele Hunderte unseres Volks sicher in ihrem Land leben. Und das ist gut zu hören.«

Damit nahmen wir alle unsere Sachen, die uns jetzt wirklich gehörten, um unseren neu gewonnenen Freunden in ihr größtes Dorf, Killikote, zu folgen, das einen halben Tagesmarsch stromabwärts am Savanna-Fluß lag. Dort wollten wir uns von all den Gefahren des roten Kriegspfads ausruhen, dem wir schon mehr als vier Mondumläufe gefolgt waren. Oben bei uns im Norden war jetzt der Zuckersaftmonat.

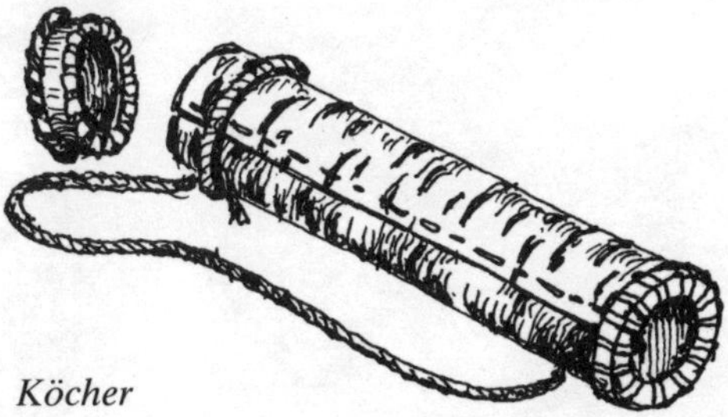

Köcher